U0462992

韬略平天下

魏晋南北朝韬略

何德章

著

长江出版传媒 | 崇文书局

图书在版编目（ＣＩＰ）数据

魏晋南北朝韬略 / 何德章著．-- 武汉：崇文书局，
2023.3
（韬略平天下）
ISBN 978-7-5403-7080-0

Ⅰ．①魏… Ⅱ．①何… Ⅲ．①中国历史－研究－魏晋
南北朝时代 Ⅳ．①K235.07

中国国家版本馆 CIP 数据核字（2023）第 019097 号

魏晋南北朝韬略

责任编辑　李利霞

出版发行　长江出版传媒｜崇文书局

地　　址　武汉市雄楚大街 268 号 C 座 11 层

电　　话　(027)87677133　邮政编码　430070

印　　刷　武汉市首壹印务有限公司

开　　本　700mm×1000mm　　1/16

印　　张　18

字　　数　270 千字

版　　次　2023 年 3 月第 1 版

印　　次　2023 年 3 月第 1 次印刷

定　　价　59.00 元

（如发现印装质量问题，影响阅读，由本社负责调换）

前　言

中国历史上的魏晋南北朝时期，介于秦汉与隋唐两个统一时代之间，如果从董卓立汉献帝造成东汉政权的崩溃算起，到隋朝统一，前后正好四个世纪，三十多个政权兴灭其间，分裂与动荡成为这一时期历史过程的底色。其间，西晋曾在短时间实现过统一，但最终却以一个失败政权的形象定格在中国历史中，留与后人评说。

对于华夏文明来说，这是一个阵痛、调整、寻找出路、走向复兴的历史时代。

社会与政治的动荡，归根结底还是经济问题。公元一世纪前后，大气环境出现由温湿向干旱发展的巨大变动，汉代国家赖以支撑的个体小农经济承受了越来越大的压力，个体农户破产流亡，豪强地主趁机广占土地与人口，加剧了社会的撕裂与国家力量的衰弱。这是汉朝分裂，魏、蜀、吴三国鼎立的根本原因。在干寒的气候驱使下，原处汉朝边地的匈奴、鲜卑、氐、羌等各族人等，不断向内地迁徙。在汉朝的塞外，更多族群孕育、发展，跃跃欲试，移民潮一波接着一波。各族移民大错居，又在局部地区形成人口优势，形成尖锐的族群矛盾，最终淹没了西晋政权，形成黄河流域的十六国时期。激烈的冲突与动荡又促使北方人口不断地、大规模地向南迁徙，在江南建立起东晋、宋、齐、梁、陈五个前后相接的政权，与十六国之后的北朝对峙、争逐及交流互动。

西晋灭亡后黄河流域的历史，基本上是各少数民族随着文化变迁在心理上认同于华夏的历史。内迁各族统治者出于统治的需要，不得不在制度上接受秦汉以来业已成熟的君主专制中央集权体制，不得不学习华夏文字、诵读华夏经典，逐步接受华夏文化典籍所阐述的观念，成为华夏文明的传承人。而中原人南迁，使两汉时期仍是落后之地的江南得到开发，建康周围、太湖流域、宁绍平原等局部地区，到南朝后期，经济水平足以与两汉北方最繁荣的地区媲美。南迁者发展创造了比汉代更为精美的诗文、更有艺术性的书法、更有人文情怀的精神理念。"暮春三月，江南草长，杂花生树，群莺乱飞"，南方成为人们讴歌的美好家园。北方的民族交融与南方的经济文化发展，不仅使重新统一的隋唐远比汉代更为强盛，也使人们在心理上认为隋唐是隆周强汉的继承者，是华夏文明的自然延续。而北方实用主义与南方理想主义的结合，使隋唐较之两汉，华夏文明更具生气与活力。

历史进程离不开人为的努力，中国历史摆脱四个世纪的动荡，为隋唐统一打下坚实的基础，在一定程度上，正是魏晋南北朝时期"人谋"的结果。这一时期的历史特点，使这一时期的韬略表现的更多的不是官场上的钩心斗角，而是各政权壮大自己，消灭对手所实施的政治、军事、经济乃至文化方面的策略、计谋，是当时人们为重建安定社会进行的谋划与行动。

本书涵盖了魏晋南北朝历史过程中主要政权的政治、军事等举措，一些内容甚至是作者在自己专篇学术论文基础上进行的通俗化叙述。读者诸君不妨将此书当成一部简明的魏晋南北朝史来阅读。

何德章

二〇二二年十月于天津

目录

第三章
创业难，守成更难

第四章
偏安局势下的安邦之策

第五章
棋高一筹方称雄，谋劣半分便亡国

第六章
成败有因，兴亡以谋

第七章
北魏崔浩的制胜之策

第八章
北魏孝文帝的改革图谋

第九章
宇文泰的一统洪猷

第
一
章

CHAPTER 1

曹魏集团，乱世争锋智者强

曹操（155—220），字孟德，沛国谯县人，汉末三国时期杰出的政治家、军事家和诗人。曹操生活的时代，东汉王朝在黄巾农民大起义的打击下、在统治阶级的内讧中迅趋衰亡。在动乱中崛起的各路武装，割据一地，互相混战，生产难以正常进行。以旱灾为主的自然灾害频繁发生，危害也就更为剧烈。秦汉以来，经济文化发达的黄河流域，天灾与人祸造成的破坏尤其严重。曹操在《蒿里行》中吟道："铠甲生虮虱，万姓以死亡。白骨露于野，千里无鸡鸣。生民百遗一，念之断人肠。"

曹操由镇压黄巾军起家，先后任东郡太守、兖州牧。汉献帝建安元年（196），曹操将汉献帝由洛阳迎到许县，把许县作为都城。曹操先后任大将军、司空、丞相，由普通割据者成为汉朝辅政大臣。建安五年（200），曹操在官渡大败袁绍，成为北方地区最大的割据势力。之后，曹操北征乌丸，南伐荆州，西讨关中，终于统一了除辽东地区以外的北部中国，成为三分天下有其二的霸主。曹操逝世后不久，他的儿子曹丕登上皇帝宝座，继东汉王朝之后建立了曹魏王朝。

纵观曹操集团势力成长壮大、最终削平北方群雄的过程，曹操的一系列政治、经济、军事谋略起了关键作用。以下的篇幅，展示了曹操卓越的谋略思想的一些方面，同时，对曹操的主要谋臣及主要对手的谋略活动，曹魏王朝兴亡所系的谋略斗争，也摘要做了一番介绍。

挟天子以令诸侯

　　建安元年（196），曹操将汉献帝从洛阳迎到许县，把许县作为都城，曹操自任大将军，不久转任司空。从此，汉献帝处在曹操的掌握之中，曹操也由普通割据者一跃而成为汉朝辅政大臣，取得了对其他割据者的政治优势。"挟天子以令诸侯"是曹操政治生涯的重大转折点，那么，这个谋略是怎样实现的呢？

　　汉献帝是凉州军阀董卓拥立的，当关东联军起兵讨伐董卓以后，董卓把汉献帝从都城洛阳挟持到了长安。董卓被杀后，他的部将李傕、郭汜等又控制了汉献帝。在曹操到洛阳迎接汉献帝之前，汉献帝已由凉州军阀手中转入"白波贼"杨奉、韩暹等的控制之下。所谓"白波贼"，是活跃在并州地区的几股黄巾军余部，他们活动的根据地是白波谷。"白波贼"中，杨奉兵马最强，作战勇敢，具有很强的军事实力。

　　汉朝立国四百年，它在人们心目中的地位是根深蒂固的。在普遍混乱的形势下，汉朝皇帝无疑是一面"统一"的旗帜。当时的有识之士都认识到了汉献帝的特殊作用，比如，王朗曾建议徐州牧陶谦"求诸侯莫如勤王"，（《三国志》卷十三）沮授曾建议冀州牧袁绍"挟天子而令诸侯，畜士马以讨不庭"。（《三国志》卷六注引《献帝传》）相比之下，凉州军阀、"白波贼"更以实际行动走在了控制汉献帝的前头。

　　曹操出生在宦官家庭，他的祖父曹腾年少入宫，历侍顺、冲、质、桓四帝，官至中常侍、大长秋，封费亭侯。曹操的父亲曹嵩袭爵费亭侯，历任司隶校尉、大司农、大鸿胪等职，又因贿赂宦官及向官府输钱一亿万而位至太尉，跻身东汉政权的最高统治层。曹操凭借祖、父的显赫权势，二十岁就被荐举为孝廉，顺利地步入仕途。曹操的家世是与皇帝、宫廷紧密联系在一起的，因此，曹操很早就对汉献帝的价值有深刻的认识，"平生常喟然有匡佐之志"。（《三国志》卷十九注引《魏略》）

曹操任兖州牧时，谋臣毛玠建议他"宜奉天子以令不臣"。曹操采纳了毛玠的建议，派遣使者到长安上书，借机联络丁冲、钟繇、杨奉等人，要他们寻机杀掉挟持汉献帝的李傕。丁冲等人虽然没能杀掉李傕，但杨奉本来是李傕的部将，杨奉叛离李傕后，凉州军阀势力削弱，汉献帝得以逃脱凉州军阀的掌握，投身杨奉军营中。

建安元年（196），汉献帝在"白波贼"杨奉、韩暹等的挟持下回到洛阳。曹操的旧友丁冲也在汉献帝身边。他来信敦促曹操早定大计，谋臣荀彧也为曹操陈说天下大义、形势缓急。奉迎天子的议案，再一次被提了出来。但是，当时曹操刚刚在许昌一带站稳脚跟，杨奉等人兵马很强，曹操要从都城洛阳将汉献帝"迎"至自己切实控制的许昌，并非名正言顺。如何才能巧妙地将汉献帝夺到手中呢？这是摆在曹操面前的现实问题。

曹操采取了利用、欺骗杨奉的策略。在整个事件中，谋臣董昭起了关键作用。曹操到洛阳朝见汉献帝之前，董昭正在洛阳。他看到杨奉、韩暹等人互相疑忌不和，杨奉兵马最强但却缺少党援，就代曹操写信给杨奉。信中先把杨奉吹捧了一番，随后提出两人联手对敌的建议，并以粮食为诱饵，来打动杨奉。杨奉果然喜悦，他上表给汉献帝，奏请以曹操为镇东将军，袭爵费亭侯。董昭的活动为曹操利用杨奉创造了一个好的开端。

曹操到达洛阳后，向董昭询问计策。董昭认为洛阳形势复杂，曹操不宜留在都城辅政，只能把汉献帝迁移到曹操控制下的许县。董昭还献计：可以利用杨奉对曹操的信任，进一步稳住杨奉，然后称说都城缺少粮食，要汉献帝移驾到靠近许县的鲁阳，以便就近供给粮食。考虑到杨奉勇而无谋，这条缓兵计足以达到将汉献帝挟持到许县的目的。曹操依计行事，杨奉果然上当。待到杨奉醒悟，领兵追赶汉献帝和曹操时，已经望尘莫及。

曹操将汉献帝从洛阳迎到许县，实现了"挟天子"的关键步骤。接下来，如何最大限度地利用汉献帝，以便达到"令诸侯"的目的呢？在这方面，曹操同样显示了非凡的政治才能。

首先，曹操借汉献帝的名义，根据各割据集团对许都政权的不同态度，采取打击和拉拢相结合的两面手法，使局势朝着有利于自己的方向发展。当时，袁绍占领了黄河以北青、幽、冀、并四州的广大土地，兵多势大，对许都政权构成了威胁。曹操借用汉献帝的名义，下诏书谴责袁绍，迫使袁绍上书表面上屈服于曹操控制的朝廷。孙策、孙权兄弟正在江东发展，曹操企图利用他们牵制荆州刘表、淮南袁术，奏请孙策为讨逆将军，封吴侯；孙策死后，又表奏孙权为讨虏将军，领会稽太守。

建安四年至五年间，曹操与袁绍在官渡陈兵对峙。在曹、袁决战的关键时刻，汉献帝的作用表现得特别突出。袁绍打算出兵攻打许都时，谋臣沮授认为曹操控制着汉献帝，对曹操用兵有违大义。因为汉献帝在曹操的掌握之中，荆州刘表虽然与袁绍结盟，但始终没有出兵相助，南阳军阀张绣则归顺了曹操。臧霸、孙观等青州军阀也站到了曹操一边，在关键时刻出击袁绍的侧翼，马腾、韩遂等关中军阀采取了中立态度。所有这一切，都为官渡之战曹操以弱胜强创造了条件。

其次，当时的各割据政权都网罗了一批名士，这些名士具有很大的社会影响，是构成各割据政权的支柱。曹操以朝廷的名义，从各割据政权中大量征辟名士，直接削弱了各割据政权的统治基础，相应地扩大了许都政权的影响，促进了许都政权的巩固和发展。吕布在徐州派遣名士陈登出使许都，曹操乘机拜陈登为广陵太守，并为陈登的父亲陈珪增加禄秩。陈登父子在吕布和袁术之间巧施离间计，为曹操将吕布、袁术各个击破创造了条件。刘表在荆州，派遣名士韩嵩出使许都，曹操表奏韩嵩为侍中、零陵太守。韩嵩回到荆州后，"盛称朝廷、曹操之德"（《后汉书》卷七十四），在刘表集团中引起不小震动。袁谭派遣名士辛毗向曹操求和，辛毗反而对曹操陈说袁尚、袁谭兄弟不和的内情，要曹操发兵击讨，从而加速了袁氏兄弟的灭亡。许许多多的名士甘愿为曹操效力，很大一部分原因是曹操掌握着汉献帝。

"挟天子以令诸侯"是东汉末年政局中一个引人注目的现象，也是一个关系全局的重大政治战略。由于主观或客观原因，个别军阀集团首领对汉献帝的巨大价值认识不足，坐失"挟天子"的良机，如袁绍；另有某些军阀集团,虽然曾经将汉献帝控制在手中,却不善于利用,达不到"令诸侯"的目的,如凉州军阀、"白波贼"。唯独曹操,既成功地取得了"挟天子"的地位,又成功地进行了"令诸侯"的实践。

任天下之智力

曹操由一个"名微而众寡"的普通军阀到执掌汉朝政柄，进而削平群雄，统一北方，成为三分天下有其二的霸主，除了靠他自身的才能外，更多地得益于他成功的用人策略。"任天下之智力"，是其成功的关键。

最初，曹操率领数千招募而来的人马，跟随盟主袁绍讨伐"废主鸩后"后控制洛阳的董卓，两人曾就局势发展有过有趣的对话。曹操当时"名微而众寡"，袁绍则有大名于天下，他的祖上四代人有五位当上了三公这样的高官，所谓"四世五公"，在其家族提携下进入官场、当上大官的人不可胜数，号称"门生故吏遍天下"。所以当董卓倒行逆施之时，袁绍一呼百应，理所当然地成为关东牧守联军的盟主。面对天下大乱的时局，袁绍表示将"吾南据河，北阻燕、代，兼戎狄之众，南向以争天下"。也就是他以今河北、山西为依托，南以黄河为屏障，利用与笼络北方擅长骑射的游牧部族，获得地理与军事上的优势，以武力夺取天下。袁绍并询问曹操的打算。曹操说："吾任天下之智力，以道御之，无所不可。"（《三国志》卷一）

曹操最初的发展并不顺利。中平六年（189），曹操参加关东联军讨伐董卓的战役，在荥阳一战即溃。曹操转回扬州募兵，再次领兵北上，在东郡打败当地一股号称"黑山军"的黄巾军余部，被袁绍推荐为东郡太守。后来因兖州牧刘岱被青州黄巾军击毙，曹操代理兖州牧，才有了一块属于自己的地盘。

曹操任东郡太守时，出身颍川大族的荀彧舍弃袁绍，从冀州前来投奔曹操。曹操大喜，称荀彧为"吾之子房（张良）"，让他参议军事。兴平元年

(194)，曹操杀掉了讥议自己的兖州名士边让，张邈、陈宫等许多兖州士人因此背叛了曹操。他们乘曹操东征徐州牧陶谦之际，暗中迎接吕布，袭击兖州，几乎使曹操丧失根本。兖州事变给予了曹操深刻的教训，使他认识到，要成就一番事业，必须处理好同名士的关系。

曹操迎汉献帝于许都，以"建安"相号召，那些在动乱中流亡四方的名士，纷纷汇聚到许昌，曹操开始大规模征辟名士，延揽人才。他的《短歌行》一诗，表达了希望流亡士大夫归来，自己将加以委任的态度："月明星稀，乌鹊南飞。绕树三匝，何枝可依？山不厌高，海不厌深。周公吐哺，天下归心。"

具体负责招徕并举用士人的则是荀彧。史载荀彧荐举人才的效果说"取士不以一揆"，也就是没有固定的标准，仅举任的"命世之才"便有荀攸、钟繇、陈群、司马懿，"当世知名"而"终为卿相"的有郗虑、华歆、王朗、荀悦、杜袭、辛毗、赵俨等十余人。其中有些人名声不好，有些人个性独特，"皆以智策举之，终各显名。"（《三国志》卷十注引《彧别传》）

在荀彧推荐的人才中，荀攸、钟繇、陈群、荀悦、杜袭、辛毗、赵俨、戏志才、郭嘉等都是颍川本籍士人。连同荀彧在内，颍川士人在曹操的谋士班子中占了十人之多，形成了一个具有地方特色的谋士集团。另一方面，曹仁、曹洪等与曹操同族，夏侯惇、夏侯渊等与曹操是姻亲，他们都出自沛国谯县，自曹操起兵时就随从征伐。"颍川集团""谯沛集团"逐步成为曹操政权的两大支柱，他们对掌文武，发挥着主导作用。

曹操任用的人才以名士居首，所谓"名士"，必须符合当时人称道的"经明行修"这个条件。名士具有广泛的社会影响，是各割据政权争取的对象，曹操也不例外。不过，曹操从一开始就坚持德才并举的原则，注重吸收名士以外的智谋之士。曹操的意图荀彧是清楚的，他推荐的上述人才，主要是名士，其中不乏治国用兵谋略者。同时，他并不拘泥于单一标准，像戏志才、郭嘉"有负俗之讥"，杜畿"简傲少文"，都是有失名士风范的，但由于他们身怀"智策"，也受到荀彧推荐。郭嘉后来成为曹操的亲信谋士，深受曹操器重。

曹操大规模征辟名士，大致有三个阶段：一、迎汉献帝于许都后，从各割据政权中征辟名士；二、平定河北青、冀、幽、并四州后，大量晋用当地名士；三、平定荆州后，征辟居留当地的名士。荆州平定后，曹操曾写信给荀彧说："不喜得荆州，喜得蒯异度（蒯越）耳。"（《三国志》卷六注引《傅子》）可见他对人才重视的程度。

在征辟名士的同时，曹操又"不惟名士"。建安八年（203），曹操发布了《论吏士行能令》，将人才的"功能"与"德行"并提，主张重用有"功能"的各级军吏，而不能有所偏废。曹操的确是这样做的，史载：

> （曹操）知人善察，难眩以伪，拔于禁、乐进于行阵之间，取张辽、徐晃于亡虏之内，皆佐命立功，列为名将；其余拔出细微，登为牧守者，不可胜数。（《三国志》卷一注引《魏书》）

无论是于禁、乐进、张辽、徐晃一类名将，还是那些"拔出细微，登为牧守者"，他们既得益于曹操的用人策略，同时又为曹操做出了重大贡献。这是曹操用人策略的成功之处。

曹操用人的指导思想在实践中不断发展、深化，到建安十五年（210）后，相继发布了著名的"唯才是举"三令：建安十五年（210）的《求贤令》、建安十九年（214）的《敕有司取士毋废偏短令》、建安二十二年（217）的《举贤勿拘品行令》。三令针对当时在选举用人方面存在的种种弊端，集中表达了以才能为唯一标准、人尽其用的思想。其中，建安二十二年（217）的《举贤勿拘品行令》把问题提得最尖锐，也最具体。今移录如下：

> 昔伊挚、傅说出于贱人，管仲，桓公贼也，皆用之以兴。萧何、曹参，县吏也，韩信、陈平负污辱之名，有见笑之耻，卒能成就王业，声著千载。吴起贪将，杀妻自信，散金求官，母死不归。然在魏，秦人不敢东向，在楚，则三晋不敢南谋。今天下得无有至德之人放在民间；及果勇不顾，临敌力战；若文俗之吏，高才异质；或堪为将守，负污辱之名，见笑之行；或不仁不孝而有治国用兵之术：其各举所知，勿有所遗。（《三国志》卷一注引《魏书》）

令文先列举了历史上不拘一格选用人才的典型例证，随后具体开列了需要选拔推荐的五类人才。"至德之人"通常就是指名士，"果勇不顾，临敌力战"是就军吏而言，这两类人才的选拔情况比较普通。下面三类人才，包括萧何、曹参之类的"文俗之吏"，韩信、陈平之类的"堪为将守"者，吴起之类的"不仁不孝而有治国用兵之术"者，在曹操看来，是需要着意提拔、重用的。像吴起那样的"不仁不孝"之人，也在曹操搜罗之列，可见他把问题提得何等尖锐！

后人阅读三国史时，往往感叹三国人才之盛，以及三国之主用人有方。曹操创造性地提出"唯才是举"的用人策略，延揽英才，共济霸业，尤其值得称道。宋人洪迈在《容斋随笔》中列有"曹操用人"一条，列举曹操用人成功十例，很能说明曹操用人与他成就霸业的关系。

修耕殖，畜军资

　　毛玠向曹操提出的发展建议，除"奉天子以令不臣"外，另一条便是"修耕殖，畜军资"。毛玠认为，只有做到这两点，才能"树基建本"，进而成就"霸王之业"。(《三国志》卷十二)

　　毛玠的建议充分认识到了在战乱频仍、纷争不断的局势下，恢复农业生产、屯聚军粮对政权建设的重要意义。事实上，军粮供应是当时各割据集团面临的最突出的问题。史载袁绍在河北，军士靠吃桑葚糊口；袁术在江淮一带，靠采食菖蒲、田螺等度日。因缺乏军粮，无敌自破的大小军阀更是不计其数。兴平元年(194)，曹操与吕布争战兖州，因军粮匮乏，由程昱到东郡东阿县筹办。结果，程昱仅筹集到供三天的军粮，其中还杂有不少人肉干。当时军粮匮乏的情形，由此可见一斑。

　　为了解决军粮供给矛盾，曹操采用枣祗、韩浩的建议，在民间推行汉代军事屯垦的办法，大兴屯田。在许县首先推行屯田，当年就"得谷百万斛"。于是"州郡例置田官，所在积谷。征伐四方，无运粮之劳，遂兼灭群贼，克平天下"。(《三国志》卷一注引《魏书》)

　　曹操屯田，直接借鉴了汉武帝在西域屯田的模式。初平三年(192)，曹操击破青州黄巾，受降卒三十余万，男女百余万口，收编精锐士卒，号称"青州兵"。这些以"黄巾"自号的农民军，实际上是在战乱之时集体流亡的农民。他们往往携带家口，且耕且战。曹操收编青州黄巾的同时，将其家人组织起来屯田耕作。屯田民虽被称为"募民"，实际上带有强制性。此后，曹操任命妹夫任峻为典农中郎将，主持屯田事务，下设屯田校尉、屯田都

尉。随着曹操控制地盘的扩张，屯田在各地推广开来，"数年中所在积粟，仓廪皆满。"（《三国志》卷十六）

曹操早期兴办的屯田，包括普通平民屯田和士兵家属屯田。"民屯"免除徭役，专门从事生产。"士家屯田"除从事生产，还需承担部分徭役。无论"民屯"还是"士家屯田"，都采取分成制地租形式，需向官府缴纳50％～60％的收获物。因此，屯田民上缴地租后，剩余的仅够勉强糊口。尽管屯田上的剥削相当严重，但在战乱之际，能让人民免除流离之苦，比较安定地从事生产，也不失为一种有效的自救措施。而屯田对于曹操进行争霸战争的贡献则是巨大的，所谓"征伐四方，无运粮之劳，遂兼灭群贼，克平天下"，就是对屯田作用的最好阐释。

除上述两种屯田方式外，曹操还兴办了"军屯"。约在建安二十三年（218）以后，由于司马懿的倡导，军屯大规模地兴办起来。到曹丕在位的黄初年间，曹魏军屯主要设置在魏蜀、魏吴交战的前沿地带，由"带甲之士""随宜开垦""且耕且守"。当时著名的军屯区有如下数处。

西北与蜀汉毗邻地区，有长安、槐里、陈仓、上邽军屯，其中上邽军屯最为著名。魏明帝太和四年（230），度支尚书司马孚鉴于关中地区连遭蜀汉侵袭，谷帛不足，于是遣冀州农丁五千屯上邽，"秋冬习战阵，春夏修田桑"。次年，诸葛亮第五次进攻魏国，与司马懿相拒于上邽。当时军屯上的小麦已经成熟，诸葛亮乘机派军士收割。魏军则竭力监护小麦，赖以作为军粮。高贵乡公正元二年（255）以后，安西将军邓艾又在上邽推行"区种之法"，这是汉代发明的一种耕作方式，将大田分割成小块，集中施用水、肥，以便有效增加单位面积的产量。上邽军屯在对蜀战争中发挥了重要作用。

襄阳是曹魏边陲重镇，齐王芳正始年间，征南将军王昶在此屯田。东南边陲的青、徐地区，正始中，征东将军胡质在此屯田。

正始二年（241），当时任尚书郎的邓艾倡议大兴东南军屯。邓艾建议道：

> 昔破黄巾，因为屯田。积谷于许都以制四方。今三隅已定，事在淮南，每大军征举，运兵过半，功费巨亿，以为大役。陈、蔡之间，土下

田良，可省许昌左右诸稻田，并水东下。令淮北屯二万人，淮南三万人，十二分休，常有四万人，且田且守。水丰常收三倍于西，计除众费，岁完五百万斛以为军资。六七年间，可积三千万斛于淮上，此则十万之众五年食也。以此乘吴，无往而不克矣。（《三国志》卷二十八）

按照这个建议，淮北屯二万，淮南屯三万，共计五万人，采取十分之二轮休的方式，常屯四万人，边耕边守。扣除各种费用后，每年可向政府提供五百万斛军粮，六七年间可在淮河流域囤积三千万斛军粮，供十万之众五年食用。邓艾的建议得到司马懿的支持，于是淮北、淮南军屯成为曹魏最大的屯田区，绩效突出。由于淮南地区是魏吴交战的主要战场，这个屯田区的建立，为以后的对吴战争提供了有力的军需保障。

我国自古就有"民以食为天"的说法。对于军队来说，粮食是军心所系；对于国家来说，农业是立国之本。曹操在战乱之中，以屯田的方式"修耕殖，畜军资"，做到了"树基建本"，由此可见，他成就霸业不是偶然的。

官渡之战

　　发生在建安五年（200）的官渡之战，是我国历史上以少胜多、以弱胜强的著名战例。这次战役是交战双方——曹操、袁绍之间矛盾对抗的产物。袁绍自初平二年（191）夺得冀州，至建安四年攻克割据幽州的公孙瓒，占据了黄河以北青、幽、冀、并四州的广大地区，兵多势大，于是打算"南向以争天下"。当时，曹操控制着汉献帝，取得了黄河以南兖州、豫州和司州部分地区，与袁绍隔河对峙。袁绍的南下战略与曹操"挟天子以令诸侯"的策略直接冲突，严酷的争霸形势使这对昔日的朋友和合作伙伴分道扬镳，兵戎相见。

　　大战之前，形势对曹操相当不利。袁绍有精兵十万，而曹操却"兵不满万"，双方实力对比悬殊。不仅如此，袁绍攻灭公孙瓒后，席卷四州，又联合乌丸、鲜卑等草原游牧部族，后方稳固。而曹操所在的兖、豫二州却是四战之地：荆州牧刘表与袁绍结盟，马腾、韩遂等关中诸将持观望态度。更为严峻的是，刘备受袁绍委派，进入徐州，联合当地一些割据武装，企图在曹操的后方开辟第二战场，给曹操造成直接威胁。

　　大敌当前，需要曹操鼓足勇气，并保持清醒的头脑。当将领们认为袁绍势盛难敌时，曹操说：

　　　　吾知绍之为人，志大而智小，色厉而胆薄，忌克而少威，兵多而分画不明，将骄而政令不一，土地虽广，粮食虽丰，适足以为吾奉也。
　　（《三国志》卷一）

曹操认为决定战争胜负的是人而不是物，他洞悉袁绍的弱点。他认为袁绍想法多却缺少足够的智慧，内心对部下不信任，却缺少驾驭他们的威信，兵众多，却缺乏明晰的指挥系统，将领们骄横，不听指挥。所有这些，使曹操坚信能够击败袁绍。

袁绍兴兵之前，曾召集谋臣议事。沮授、田丰献计说：

> 宜先遣使献捷天子，务农逸民；若不得通，乃表曹氏隔我王路。然后进屯黎阳，渐营河南，益作舟船，缮治器械，分遣精骑，钞其边鄙，令彼不得安，我取其逸。三年之中，事可坐定也。（《三国志》卷六注引《献帝传》）

这个建议首先考虑到了曹操控制着汉献帝的事实，主张对曹操先礼后兵，寻找机会，以曹操控制皇帝，使自己难以下情上达为借口，师出有名。其次在作战方略上，主张以重兵镇守黄河北岸重要渡口黎阳，造成大军压境的态势，然后建造船只，贮积兵器，同时分遣游军渡河南下，抄袭曹操控制的地区，使曹军在长时间紧张状态中疲惫不堪。这样只需三年，曹操一方势必拖垮。在袁强曹弱的局势下，这个方案不失为全胜之计。但是，骄横自恃的袁绍哪里听得进去，他考虑的只是"毕其功于一役"，早日扑灭曹操，攻取许都。所以，袁绍兴兵之始便已失策，真可谓"志大而智小"。

建安四年（199）九月，曹操分兵把守黄河南岸的官渡，积极备战。次年正月，为解除后方隐患，曹操亲自东征刘备。田丰建议袁绍乘机袭击曹军，袁绍却以儿子正患病为由，加以回绝。曹操从容用兵，在徐州击破刘备，回师官渡。袁绍失策之余，再失战机。在有"两失"的情况下，袁绍终于发起了对曹操的前线攻势。

建安五年（200）二月，袁绍派遣大将颜良攻曹操别将刘延于白马，自己带领大军进驻黎阳，准备渡河。四月，曹操北救刘延。鉴于"兵少不敌"，曹操的谋臣荀攸主张"分其势"。其步骤为曹操先率兵直指白马西南的黄河渡口延津，做出渡河北上袭扰袁绍后方的态势，迫使袁绍分兵向西抵御。等到袁绍分兵之后，再用轻骑兵偷袭白马，趁其不备，就可擒拿颜良。这是一条"声东击西"的计谋，目的是分散敌方兵力，便于各个击破。

袁绍果然中计。曹操在调动袁军后，迅速回师，以急行军掩袭白马。临近白马十余里，颜良仓促前来应战。曹军出击，大败袁军，阵斩颜良，解除了白马之围。随后，曹操迁徙白马军民，沿黄河往西撤退。

当曹操从白马撤退时，袁绍由黎阳渡河追击，在延津南面赶上曹军，双方又打了一仗。袁军由文丑和刘备率领，有骑兵五六千人。曹操用辎重饵敌，以不足六百骑出击，大破袁军，阵斩文丑。颜良、文丑都是河北名将，两将被斩于阵前，袁军为之夺气。此后，曹操主动退守官渡，袁绍率大军进驻阳武，双方转入阵地战。

建安五年（200）八月，袁绍连营推进，依沙堆为屯，东西数十里。曹操也分营对抗。由于袁军兵多势盛，曹军兵少势弱，曹军的处境十分艰难。当时，曹操的军粮也告吃紧，于是打算撤退到许都。他写信同留守许都的荀彧商议。荀彧回信，以刘邦、项羽决战荥阳、成皋之间做比喻，认为"先退者势屈"，要曹操坚守待变。在官渡决战的关键时刻，曹操两次袭击袁绍辎重成功，打破了相持局面。

九月间，袁绍运粮车数千乘，由韩猛（或作韩若）护送到官渡。曹操用荀攸之计，派徐晃、史涣在途中邀击，大破袁军，尽烧辎重。十月，袁绍又从河北运来大批军粮，由部将淳于琼等领兵一万多人护送，抵达袁绍大营北面四十里的故市、乌巢宿营。袁绍的谋士许攸恰好在这时投奔曹操，他献计前往袭击辎重。曹操采纳了许攸的计策，留下曹洪、荀攸守卫大营，自己率步骑五千人乘夜前往偷袭。天明时，曹操到达乌巢。淳于琼出阵接战，曹军一阵猛攻，淳于琼退入营中固守，曹军一时攻之不下。

袁绍得到曹操往攻乌巢粮囤的消息，以为曹操大营必定空虚，他对长子袁谭说："就彼攻琼等，吾攻拔其营，彼固无所归矣！"（《三国志》卷一）于是派大将张郃、高览进攻曹操大营。张郃进谏道："曹公兵精，往必破琼等。琼等破，则将军事去矣，宜急引兵救之。"并说曹营坚固，攻之必不能拔，"若琼等见禽，吾属尽为虏矣！"（《三国志》卷十七）"好谋无决"的袁绍，一面遣重兵进攻曹操大营，一面派了少量骑兵救援淳于琼。

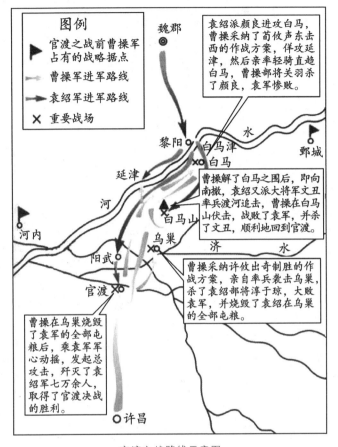

官渡之战路线示意图

　　救援淳于琼的袁军到了乌巢，而乌巢袁营尚未攻下。即将两面受敌的曹操决定集中兵力，突破乌巢袁营。当援军迫近，有人建议分兵抵御时，曹操大怒道："敌军到了背后，才来报告给我！"曹军殊死搏斗，大破淳于琼等守军，尽烧辎重。张郃、高览见淳于琼已败，于是率众投降。至此，袁绍败局已定，率袁谭单骑逃回河北，不久发愤病死。

　　官渡之战是曹操军事生涯的杰作。在这次战役中，曹操抓住袁绍骄傲轻敌、"好谋无决"、将帅不和等一系列弱点，充分发挥自己善于用兵的特长，以长击短，出奇制胜，掌握了作战的主动权，从而创造了以少胜多、以弱胜强的又一战争范例。

　　诸葛亮在《隆中对》中分析曹袁之争的成败原因时说："曹操比于袁绍，

则名微而众寡，然操遂能克绍，以弱为强者，非惟天时，抑亦人谋也。"
（《三国志》卷三十五）诸葛亮所说的"天时"，大概是指曹操"挟天子"的
政治优势，但他更赞赏曹操的"人谋"。这是同时代一个英雄对另一个英雄
的推崇。

冒险远征乌丸

　　曹操自建安五年（200）在官渡战胜袁绍后，又用了四五年时间，打败袁绍长子袁谭、幼子袁尚，攻下袁氏老巢邺城，将袁谭斩首，平定了冀州。袁尚及袁绍次子袁熙逃往三郡乌丸。

　　所谓"三郡乌丸"，是指东汉末年活跃在幽州辽东属国、辽西、右北平三郡的乌丸（又称乌桓）部落。他们各为一部，首领自立为王，乘天下大乱之机，寇掠边郡。汉献帝初平年间，辽西乌丸首领蹋顿崛起，总摄三部，"众皆从其号令"（《后汉书·乌桓传》）。建安年间，袁绍与公孙瓒连年攻伐，相持不下，蹋顿遣使者与袁绍和亲，出兵帮助袁绍打败公孙瓒。袁绍承制封蹋顿等三部首领为单于。因此，袁尚、袁熙战败后投奔蹋顿，企图凭借乌丸势力，反攻冀州。

　　建安十一年（206），曹操初步平定河北青、幽、冀、并四州后，准备出兵征讨乌丸，彻底消除来自北部边境的威胁，巩固北方统一局面。他先派人凿渠，由滹沱河通入弧水，称作平房渠；又由泃河口凿渠，通入潞河，称作泉州渠。这些新修的渠道与自然河流连接，形成一条由黄河直抵今天津市区的水路，解决了军事运输的重大难题。

　　次年二月，曹操商议征讨乌丸。将领们认为：袁尚不过是逃亡之人，乌丸贪而无信，怎肯为袁尚所利用？况且，一旦深入乌丸腹地，刘备必定劝说刘表袭击许都，万一生变，就追悔不及。只有郭嘉判断刘表必定不能信任刘备，劝曹操出征。

　　曹操率大军出发，五月到达无终。七月以后，连降大雨，傍海一带道路淤滞不通，进军陷入困境。这时，无终人田畴正随军从征，他献计说：

> 此道，秋夏每常有水，浅不通车马，深不载舟船，为难久矣。旧北平郡治在平冈，道出卢龙，达于柳城；自建武以来，陷坏断绝，垂二百载，而尚有微径可从。今虏将以大军当由无终，不得进而退，懈弛无备。若嘿回军，从卢龙口越白檀之险，出空虚之地，路近而便，掩其不备，蹋顿之首可不战而禽也。（《三国志》卷十一）

田畴的计策，就是利用由无终傍海行进的道路不通的事实，制造曹操被迫退军的假象，麻痹对方，大军却经卢龙——平冈——柳城一线这条自东汉初以来便废绝不通的山间小道，直插乌丸腹地，出奇制胜。曹操采纳此计，引军后撤，在靠近水泽的路旁立了一块大木牌，上面写道："方今暑夏，道路不通，且俟秋冬，乃复进军。"（《三国志》卷十一）乌丸侯骑见到木牌后，以为大军确实退走，赶忙报告了蹋顿。

曹操让田畴率部下充当向导，上徐无山，出卢龙塞，开山填谷五百余里，曹军距柳城二百里地时，乌丸才发觉，袁尚、袁熙与蹋顿等率数万骑兵前来抵御。八月，曹操率军登上白狼山，与乌丸骑兵遭遇。当时，乌丸兵多势盛，而曹军战车、辎重落在后面，披甲之士很少。曹操从高处望见敌方阵形不整，纵兵出击，冲破敌阵，斩杀蹋顿及乌丸酋帅等，袁尚、袁熙与辽东属国单于速仆丸等率数千骑逃往辽东。

当汉末扰攘之际，辽东太守公孙度凭借地势偏远，拥众自重，割据一隅。公孙度死后，长子公孙康嗣位。曹操击破乌丸后，有人劝他乘势征讨辽东，则袁尚兄弟可擒。曹操说："吾方使康斩送尚、熙首，不烦兵矣。"（《三国志》卷一）九月，曹操引兵从柳城撤退，公孙康果然斩杀袁尚、袁熙及速仆丸等，将首级送来。将领们询问其中缘由，曹操说："彼素畏（袁）尚等，吾急之则并力，缓之则自相图，其势然也。"原来，公孙康与袁尚等人的利害关系，早已在曹操的掌握、算计之中。至此，袁氏残余势力彻底覆灭。

曹操回师时，正值深秋时节，天寒且旱，二百里地见不到水，军粮匮乏，只得杀马数千匹作为口粮，凿地深入三十余丈才得饮水。曹军转危为安，曹操心情大好，在碣石海边，他瞭望大海，写下描述大海壮观景象的诗篇："日月之行，若出其中；星汉灿烂，若出其里。"

回到邺城后，曹操查问先前劝阻出征之人，大家不知就里，人人自危。谁知曹操将这些人厚赏了一番，又慰勉说："孤前行，乘危以侥幸，虽得之，天所佐也，故不可以为常。诸君之谏，万安之计，是以相赏，后勿难言之。"（《三国志》卷一注引《曹瞒传》）的确，曹操为剪除袁氏残余势力，消解边境隐患，毅然远征乌丸，冒了极大风险，遇到了始料不及的困难，这是需要极大勇气的，而他胜不忘败，居安思危，勇于自责，更是难能可贵。

变化若神定关中

当曹操、袁绍争霸关东时，关中军阀十余人，各自拥众，互争雄长，其中马腾、韩遂实力最强。曹操正致力于关东事务，只得对关中诸将采取镇抚措施。他派钟繇坐镇关中，利用"挟天子"的地位，迫使马腾、韩遂接受许昌朝廷的任命，遣子入侍，从而解除了西顾之忧。

建安十六年（211）三月，曹操遣钟繇由洛阳出兵，征讨割据汉中的张鲁，另派夏侯渊经河东郡与钟繇会合。关中诸将怀疑钟繇袭击他们，于是一齐反叛。当时，马腾已在许昌，官任卫尉，由长子马超统领部众。马超与韩遂修好关系，结成同盟，又联合杨秋、李堪、成宜等部，进军把守潼关，企图阻止曹军入关。

七月，曹操率大军西征，与马超等夹关驻军。曹操令大军猛攻潼关，吸引正面之敌，暗中却派徐晃、朱灵率步骑四千人，从河东郡（今山西西南端）的蒲阪津渡过黄河，据河西扎营。随后，曹军沿着这一新开辟的通道，避开潼关之险，进入关中，在渭河北岸，沿河连车树栅作甬道，向南推进。

马超等见曹操已经渡河，于是放弃潼关，退守渭河河口，阻遏曹军南进。曹操多布疑兵，暗中用船载兵进入渭河，搭起浮桥，入夜后，分兵渡河，在渭南扎营。关中军乘夜偷袭曹营，被伏兵击溃。马超等移屯渭南，请求割地议和，被曹操拒绝。

九月，曹操率大军渡过渭河，渭北沙土，缺少树木，筑城困难。曹操采纳娄圭的建议，用布囊盛沙，同时浇水。当时天气寒冷（这年闰八月），夜晚渡河筑城，天明即成。先前曹军平地扎营，往往被马超骑兵冲破，至此凭借城垒，得以全部渡河。马超等多次挑战，曹操不予理睬。马超等不得已，恳求割地、送人质，曹操用贾诩计，假装同意。

在议和的气氛中，韩遂请求同曹操相见。曹操年岁与韩遂相仿，却与韩遂的父亲是同年察举的孝廉，属于前辈。两人在马上交谈多时，未涉及军事，只谈一些从前在京都的知交、趣事，不时拍手欢笑。韩遂回营后，马超等询问谈话内容，韩遂回答"也没谈什么"。马超等由此对韩遂起了疑心。几天后，曹操写信给韩遂，许多地方都做了涂抹，仿佛是韩遂所改定。马超等见状，更加怀疑韩遂。曹操见关中诸将已互相疑忌，于是约定日期会战。曹操先用轻兵挑战，战罢多时，再纵"虎骑"夹击，大破关中诸军，阵斩成宜、李堪。马超、韩遂等逃奔凉州，杨秋逃往安定郡，关中初步平定。

曹操出征关中前，人们议论说："关西兵强，习长矛，非精选前锋，则不可以当也。"曹操却胸有成竹，他对将领们说："战在我，非在贼也。贼虽习长矛，将使不得以刺，诸君但观之耳。"（《三国志》卷一注引《魏书》）

曹操认为，自己可以控制战场形势，把握作战的主导权，即便关中叛军精习长矛，勇猛骁锐，也可以使他们没有机会发挥特长。这是一种高深的作战策略，具体实施起来是有相当难度的。然而，从上述作战进程看，曹操确实是按这个策略进行的。

战后，将领们对此战提出了一些疑问：为何在战事之初，不直接让大军从河东渡河，而要旷日持久地在潼关与敌军相持？曹操回答说：

> 贼守潼关，若吾入河东，贼必引守诸津，则西河未可渡；吾故盛兵向潼关，贼悉众南守，西河之备虚，故二将得擅取西河；然后引军北渡，贼不能与吾争西河者，以有二将之军也。连车树栅，为甬道而南，既为不可胜，且以示弱。渡渭为坚垒，虏至不出，所以骄之也，故贼不为营垒而求割地。吾顺言许之，所以从其意，使自安而不为备，因畜士卒之力，一旦击之，所谓迅雷不及掩耳。兵之变化，固非一道也。（《三国志》卷一）

曹操之所以要在潼关做出与敌决战的姿态，正是要使关中诸军齐聚潼关，全力防御，从而忽视对黄河渡口的防范。等到徐晃、朱灵二将军借机突破黄河天险进入渭北，控制了一块地盘后，黄河渡口已在自己手中，才可以大军跟进。敌方兵士骁锐，利于速战速决，故大军抵达渭北后，坚壁固垒，构筑甬道以保障渡河大军的后勤，不与交战，目的在于"示弱"，使对方轻敌麻痹。关中诸将进不得战，退不得安，只好恳求割地议和，顺其心理，假装同意，使敌方懈怠无备，并乘机离间敌方将帅。当双方气势彼消此长，自己军队给养有了保证，兵士得到了很好的休整，便可以"迅雷不及掩耳"之势，一战败敌。在整个过程中，关中诸将竟找不到主动决战的机会。

　　曹操大军与马超等在渭南对峙时，关中叛军陆续前来赴战。曹操引而不发的策略实际上起到了吸引这些叛军的作用。当时，叛军每到一部，曹操往往露出喜色。战后，将领们询问原因，曹操回答说："关中长远，若贼各依险阻，征之，不一二年不可定也。今皆来集，其众虽多，莫相归服，军无适主，一举可灭，为功差易，吾是以喜。"（《三国志》卷一）原来，引诱叛军前来会集，利用其没有统一指挥的弱点，聚而歼之，从而避免在关陇逐一展开进攻作战，正是曹操的绝妙战术构想！诚哉，"兵之变化，固非一道也！"

创建国中之国

经历黄巾起义及董卓之乱，东汉政权实际上已名存实亡。建安元年 (196)，曹操迎汉献帝到许都，恢复了汉朝的宗庙、社稷，使汉室得以苟延残喘。曹操虽然有功于汉室，但是，他并非汉朝"纯臣"。当天下扰攘、"郡郡作帝，县县自王"之际，曹操并不甘心于做汉朝匡弼之臣，他要建立霸业，伺机取汉帝而代之。

曹操首先利用"挟天子"的地位，逐步建立以相权为中心的集权统治。建安元年 (196) 九月，曹操自任大将军，位在三公之上。由于袁绍反对，一个月后，曹操将大将军名号让给袁绍，自己转任司空。建安二年 (197) 以后，曹操便不再朝见天子，有事则先斩后奏。从此，曹操的司空府成为总揽天下大事的"霸府"，而汉献帝被彻底架空，只是曹操手中掌握的一个工具。

建安十年 (205)，曹操在平定冀州以后，曹操自领冀州牧，对冀州实行直接治理。至此，汉献帝被搁置在许都一隅，政治中心由许昌移到邺城。

建安十三年 (208) 六月，曹操废除三公官（司徒、司空、太尉），设置丞相、御史大夫，自任丞相，使中央权力进一步集中在自己手中。建安十六年 (211) 正月，曹操任命世子曹丕为五官中郎将，置官属，作为丞相副手，同时封三个儿子曹植、曹据、曹豹为侯，树立藩屏。

建安十七年 (212)，曹操割河内郡三县、东郡四县，巨鹿郡三县、广平郡一县、赵国三县，并入魏郡，合魏郡原有十五县，共二十九县，为在"汉朝"中建立国中之国做出准备。与此同时，曹操发动群臣，掀起了大规模的劝进运动，宣扬曹操的匡辅功业，为建立魏国制造舆论。建安十八年 (213)

五月，汉献帝被迫册封曹操为魏公，以冀州之河东、河内、魏郡、赵国、中山、常山、巨鹿、安平、甘陵、平原等十郡作为封地。七月，曹操建立了魏国的社稷、宗庙。十一月，魏国设置尚书、侍中、六卿等官属。

建立魏国，以魏国逐步取代汉朝，是曹操为篡汉而采取的重大策略。之所以要在魏郡建立自己的"国"，并将自己的"国"名定为"魏"，是因为当时流传一个甚广的政治谣言："代汉者当涂高。"意思是道路正中那个高高的东西将要取汉朝而代之！而当时皇宫南门道路尽头高高树立的东西，叫作"阙"，又叫"象魏""魏阙"。

曹操控制汉朝廷的过程中，也曾受到过来自多方面的阻力。早在建安五年（200），汉室外戚、车骑将军董承（汉献帝祖母董太后之侄），为了使汉献帝摆脱受曹操挟制的窘境，密谋在许都发动政变，诛杀曹操，结果被曹操镇压。太中大夫孔融对曹操专权不满，他讥砭时政，处处与曹操作对，建安十三年（208）被曹操处死。荀彧是曹操的主要谋士，为曹操做出过重大贡献，他以匡扶汉室为己任，思想上存在着浓厚的正统观念。当曹操授意董昭就晋爵魏公一事咨访荀彧时，荀彧窥透曹操用心，明确表示反对。建安十七年（212），荀彧遭曹操冷落，被迫自杀。

曹操建立魏国后，加紧了夺权篡汉的步伐。建安十九年（214）三月，汉献帝使曹操位在诸侯王之上。建安二十年（215）九月，又使曹操承制封拜诸侯守相。建安二十一年（216）五月，曹操晋爵魏王，权位达到人臣极限，打破了汉朝创立者刘邦定下的原则："非刘氏而王者，天下共诛之！"次年四月，汉献帝让曹操设天子旌旗，出入称警跸。十月，又让曹操冠十二旒冕，乘金根车，驾六马，设五时副车，立曹丕为魏国太子。至此，曹操除无"皇帝"称号外，礼节待遇上已与皇帝一般无二。曹操代汉称帝，似乎已成定局。

就在曹操紧锣密鼓地策划称帝篡汉时，发生了如下重大事件。

建安二十三年（218）正月，汉太医令吉本、少府耿纪、丞相司直韦晃等在许都起兵，攻打丞相长史营，企图在控制许都后，挟持汉献帝，南联刘备，反攻曹操。结果被丞相长史王必、颍川典农中郎将严匡镇压。建安二十四年（219）九月，魏相国西曹掾魏讽暗中结交"义士"，企图里应外合，袭击邺城，结果被魏太子曹丕镇压。

这两次谋反行动的矛头直接对准曹操，目的是阻止曹操篡汉，进而复兴汉室。尤其是"魏讽案"发生在曹操的统治中心邺城，主谋魏讽又是曹操倚仗的"谯沛人"中的一员，其他参与者也大都与曹操政权关系密切。这反映出在如何对待汉献帝、要不要"以魏代汉"的问题上，曹操政权内部的矛盾趋于激化，这不能不引起曹操警觉。

与此同时，在两次谋反事件发生前后，刘备集团对曹操集团发动了大规模的攻势，西边夺取汉中，南边围攻樊城，魏军被迫在西线、南线两面作战。其中，关羽对樊城的围攻极具威胁，为避关羽兵锋，曹操甚至有将汉献帝朝廷迁往河北的打算。在外部不宁、内部不稳的情况下，假如曹操遽然称帝篡汉，就很可能在政治、军事两方面陷入被动，这是曹操颇为顾忌的。因此，曹操不得不重新审视自己的篡汉计划。

建安二十四年（219）十月，孙权上书称臣，称说"天命"。这本来是曹操称帝篡汉的一个极好机会，夏侯惇等人也极力劝曹操"正位"。但是，刚刚平息魏讽事件的曹操却不免心有余悸，他将孙权的上书向外宣示说："是儿欲踞吾著炉火上邪！"（《三国志》卷一注引《魏略》）曹操又回答夏侯惇说："若天命在吾，吾为周文王矣。"（《三国志》卷一注引《魏氏春秋》）

曹操平时自称是"性不信天命之事"的，到头来却搬出"天命"说教为篡汉寻找根据，可知他篡汉的图谋是处心积虑的。然而，在当时的形势下，他只能满足于做"周文王"，而不是改朝换代的"周武王"。建安二十五年（220）正月，曹操在洛阳病逝，他的"皇帝梦"也随之破灭。

曹操虽然未能做成皇帝，但在他逝世前，魏国已经牢固地建立起来。他手下的文臣武将绝大部分接受了魏国官号，许都汉献帝朝廷只是一副空架子，汉魏嬗代已成不可逆转之势。正因如此，曹操逝世的当年，魏太子曹丕就登上皇帝宝座，取代东汉王朝，建立了曹魏王朝。

曹操在汉末纷乱的政治局势下，凭借"挟天子"的地位，创建"霸府"，进而建立魏国，以魏国逐步取代汉朝，走了一条独特的夺权篡国道路，为后嗣奠定了基业。后来，司马懿父子，以及南朝的刘裕、萧道成、萧衍、陈霸先，北朝的高欢、宇文泰，他们改朝换代，无一不是循此轨辙，美其名曰"禅让"。追溯本源，曹操是始作俑者。

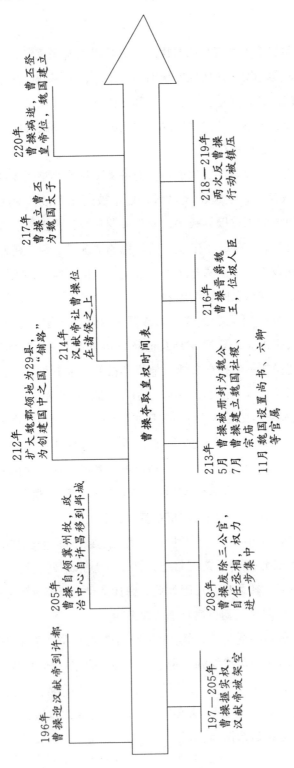

196年
曹操迎汉献帝到许都

205年
曹操自领冀州牧，改
治中心自许昌移到邺城

212年
扩大魏郡领地为29县，
为创建国中之国"铺路"

214年
汉献帝让曹操位
在诸侯之上

217年
曹操立曹丕
为魏国太子

220年
曹操病逝，曹丕
皇帝位，魏国建立

曹操夺取皇权时间表

197—205年
曹操握实权，
汉献帝被架空

208年
曹操废除三公官，
自任丞相，权力
进一步集中

213年
5月 曹操被册封为魏公
7月 曹操建立魏国社稷、
宗庙
11月 魏国设置尚书、六卿
等官属

216年
曹操晋爵魏
王，位极人臣

218—219年
两次反曹操
行动被镇压

曹操夺取皇权时间表示意图

贾诩用谋，善还是恶

贾诩，字文和，武威姑臧人，年少时被人视为如张良、陈平一样的奇才。他生活在汉末动乱时代，经历曲折，最初是凉州军阀的头目，后来归顺了曹操。贾诩一生用谋无数，并且屡有效验，这里摘要介绍几则实例，旨在就谋略的善恶问题做一评析。

董卓带兵进入洛阳后，让他的女婿中郎将牛辅领兵驻屯陕县，作为外援。牛辅分遣校尉李傕、郭汜、张济等东下，抄掠颍川、陈留属县。当时，贾诩正在牛辅军中任讨虏校尉。董卓在长安被杀后，牛辅也在陕县被部下斩首。恰在这时，李傕、郭汜、张济等回到陕县。凉州军阀群龙无首，李傕等人打算解散部众，化装后逃归乡里。由于凉州军阀暴乱两京（洛阳、长安），人们对他们深恶痛绝，据说长安城中打算杀尽凉州人。李傕等人要返回凉州，必须经过长安，为此，他们感到恐惧而不知所措。贾诩献计说：

> 闻长安中议欲尽诛凉州人，而诸君弃众单行，即一亭长能束君矣。不如率众而西，所在收兵，以攻长安，为董公报仇。幸而事济，奉国家以征天下；若不济，走未后也。（《三国志》卷十）

贾诩建议聚众攻打长安，进则可以挟天子征伐四方，退则可以返回凉州。李傕等采纳此计，聚众十余万围攻长安；城破后，李傕等纵兵杀掠。长安及三辅（京兆、冯翊、扶风）地区再一次遭到凉州军阀的蹂躏。同时，由于凉州军阀重新控制了汉献帝，使本来趋向平稳的中朝政局再次混乱不堪，全国性的大动乱不可避免地发展起来。

汉献帝摆脱李傕的控制后，贾诩感到李傕成不了气候，就投奔了同郡人段煨。段煨也是凉州军将，当时驻屯在华阴。由于贾诩素来知名，因而在段煨军中享有很高声望。段煨内心很害怕军队被贾诩夺去，表面上却待贾诩礼节周到，贾诩日益感到不安。当时，张济率军到南阳一带抢掠，在穰县被当地人杀死，其侄子张绣继续统领部众。贾诩暗中结纳张绣，张绣派人前来迎接贾诩。贾诩即将动身前往，有人询问他："段煨待你够不错了，你为什么要离开他呢？"贾诩回答说：

> 煨性多疑，有忌诩意，礼虽厚，不可恃，久将为所图。我去必喜，又望吾结大援于外，必厚吾妻子。绣无谋主，亦愿得诩，则家与身必俱全矣。（《三国志》卷十）

贾诩分析了自己与段煨、张绣的利害关系，认为离开段煨，归依张绣，对两方都有好处，自己则可以从中求得"家身俱全"。贾诩到达南阳后，张绣对他持晚辈礼节，待遇隆重；段煨也果真厚待他的家室。此后，贾诩劝说张绣同荆州牧刘表修好关系，使这支凉州队伍得以在南阳立足。

张绣所在的南阳邻近许都，曹操为了消除后方隐患，多次率军征讨张绣。张绣曾一度投降曹操，随后又反叛，并在乱军中杀死曹操长子曹昂、侄子曹安民。官渡之战前夕，张绣自然成为曹操、袁绍争夺的焦点。袁绍派人前来招诱张绣，并写信给贾诩寻求帮助。张绣打算答应袁绍，贾诩却在张绣座席上大声对袁绍使者说："归谢袁本初（袁绍），兄弟不能相容（指袁绍、袁术交恶），而能容天下国士乎？"贾诩又劝张绣归顺曹操。张绣颇存疑虑，他说："袁强曹弱，义与曹为仇，从之如何？"贾诩分析道：

> 夫曹公奉天子以令天下，其宜从一也。绍强盛，我以少众从之，必不以我为重。曹公众弱，其得我必喜，其宜从二也。夫有霸王之志者，固将释私怨，以明德于四海，其宜从三也。愿将军无疑！（《三国志》卷十）

　　贾诩先从曹操"奉天子以令天下"的角度阐明大义，接着，对"袁强曹弱""与曹为仇"两种情况做了具体剖析，从而打消了张绣的疑虑。张绣归顺曹操后，曹操果然厚待张绣。贾诩因为有规劝之功，更是受到曹操器重，被加官拜爵。

　　以上是贾诩毕生中三次重要的谋略活动，从小我们看到，贾诩谋略活动的出发点是自身利益，而那些谋略又往往关系着国家大政、天下民生。贾诩是高明的，他在错综复杂的局势下，胸怀全局，抓住关键因素，找出利弊得失，往往得出合乎事理而又切实可行的行动方案。这也说明，谋略有其自身的规律和合理性，它本身并无善恶之分。但是，人性的善恶使得各种谋略活动产生的社会影响截然不同。

　　贾诩虽然以"智计"出名，却遭受后人谴责。当董卓被杀后，中朝政局颇有拨乱反正的迹象，三辅地区也趋于平静。只因贾诩一言，长安破败，三辅流血，政局再乱而不可收拾。贾诩从保全自身出发，却使国家破碎，黎民遭祸。因此，南朝时，史家裴松之谴责他："祸机一发而殃流百世。""自古兆乱，未有如此之甚！"（《三国志》卷十）

袁绍设计夺冀州

袁绍，字本初，汝南汝阳人。他的高祖父袁安曾任汉朝司徒，自袁安以下四世居三公位，袁氏因此势倾天下。汉灵帝去世后，大将军何进联结袁绍，密谋诛除宦官。因何太后不同意，何进等又召董卓入京，企图借董卓胁迫何太后。后来，京师变乱，董卓专权，袁绍出奔冀州。董卓迫于袁氏积久威势，拜袁绍为渤海太守，封邟乡侯。

初平元年（190），袁绍据渤海郡起兵，准备讨伐董卓。关东牧守一时俱起，共推袁绍为盟主，进逼洛阳。不久，董卓徙天子都长安，焚烧洛阳宫室，退入关内；关东牧守转而自相攻伐。当时，袁绍还军延津，军粮极度匮乏。由于袁绍仅据有渤海一郡，军资得仰仗冀州牧韩馥供给，于是，袁绍把目光盯在了土地广博、人民殷富的冀州。谋士逢纪对袁绍说："将军举大事而仰人资给，不据一州，无以自全。"（《三国志》卷六注引《英雄记》）袁绍深表赞同。

袁绍早先在渤海时，颇得豪杰归附。韩馥害怕袁绍得势，威胁到自己，曾试图阻止袁绍起兵。待到袁绍举兵以后，韩馥又对袁绍深加防范，处处限制袁绍的军粮供应，企图迫使袁绍军队离散。袁绍要谋求发展，就必须突破韩馥这道障碍。当时，公孙瓒刚刚吞并幽州，正踌躇满志，准备南向以争天下。由于韩馥是袁绍先辈引入仕途的，属于袁氏"故吏"，并且为人怯懦。袁绍等决定借用公孙瓒，对他实施讹诈。逢纪献计说：

可与公孙瓒相闻，导使来南，击取冀州。公孙必至而馥惧矣，因使

说利害，为陈祸福，馥必逊让。于此之际，可据其位。(《三国志》卷六注引《英雄记》)

袁绍当即写信给公孙瓒。公孙瓒果然领兵南下，表面上托词讨伐董卓，暗中准备袭击韩馥。至此，袁绍派外甥高干、谋士荀谌前往游说韩馥。高、荀二人极尽威胁、利诱之能事，称公孙瓒乘胜南下，袁绍引军东向，若"两雄"并力，交兵冀州城下，则韩馥立时招致危亡。因此，为韩馥设想，不如将冀州让给袁绍；袁绍得到冀州后，公孙瓒就无法与他争夺。冀州既入"亲交"之手，韩馥不仅有"让贤之名"，而且"身安于泰山"。韩馥被这番说辞唬住，打算让出冀州，他的僚佐们却坚决表示反对。其长史耿武、别驾闵纯等劝谏道：

冀州虽鄙，带甲百万，谷支十年。袁绍孤客穷军，仰我鼻息，譬如婴儿在股掌之上，绝其哺乳，立可饿杀。奈何乃欲以州与之？(《三国志》卷六)

耿武等人的这番话，可谓抓住了袁绍没有地盘的致命弱点，无奈韩馥过于懦弱，执意将冀州牧让给了袁绍。

夺得冀州是袁绍势力发展的转折点。袁绍凭借公族子弟的身份知名，弱冠登朝，参与机密。然而，他帮助何进策划诛除宦官，却不能把事情干净利落地办妥；董卓初进京时，部下兵士很少，他却不敢与董卓争锋，只能听任董卓专权；他身为关东联军的盟主，却惧怕董卓兵强，逡巡不进，贻误战机。凡此种种，可见袁绍才智、胆略有限。而今，袁绍利用韩馥软弱可欺，迫使对方拱手让出冀州，袁绍终于有了一块发展自身势力的良好基地。

其实，袁绍早就看中了以冀州为中心的河北地区。他初起兵时，曾对曹操说："吾南据河，北阻燕、代，兼戎狄之众，南向以争天下，庶可以济乎？"(《三国志》卷一)占据河北地区，进而"南向以争天下"，是袁绍的既定战略，而夺取冀州是这个战略的第一步。以后，袁绍吞并强敌公孙瓒，终究占据了河北青、冀、幽、并四州。就在他打算进一步"南向以争天下"时，却被弱小的曹操败于官渡。

谋臣的悲哀——田丰、沮授

对于创业霸主来说，成功的用人策略是必不可少的，所谓"知人善任"。袁绍能够迅速成长为北方最强大的割据势力，是有其过人之处的。史载袁绍"能折节下士，士多附之"，可见他是很善于笼络人才的。但是，笼络人才是一回事，任用人才又是另一回事。袁绍得人才而不能恰当地任用，正是他最终失败的症结所在。

田丰、沮授都是河北名士，又都以"权略"著称。袁绍夺取冀州后，将他们辟为僚属，让他们参议军政大事。田、沮二人在一系列重大决策方面都提出了深刻而精当的意见，假如袁绍能够察而用之，那么，他完全可能成就霸业。不幸的是，袁绍却做不到这一点；相反，在谋臣们的不同意见中，他往往倾向于错误的一方。由于袁绍的一连串失误，终究使曹袁之争的胜负天平向曹操倾斜。

兴平二年（195），汉献帝从关中回到河东郡，沮授建议袁绍"宜迎大驾，安宫邺都，挟天子而令诸侯，畜士马以讨不庭"。（《三国志》卷六注引《献帝传》）这的确是一个把握全局的政治战略，袁绍也准备接受。但是，郭图、淳于琼却认为，"若迎天子以自近，动辄表闻，从之则权轻，违之则拒命"，并不是一个好主意。尽管沮授一再强调应从大局着眼，若不尽早行动，必定被别人抢先，袁绍还是放弃了奉迎天子的打算。待到曹操迎汉献帝都许，收到实际政治效果后，袁绍醒悟过来，已是后悔莫及。

袁绍有三个儿子，长子袁谭为人聪明，小儿子袁尚长得俊美。这两人同父不同母，袁尚之母是袁绍的后妻，颇受袁绍喜爱，因而对袁尚有些偏爱。

占据河北四州后，他先让袁谭出任幽州刺史，后又让袁尚出任青州刺史。沮授认为兄弟继承人的名分不定，必成相争之势，援引"万人逐兔，一人获之，贪者悉止"的古训，要求袁绍收回成命，否则"必为祸始"。袁绍不但不接受，反而又让次子袁熙任幽州刺史，外甥高干任并州刺史，并称此举是"吾欲令诸子各据一州，以视其能"。后来，袁绍兵败病死，临终立袁尚为继嗣，袁谭、袁尚果然互争雄长，连年攻伐，导致袁氏集团彻底覆亡。

袁绍打算出兵攻打许都，沮授、田丰建议袁绍对曹操先礼后兵，以争取政治上的主动。在作战方略上，主张以重兵镇守黎阳，压制曹军，然后分遣精骑，抄袭曹军两翼，在持久战中拖垮曹军（参考"官渡之战"一节）。这是一套审时度势的政治、军事谋略。然而，审配、郭图等人有不同意见，袁绍也希望毕其功于一役，因此，沮授、田丰的上述建议被弃置一边。当曹操东征刘备时，田丰建议乘机袭击曹操后方，袁绍却以儿子正患病为由，加以拒绝。田丰愤恨地举杖击地，感叹道："夫遭难遇之机，而以婴儿之病失其会，惜哉！"（《三国志》卷六）

袁绍率大军南征，田丰再次申述"持久战"的意见，认为"释庙胜之策，而决成败于一战，若不如志，悔无及也"（《三国志》卷六）。袁绍不接受。田丰反复劝谏，袁绍大怒，认为他动摇军心，把他关进了监牢。沮授随军南下，相机提出了不少有益的建议。袁绍让颜良率军进攻白马，沮授认为颜良性情促狭，虽然骁勇，但不能独当重任。曹操退守官渡后，沮授又一次表示应采取持久战的策略。袁绍派淳于琼领兵北迎运车，沮授建议另遣一支军队在外围护卫，以防曹操袭击。然而，这些建议均遭到袁绍否定，导致在决战中一败涂地。

袁绍兵败后，沮授被曹军俘虏。曹操待遇沮授甚厚。沮授后来图谋逃归袁氏，被曹操处死。而田丰则被袁绍主动诛杀。

当袁绍兵败时，有人对田丰说："这次你必定会被主上看重了。"田丰回答说："假如我军获胜，我肯定能够保全性命，如今我军失败了，我大概免不了一死。"果然不出田丰所料，袁绍回到冀州后，对身边的亲信说："我不采用田丰的意见，果然让他见笑了。"于是将田丰处死。袁绍虽然表面上温和宽厚，举止大度，喜怒不形于色，但气量狭小。袁绍的性格，田丰是再清楚不过的。

　　袁绍得到田丰、沮授这样的贤明之士，是幸运的。然而，他却不能恰当地任用他们，辅成自己的霸业。袁绍的失败，可谓咎由自取。就田丰、沮授来说，他们虽然身怀韬略，忠心耿耿，却因托附庸主，无法施展自己的抱负和才智，甚至还被无辜杀害，他们是悲哀和不幸的。因此，古人讲究"良禽择木而栖，良臣择主而事"，是有道理的。

　　相比之下，荀彧、郭嘉的际遇就比田丰、沮授幸运得多。荀彧、郭嘉都曾在冀州见过袁绍，他们感到袁绍"终不能成大事"，就毅然舍弃袁绍，投奔了曹操。郭嘉离开袁绍时说：

　　　　夫智者审于量主，故百举百全而功名可立也。袁公徒欲效周公之下士，而未知用人之机。多端寡要，好谋无决。欲与共济天下大难，定霸王之业，难矣！（《三国志》卷十四）

　　郭嘉对袁绍的弱点看得很清楚。仅就用人而言，袁绍确实礼待士人，但他自己想法很多，却抓不住关键，缺乏领袖所需要的决断能力。因此，他认为与袁绍在一起，是不能成就"霸王之业"，建立"功名"的。郭嘉的分析，对于我们理解田丰、沮授的结局，是个很好的脚注。

曹魏据险守三边

　　发生在建安十三年（208）的赤壁之战，奠定了三国鼎立局面的基础。此后，曹操致力于北方事务，平定了关中地区，并曾一度夺取汉中；孙权夺取了荆州大部分地区，大体上实现了"全制长江"的战略目标；刘备则进军西川，立足于巴、蜀。三国鼎峙不是完全静态的，而是相持中的动态对抗。三国中的每一方都试图削弱另两方，以便在竞争中超出。因此，大规模的战争在三国之间时有发生，这时，正确的对敌战略对每一方都是必不可少的。

　　当时的基本形势是：魏国三分天下有其二，是势力强大的"上国"，吴、蜀相对要弱小。因此，吴、蜀两国通常采取联合对敌的策略，共同抗衡魏国。就魏国而言，它虽然势力强大，但边境拉得过长，吴蜀联盟往往配合行动，在西北、东南、西南同时举兵，使它在任何一面的行动都受到牵制。魏国要对抗吴蜀联盟，也必须有一套切实可行的对敌方案。

　　经过曹操、曹丕时期对蜀、吴作战的实践，到魏明帝曹叡在位期间，魏国确定了以点带面、据险守卫三边的防御战略。在西北魏蜀边境，缘秦岭主要山口，魏军扼守祁山——上邽、散关——陈仓、斜谷等关隘，以逸待劳，击退了诸葛亮的多次大规模进攻。在东南魏吴边境，魏军镇守合肥、寿春两个前线据点，与吴军周旋，往往使吴军无功而退。在西南边陲，魏、蜀、吴三国势力呈胶着状态，但魏军镇守襄阳、宛（南阳）两个据点，蜀、吴便不得北进。

　　魏明帝太和二年（228），诸葛亮由汉中出兵祁山，首次北伐攻魏，天水、南安、安定三郡叛魏应亮。由于这是蜀国沉寂多年后的第一次攻魏行动，魏国君臣尚无成熟的应敌战略。当时，人们普遍认为应发动大军，进入秦岭以南的南郑，威胁蜀国。中书令孙资剖析了自曹操以来对蜀、吴作战的形势，对明帝说：

> 武皇帝圣于用兵，察蜀贼栖于山岩，视吴虏窜于江湖，皆挠而避之，不责将士之力，不争一朝之忿，诚所谓见胜而战，知难而退也。今若进军就南郑讨亮，道既险阻。计用精兵，又转运、镇守南方四州、遏御水贼，凡用十五六万人，必当复更有所兴发。天下骚动，费力广大，此诚陛下所宜深虑。夫守战之力，力役参倍。但以今日见兵，分命大将据诸要险。咸足以震慑强寇，镇静疆场，将士虎睡，百姓无事。数年之间，中国日盛，吴蜀二虏必自罢弊。（《三国志》卷十四注引《资别传》）

孙资的建议考虑到了两个基本情况。第一，自曹操以来，蜀国据山险而守，吴国划长江而治，都易守难攻；第二，"守战之力，力役参倍"。若大举进攻蜀国，吴国必定相机而动，魏军两面作战，力役耗费巨大。因此，对于魏国来说，动用常备军队，分命大将把守关隘，就足以击退任何强敌，这无疑是上策；而在平静的实力竞争中，魏国只会日益强大，吴、蜀则相对衰弱。魏明帝采纳孙资的意见，放弃了大举进攻蜀国的打算，让大将军曹真率军驻屯于郿，左将军张郃率军抵御诸葛亮。张郃攻下蜀军战略据点街亭，迫使诸葛亮退军。以后，诸葛亮又多次出兵攻魏，试图寻机与魏军决战，都被魏军用坚守退敌的办法破解。

在东南边境，合肥城是重要的军事据点，它与吴国东关、濡须等江北据点对峙。这里是魏吴交兵的主要战场，先后发生过许多大规模的战争。寿春则相对靠后，与合肥形成呼应之势。青龙元年（233），征东将军满宠建议在合肥城西三十里另造新城，他上疏明帝说：

> 合肥城南临江湖，北远寿春，贼攻围之，得据水为势；官兵救之，当先破贼大辈，然后围乃得解。贼往甚易，而兵往救之甚难，宜移城内之兵，其西三十里，有奇险可依，更立城以固守，此为引贼平地而掎其

归路，于计为便。(《三国志》卷二十六)

满宠的建议，集中表达了以点带面、据险防御的战略思想，而新城处于山险之地，使擅长水上作战的吴军无计可施，自然更能扬长避短。经过反复商讨，魏明帝批准了上述建议。当年，孙权率军出江北，打算合围新城。因为新城远离水道，孙权接连二十多天都不敢下船登岸。次年，孙权率军号称十万，进攻新城，被满宠击退。在这次战役前，明帝下诏给满宠说："先帝东置合肥，南守襄阳，西固祁山，贼来辄破于三城之下者，地有所必争也。"(《三国志》卷三) 再次确认了以点带面、据险守御三边的战略。

在西南边陲，自建安二十四年 (219) 关羽兵败樊城，吴国夺还荆州以后，三国势力在这一带互相牵制。魏军镇守襄阳、宛两个据点，就足以捍卫边境。

以点带面、据险守御三边，是魏国在三国鼎立局势下的相持战略。它以三国持久对抗为局面依据，以古代战争中突出的地形争夺为战略支点，是切实可行的。在这一战略思想指导下，魏国以逸待劳，抗御了吴蜀联盟的东西夹击，尤其是挫败了诸葛亮以攻代守的北伐之举，使之徒然劳师伤民。与此同时，魏国广兴屯田，发展生产，在实力竞争中日益超出吴、蜀两国。

司马懿用计败曹爽

　　司马懿，字仲达，河内温县人，他的家族是一个世代担任高官的儒学大族。司马懿在建安年间进入曹操政权，曾任曹丕的太子官属，是曹丕亲信的东宫"四友"之一。曹丕即位称帝后，司马懿位望日隆，实际上居宰辅职任。黄初七年（226）曹丕逝世前，司马懿与曹真、陈群、曹休等受遗诏辅政。明帝在位期间，司马懿逐步取得了专掌对外征讨的大权，已成坐大之势。景初三年（239）明帝逝世前，司马懿又与曹爽受遗诏辅政。

　　曹爽是曹真之子，他以宗室身份倍受明帝宠待，官至武卫将军。明帝病危期间，拜曹爽为大将军，都督中外诸军事，录尚书事，让他总揽军政大权，与司马懿一起辅弼幼主。齐王曹芳即位之初，曹爽、司马懿共同辅政，尚能相安无事。不久，曹爽就感受到了司马懿积久威势的重压，试图扭转局面。他上奏天子，发诏将司马懿由太尉转为太傅，表面上是尊崇司马懿，实际上剥夺了司马懿的实权。曹爽又让自己的弟弟曹羲任中领军，曹训任武卫将军，加强对中军的控制。同时，他引用南阳何晏、邓飏、李胜、丁谧、毕轨等人为心腹，分别授以要职，把持朝政，借以排挤司马懿党羽的势力。曹爽的一系列举措自然遭到了司马懿的反对，双方斗争逐步激化。司马懿称疾不预政事，暗中策划推翻曹爽。

　　正始九年（248），李胜出任荆州刺史，曹爽等让他乘机去向司马懿道别，以便窥察司马懿的动静。司马懿引见李胜，让两个婢女在身边服侍。他拿衣服，衣服落地；又用手指口，表示口渴要喝。婢女取来稀粥后，司马懿持杯喝粥，粥全都由口中流出，沾满胸前。李胜见状，也不禁动了恻隐之心，流下眼泪。稍后，司马懿与李胜交谈，往往言辞错乱。李胜告别司马懿后，与曹爽等相见，备述当时情景。曹爽等感到司马懿已经病入膏肓，没有什么威胁了。此后，曹爽等人便放松了对司马懿的防备，肆行无忌。

其实，上述情景只不过是司马懿窥透曹爽等人的用意，将计就计上演的一幕活戏。可惜曹爽等人失察，竟然信以为真。正始十年（249）正月，齐王芳拜谒高平陵（明帝陵墓，在洛阳南九十里处），曹爽兄弟一同扈从车驾。司马懿乘机发动政变，部勒兵马，占据武库，屯兵洛水浮桥。司马懿的兵马包括本部三千人以及他的长子司马师的中护军本营、司马师暗中收买的"死士"三千人。司马懿又任命司徒高柔行大将军事，领曹爽本营，太仆王观行中领军事，领曹羲本营，控制了洛阳城内的中军。一切部署停当后，司马懿上奏天子，列举曹爽兄弟的种种"罪状"，要求将他们废黜。

当司马懿起兵时，大司农桓范突出城门，投奔曹爽。桓范是沛国人，通晓世事，有"智囊"之称，是曹爽尊重的乡里前辈。桓范建议曹爽护送车驾到许昌，征召四方兵马，讨伐司马懿。无奈曹爽兄弟瞻前顾后，无法振作，终于放弃了抵抗。事后，司马懿穷追不舍，将何晏等人下狱治罪，定曹爽与何晏等阴谋反逆。曹爽兄弟、桓范、何晏等十余人被处死，并夷灭三族。司马懿对曹爽兄弟的残暴杀戮，已然暴露了他削弱曹魏宗室、图谋篡夺的野心，时人为之寒心。

"高平陵之变"是曹魏政局的转折点，经过这次事变，曹魏政权落入了司马氏手中。曹爽的失败，固然是由于他骄横跋扈，掉以轻心，但司马懿老谋深算，欲擒故纵，也是诱使曹爽犯错误的重要原因。最后，司马懿瞅准机会，一击成功。本来，魏明帝对曹爽托孤时，就担心他不是司马懿的对手，但是仓促之间，找不到更合适的人选。这种担心的事不幸变成了事实，而曹魏政权也因此迁移。

"淮南三叛"与司马用兵

    司马懿铲除曹爽集团,把持朝政以后,蓄意培植亲信,排斥异己。一些忠于曹魏的大臣对此深感忧虑,他们试图有所举动,扭转乾坤。所谓"淮南三叛",就是在这种情况下发生的。

    王凌,字彦云,太原祁县人,他以太尉身份都督扬州诸军事,镇守寿春。王凌的外甥令狐愚任兖州刺史,驻屯平阿。王凌、令狐愚秘密商议,认为司马氏拥立的齐王曹芳"不任天位",楚王曹彪年长而有才能,打算拥立曹彪为皇帝,定都许昌,借以推翻司马氏势力。他们一面与在白马的曹彪联络,一面密谋起兵。其间,令狐愚不幸病死。嘉平三年(251),王凌的密谋被人告发,司马懿率领中军由颍水顺流南下,征讨王凌。他先下赦书赦免王凌之罪,又挟持王凌之子王广,让他作书信晓谕王凌,同时让大军急速进逼寿春。王凌自知局势穷困,于是单独乘船出迎司马懿,自缚投降。司马懿派兵将王凌送还京都,途中王凌服毒自杀。司马懿进抵寿春,将参与反叛者一并治罪处死,夷灭三族。王凌的首次反司马之举,就这样冰消瓦解。

    司马懿去世后,长子司马师继续执掌朝政。司马师将齐王芳废黜,另立高贵乡公曹髦为帝,进一步将政权置于自己的控制之下。正元二年(255),镇东将军、都督扬州诸军事毌丘俭,前将军、扬州刺史文钦,列举司马师的罪状共十一条,传檄天下,在淮南举兵。他们将淮南将士、吏民集中到寿春城,筑坛盟誓,分老弱守城。毌丘俭、文钦率军五六万渡过淮河,西至项县,由毌丘俭守城,文钦在外为游兵。司马师统兵进讨,另派镇南将军诸葛诞率军从安风津向寿春,征东将军胡遵率军至谯县、宋县一带,截断叛军退路。司马师率大军进驻汝阳，让监军王基督前锋诸军进据南顿，与叛军对垒。同时下令诸军，坚壁固守，不与叛军接战。毋丘俭、文钦进不得战，退又担心寿春被官军袭夺，无法返回淮南，因而彷徨而不知所措。由于曹魏实行"错役"制度，淮南将士的家属都在北方，因此叛军军心涣散，不断有人向官军投降。至此，司马师以少量兵马诱敌交战，然后大军纵"骁骑"出击，大破叛军。文钦逃往吴国，毋丘俭被官军捕杀，部下全部投降。

毋丘俭、文钦起兵时，司马师正患着严重的眼病。他强撑着出征，平定反叛，旋即病死。司马师的弟弟司马昭继续执掌朝政。甘露二年（257）五月，征东大将军诸葛诞反于淮南。他领兵击杀扬州刺史乐琳之后，吸取毋丘俭等失败的教训，不主动北进出击，而是将在淮南、淮北郡县屯田的官兵十余万人，以及新近归附的扬州壮丁四五万人集中到寿春，聚积足够一年食用的粮食，闭城自守；同时，让儿子诸葛靓到吴国求救。吴国大喜，派兵三万，与文钦一起前来接应诸葛诞，乘官军尚未合围，突入寿春城。

六月，司马昭挟持皇帝、太后，统督中外诸军二十六万，临淮河征讨。七月，进军丘头。命镇南将军王基、安东将军陈骞率军四面合围，表里两重，筑深沟坚垒。又命监军石苞、兖州刺史州泰等简锐卒作为游军，防备外敌。八月，吴国再派朱异率军万余人，渡过黎浆水，接应寿春。石苞、州泰率军将朱异击退，继而大破吴军。这时，诸将请求进攻寿春，司马昭决定围而不攻，以"全策"把握战局，将叛军困死在孤城之中，他分析说：

> 城固而众多，攻之必力屈，若有外寇，表里受敌，此危道也。今三叛（指唐咨、文钦、诸葛诞，唐咨反叛在先）相聚于孤城之中，天其或者将使同就戮，吾当以全策縻之，可坐而制也。（《三国志》卷二十八）

寿春城中，粮食逐渐减少，又不见外部救援，人心不稳。诸葛诞的亲信部将蒋班、焦彝，吴将全怿等先后率众投降官军。甘露三年（258）正月，诸葛诞、文钦等大修攻具，接连五昼夜攻打南围，企图突围而出，被围城诸军击退。城内粮食日益短缺，先后出降的有数万人。这时，诸葛诞、文钦为如何防守而发生矛盾，诸葛诞杀掉了文钦。二月，司马昭亲自指挥，四面进兵，同时攻城。诸葛诞见大势已去，率麾下数百人从小城门突围而出，被官军追及斩首。历时十个月的反叛，终于被司马昭扑灭。

"淮南三叛"是司马懿父子继推翻曹爽、控制中央政权之后，同忠于曹魏的地方势力展开的较量。淮南地区是魏吴交兵的主要战场，往往由久擅疆场的大将镇守，士兵久习战阵。这里还是曹魏最大的屯田区，军粮充足。由于毗邻吴国，易于同外部敌对势力连接，因此，王凌、毋丘俭、诸葛诞先后在此起兵，不是偶然的。

司马氏父子要对付来自淮南的反叛，也并非轻而易举。在平定反叛的过程中，司马氏父子展示了卓越的军事才能。司马懿对王凌、司马师对毋丘俭、文钦，都是在临死前拼全力一搏，一举成功。诸葛诞发动的第三次反叛，吸取了前两次的教训，固守寿春大本营，与吴国连接成势，对司马氏构成了最大威胁。而司马昭持重对敌，历时十个月，终于将反叛平息。

对比三次平叛行动，司马懿主动出击，制敌先机；司马师截敌首尾，围而歼之；司马昭围而不攻，困敌孤城。分别因势利导，深得用兵之妙。

司马昭的灭蜀图谋

平定"淮南三叛"后，司马氏势力更加稳固。甘露五年（260）五月，司马氏党羽贾充等弑杀高贵乡公曹髦，常道乡公曹璜继立为帝。执掌大政的司马昭在切实地控制了内部之后，急需要建立一个伟大的功业，以便名正言顺地取曹魏而代之。而任何功绩都不如消灭敌国来得伟大。对吴、蜀掂量一番之后，司马昭决定以蜀汉作为首攻的目标：

> 略计取吴，作战船，通水道，当用千余万功，此十万人百数十日事也。又南土下湿，必生疾疫。今宜先取蜀，三年之后，因巴蜀顺流之势，水陆并进，此灭虞定虢，吞韩并魏之势也。计蜀战士九万，居守成都及备他郡不下四万，然则余众不过五万。今绊姜维于沓中，使不得东顾，直指骆谷，出其空虚之地，以袭汉中。彼若婴城守险，兵势必散，首尾离绝。举大众以屠城，散锐卒以略野，剑阁不暇守险，关头不能自存。以刘禅之暗，而边城外破，士女内震，其亡可知也。（《晋书》卷二）

在司马昭看来，若首先攻吴，必须建立一支强大的水军，并需开凿通往长江的水道，费功费时，须从长计议。如若先攻下其盟国蜀汉，居长江上游，可顺流而下，使吴国据江而守的战略落空，则日后攻吴更为容易。当时蜀国地小民疲，实力衰损，朝中由宦官黄皓等人专权，大将军姜维为避祸而远离成都，率军在靠近陇西的沓中屯田种麦。司马昭的伐蜀方略，就是以偏师阻击姜维，使之不能回援成都，而大军则直出秦岭山间小道，袭取汉中，打开通往成都的门户。魏国大军深入蜀国腹地，攻城略地，蜀国灭亡便指日可待。

然而，魏国绝大部分文臣武将都持反对意见，其中包括司马氏的得力心腹、长期主持对蜀战争的邓艾。司马氏的另一个得力心腹钟会却力主伐蜀，为此，他与司马昭一起"筹度地形，考论事势"。景元三年（262）年底，钟会被任命为镇西将军、都督关中诸军事，主持伐蜀事务。司马昭又派人晓谕邓艾，使邓艾接受了伐蜀方案。

景元四年（263）八月，司马昭征四方之兵十八万，命征西将军邓艾、雍州刺史诸葛绪各统军三万余人，邓艾向甘松、沓中牵制姜维，诸葛绪向武街、桥头截断姜维归路。命镇西将军钟会统军十余万人，分别从斜谷、骆谷进入汉中。钟会的东路军无疑是伐蜀主力。由钟会充任伐蜀大军的主帅，可见司马昭是费了一番心思的。

钟会是魏太傅钟繇的次子，年少时被人视作奇才。他后来投靠司马氏，参与机密，出谋划策，颇受倚重。钟会的表现使时人觉得他投机钻营，极具个人野心。当司马昭命钟会率大军伐蜀时，有人进谏，说钟会单身无子，了无牵挂，让其手握大军，千里远征，事成之后，怕是难以控制。司马昭笑着回答道：

> 我宁当复不知此耶？蜀为天下作患，使民不得安息，我今伐之如指掌耳，而众人皆言蜀不可伐。夫人心豫怯则智勇并竭，智勇并竭而强使之，适为敌禽耳。惟钟会与人意同，今遣会伐蜀，必可灭蜀。灭蜀之后，就如卿所虑，当何所能一办耶？凡败军之将不可以语勇，亡国之大夫不可与图存，心胆以破故也。若蜀以破，遗民震恐，不足与图事；中国将士各自思归，不肯与同也。若作恶，只自灭族耳。（《三国志》卷二十八）

在司马昭看来，伐蜀易如反掌，关键是要找一个敢于作战的将帅统军，那些反对出军的人，实际上内有胆怯之心，强要他们率兵出征，他们在胆怯之下勇气与智慧都会大打折扣，强迫必然打败仗。让钟会当统帅，正是看中他敢作敢为的性格，必然可以完成灭蜀任务。至于事成之后，钟会若要反叛，他既不能利用刚刚遭受亡国之祸而"心胆以破"的蜀人，也不可能获得"各自思归"的出征将士的支持，只能是自取灭亡。后来的事态发展，果然证实了司马昭的判断。

钟会大军进入汉中后，连克乐城、汉城、关城，进抵剑阁。由于西路军诸葛绪调度失误，姜维得以引兵东归，聚合诸将，退守剑阁。钟会大军与姜维守军一时相持不下。这时，邓艾率军由阴平险道行进七百余里，奇兵直出江油，进至绵竹，阵斩蜀军守将诸葛瞻。邓艾进军雒县，逼近成都，蜀主刘禅率太子、诸王及群臣投降。随后，姜维奉敕书投降钟会。蜀国就此灭亡。

邓艾进驻成都后，以魏中央政府的名义，"承制"封拜蜀主以下原蜀国官员，命属下诸将分领蜀中诸郡，骄矜自大。钟会等密报邓艾肆行悖逆，图谋作乱。司马昭发诏用槛车押送邓艾返回洛阳，并敕钟会进军成都。监军卫瓘先行到达成都，宣谕旨意，将邓艾父子收入槛车。钟会抵达成都后，独统大军，威震蜀中。他自以为功名盖世，不能复居人下，加上猛将锐卒都掌握在自己手中，于是图谋在回师途中反叛。钟会打算让姜维等率蜀兵出斜谷，自己率大军随后进发。到达长安后，命骑兵从陆路，步兵从水路，两路并进，到洛阳会集，则天下一举可定。

景元四年（263）十月，伐蜀捷报纷纷传到京都，司马昭当仁不让地受封拜为晋公、相国。次年正月，司马昭奉天子西征，到达长安。他写信给钟会说："恐邓艾或不就征，今遣中护军贾充将步骑万人径入斜谷，屯乐城，吾自将十万屯长安，相见在近。"（《三国志》卷二十八》）钟会接信大惊，自知反情已经败露，立即胁迫属下军将发动反叛。军将们拒不受命，倒戈相击，将钟会、姜维杀死。不久，邓艾父子也在征还途中被杀。

魏灭蜀国，打破了三国鼎立的政治格局，中国政治版图重新出现了统一的趋势。司马昭是灭蜀战争的发动者，也是这场战争的最大受益者。灭蜀两路大军的统帅，均被处死，免去了他们因功骄悍难驭的麻烦，而司马昭则凭借伐蜀威势，顺理成章地晋爵晋公，进位相国，建立起晋国的基业，在夺权篡魏的道路上迈出了关键的一步。

　　司马昭灭蜀之战的成功，在于他审时度势又老谋深算，果敢地任用钟会这样的"非常之人"，借以做成非常之事，而又不使自己受到损害。他无疑是一个深沉大度的谋略家。

第
二
章

CHAPTER 2

蜀吴英豪，谋定三足鼎立

三国故事可谓家喻户晓、妇孺皆知，诸葛亮更被演绎为智慧的化身。事实上，如果揭开历史的面纱，走出历史的迷雾，我们便会发现，诸葛亮并非料敌如神，他仅是一个艺术形象。从我们的叙述中，读者可以自作评判。在汉末群雄割据的舞台上，孙氏父子扮演了相当成功的角色。对于蜀、吴建国及与魏鼎立后所运用的文韬武略，我们择其要者叙述。

隆中对策话三分

众所周知，《隆中对》是诸葛亮为刘备分析时局的一番话。刘备能与诸葛亮相会隆中，与他们各自的遭遇和志向密不可分。

刘备，字玄德，涿郡涿县人，西汉景帝之子中山靖王刘胜的后代。但汉末时，属于皇族的刘姓人物已达十万，如果不是近几代皇帝的直属后代，虽头顶皇族光环，大多与平民无异。刘备早年以贩鞋为生，但胸怀大志，自强不息。他参加汉末镇压黄巾起义活动，逐渐发迹。他先后依附公孙瓒、陶谦、吕布、曹操、袁绍，最后投奔刘表。他的军队屡散屡合，地盘时得时失，因谋略不逮，只好退出中原军阀的角逐。刘表让他驻扎新野，既为防他，也为利用他看守荆州北方门户。刘备在新野开始反思失败的原因，认为缺少智谋之士是失败的关键所在。

诸葛亮，字孔明，琅玡阳都（今山东临沂市沂南县）人。当董卓进据洛阳之时，其叔诸葛玄赴荆州任职，当时还是个少年的诸葛亮随叔父前往。时值天下大乱，诸葛玄未能就职便在一年后去世，诸葛亮只得在隆中"躬耕垄亩"，过着寄人篱下的艰辛生活，但他喜好读书，爱观察、思考天下大事。建安年间，曹操逐步平定北方，孙策、孙权兄弟夺得江东。诸葛亮也成长为一个胸有大志的青年。

曹操基本控制北方后，开始准备解决长期使其如芒在背的荆州。而孙权继兄执掌江东大政后，也将夺取荆州作为保障江东的重要步骤。在其时大乱之中相对安宁的荆州，实际上已处于风雨飘摇之中。但当时荆州牧刘表原本是个大名士，他手握十万精兵，又有充足的财力支撑，却只图保境安民，热衷于招徕饱学之士，阐释儒家经典新义，使荆州治所所在的襄阳，一时间成为全国的学术中心。诸葛亮对局势了然于胸，但他并无雄厚的家世背景可以依托，也无名师加以提携，虽慢慢获得了一些士人的好评，却难跻身于荆州上流圈子施展自己的抱负。他也在积极寻求良主，使自己能够脱颖而出。

在汉末军阀混战的形势下，主择臣，臣亦择主。刘备与诸葛亮的结合，一因刘备有大志，虽屡遭挫败仍发奋不息；二因刘备较善用人，在当时帝室后代中是最杰出的。汉末纷争，刘姓虽已失去往日威力，而传统影响仍深入人心，所以曹操挟天子而令诸侯，能以一支弱旅东征西讨、削平众多割据者，雄踞北方。诸葛亮当时年少无名，难以发迹。刘表、刘璋虽皆为宗室后裔，但才能平庸，自家难保。刘备英才盖世，众士仰慕，他又礼贤下士，所以博得诸葛亮的青睐。

刘备到达荆州后，颍川人徐庶最先投靠他，刘备因缺少智谋之士而屡遭挫败，有了徐庶后情况得到很大改观。但徐庶执意北返，转而向刘备推荐诸葛亮，誉亮为"卧龙"。刘备遂"三顾茅庐"，终于见到诸葛亮。刘备屏退随从，与诸葛亮密谈，表示自己虽屡遭挫折，迄无立身之地，但仍怀复兴汉室之雄心，"欲申大义于天下"。他请求诸葛亮指点迷津。诸葛亮为其诚恳所打动，说出一番话来，这便是名震千古的《隆中对》：

> 自董卓以来，豪杰并起，跨州连郡者不可胜数。曹操比于袁绍，则名微而众寡，然操遂能克绍，以弱为强者，非惟天时，抑亦人谋也。今操已拥百万之众，挟天子而令诸侯，此诚不可与争锋。孙权据有江东，已历三世，国险而民附，贤能为之用，此可以为援而不可图也。荆州北据汉、沔，利尽南海，东连吴会，西通巴、蜀，此用武之国，而其主不能守，此殆天所以资将军，将军岂有意乎？益州险塞，沃野千里，天府之土，高祖因之以成帝业。刘璋暗弱，张鲁在北，民殷国富而不知存恤，智能之士思得明君。将军既帝室之胄，信义著于四海，总揽英雄，思贤如渴，若跨有荆、益，保其岩阻，西和诸戎，南抚夷越，外结好孙权，内修政理；天下有变，则命一上将将荆州之军以向宛、洛，将军身率益州之众出于秦川，百姓孰敢不箪食壶浆以迎将军者乎？诚如是，则

霸业可成，汉室可兴矣。(《三国志》卷三十五)

《隆中对》实际为诸葛亮对时局的剖析。刘备在北方屡遭败挫，显然不是曹操的对手，也正因在北方立足不住，又志在独树一帜，所以他才南投刘表，寻找时机。孙权虽然新立，但其父兄创下的基业已较稳固，牢据江东。孙权善用人，能得文武大臣拥戴，智谋之士甚多，这些都是刘备无法比拟的，也不可能去夺取他的地盘。孙氏割据江东，在人心思统一安宁的大背景下，刘备想攻取并不名正言顺，倒是可以与之联合，共同对抗曹操。刘表虑不及远，其子刘琦、刘琮都才能平平，显然不是曹操、孙权的对手。刘备可以趁机夺取，获得立足之地，并寻机夺得益州。若能夺取荆、益二州，联合孙权，利用地理优势，安顿内部，等北方有机可乘之时，便东西齐举，两路北伐，夺取中原。诸葛亮尤其强调刘备要充分利用"帝室之胄"这一身份，使自己实质上的割据活动，获得道义上的制高点，从而将曹操树立成天下之敌。

对于《隆中对》的真实性，也有不少学者怀疑。两人密谈，何人记录？这样严整有序的文字，显然不是当时原始记录，只能是诸葛亮后来执掌蜀汉大政时形成的文件记录，但它多少反映了两人密谈的基本内容。当然，这个"名对"也有其不足之处：在当时情况下，刘备如何夺取荆州与益州？刘备要夺取荆州，又要与立志夺取荆州的孙权联合，如何实现？这实际上为孙、刘二方后来争夺荆州埋下了伏笔。但总的来说，刘备要获得一块稳定的地盘，获得民心支持，必须将曹操树为公敌，以孙权为盟友，则是后来蜀汉政权一以贯之的国策。至于筹谋之始，含有主观愿望、理想化的成分，在所难免。

荆州争夺战

曹操在官渡之战中击败袁绍后，很快平定北方各割据势力，进军南方已如箭在弦。建安十三年（208），曹操率领大军南下。九月，曹军到达新野，时荆州牧刘表已死，其子刘琮举众投降，刘备狼狈率所部数千人南逃，并命镇守樊城的关羽也率水军万余沿汉水东下，与自己会合。刘备原本准备夺占江陵，却被曹操追及于当阳长坂。刘备战败，丢弃妻子，与诸葛亮、张飞、赵云等数十骑逃走，幸得关羽率船来会，才渡过沔水，与刘表另一子刘琦的人马会合，到达夏口。刘备此时军事上连连失利，已立足艰难。

鲁肃闻知刘表的死讯后，劝孙权道："荆州与我们相接，江山险固，沃野万里，士民殷富，如能据而有之，便是成就帝业的资本。刘表刚死，两个儿子不睦，应去探一下风声。我们不能让曹操得了先机。"孙权立即派鲁肃前往。但鲁肃到夏口时，得知刘琮投降、刘备南逃的消息，直接北上去迎住刘备，劝刘备与孙权联合，共抗曹军。刘备用鲁肃的计策，进驻鄂县的樊口。

孙权能与刘备联合，也是为自身考虑。当曹操兵指荆州时，曾写信给孙权，称自己准备带八十万军队，与孙权"会猎于吴"。这实际上是对孙权的恫吓，目的是让孙权不要染指荆州阻碍自己的行动。

曹操兵不血刃夺得襄阳后，其军队在荆州各地展开。要不要染指荆州局势，是屈服还是起而一战，孙权集团意见颇不一致。孙权部下大都劝其降附，其中首要谋臣张昭的意见具有代表性：一是曹操挟天子以令诸侯，具有道义上的优势；二是可以抵抗曹操的依凭——长江之险，因曹操占荆州而敌我共有；三是双方势力相差悬殊，不如迎降。

　　鲁肃、周瑜力主抗曹。他们分析：曹操来信只不过是虚张声势，实际并没有那么多军队；新降附曹操的荆州军不可能真心服从，虽说曹操的军队擅长攻城野战，但在江南水乡，也不足为敌；目前寒冬将近，夏时出兵而衣衫单薄的曹军，未必能适应南方潮湿寒冷的天气，水土不服易生疾病，等等。这些都坚定了孙权的抗曹决心，于是派周瑜率兵沿江西进，寻机阻击曹军。

　　周瑜请求孙权给调配三万精兵，孙权只凑足了两万人的部队，可见当时孙吴兵力非常弱小。刘备当时虽受曹军追击，处在逃跑途中，但尚有近两万人的部队，还有不少荆州当地人士的支持，也就有了与孙权联合的资本。共同的利益使他们走到一起，组成联军。与孙权联手，对于刘备来说，是生死攸关的事。赤壁之战因此打响，孙、刘联军击退曹军，挫败了曹操全据荆州，并伺机进兵江东、彻底削平南方割据武装的企图。

　　孙、刘联军取得战场上的胜利，刘备终于有机会获得一块立足之地。赤壁之战后，曹操的军队不仅仍控制着襄阳，还占据了长江沿线的江陵、夷陵等政治、军事要地。周瑜率军进攻，经过近一年的战斗，最终夺取江陵、夷陵。刘备则利用战胜之机，以民心所向为借口，推实际上依附自己的刘表之子刘琦为荆州刺史，并打着这块招牌，分兵袭占荆州南部，即今湖南境内的武陵、长沙、桂阳、零陵四郡，立大营于油口，并改其名为公安。这样，荆州事实上已处于三家分据的局面。

　　赤壁之战过程中，孙权曾率兵三万，从长江下游朝北，猛攻合肥，牵制曹军。若其在合肥得手，则进可骚扰淮北、河南，威胁曹操政治中心地区。这迫使曹操从荆州撤军，此后三年中，曹操两度举大军进入淮南，兵指长江，给孙权造成极大的压力，也迫使孙权收缩战线，急忙撤回上游大军，确保江南安宁。于是，老谋深算的刘备冒险亲自到达孙权坐镇的京口，要求都督荆州，也就是要求孙权将其所控制的长江中游江陵、夷陵等地让与自己，历史上称为"借荆州"。

　　面对刘备的请求，周瑜上书孙权，劝孙权将刘备扣在京口，多给他些美女、盛筑宫室，自己则可以轻易对付关羽、张飞等猛将。但鉴于局势吃紧，孙权最终还是答应了刘备的请求，撤出江陵、夷陵，让与刘备，使其独挡中游曹军。孙权还将自己的妹妹嫁给刘备，通过联姻，强化同盟关系。

当下游局势缓和后，孙权又开始打荆州的主意。建安十五年（210），孙权派人对刘备说："益州牧刘璋不能自守，如果益州被曹操夺取，荆州便很危险，自己打算派兵进入益州，先攻刘璋，次取割据汉中的张鲁。"如此，"一统吴、楚，虽有十操，无所忧也。"（《三国志》卷三十二注引《献帝春秋》）刘备业已控制长江中游进入益州的通道，自然不会答应。当孙权派周瑜率军沿江西进时，刘备派兵分守沿江要地，不许通过，气得孙权破口大骂："猾虏，乃敢挟诈如此！"

刘备已在荆州站稳脚跟，有了进取益州的根据地势力。但荆州的争夺，远没有结束！

里应外合夺益州

自从诸葛亮隆中提出跨有荆、益后，占领益州一直是刘备梦寐以求的事，他积极寻找机会。益州刺史刘璋的无能，使其别驾张松感到难以施展才能，他的好友法正也很不得志。张松劝刘璋结交刘备，并推荐法正为使者。法正看到刘备有雄才大略，便与张松密谋奉戴以为州主。

建安十六年（211），刘备刚刚在荆州站稳脚跟，曹操便派钟繇进讨利用道教割据汉中的张鲁，给益州造成大军临近的压力。刘璋恐惧，张松趁机进谋说："曹公兵强，无敌于天下，若因张鲁之资以取蜀土，谁能抵御呢？刘豫州是使君的同宗，与曹公有深仇，善于用兵，若使他讨张鲁，张鲁必败。张鲁败后，益州就会强盛，曹公即使来，也无能为力了。"刘璋觉得有道理，便派法正带四千人去荆州迎接刘备，黄权、王累极力谏阻，刘璋一概不听。

法正见到刘备后，暗中献计说："以左将军之英才，乘刘牧之懦弱；张松，州之股肱，于内响应；然后利用益州之殷富，凭天府之险阻，以此成就大业，犹反掌也。"（《三国志》卷三十七）这正中刘备下怀，他立即带几万人入蜀。张松让法正告诉刘备，趁刘璋来迎接时即可下手。庞统也这样劝刘备，但刘备怕太仓促，万一失手不好收拾局面，便以初入他国，恩信未著，不能那样做而拒纳张松、庞统之谋。针对刘备孤军深入，利在速决，庞统又对刘备献策说：

阴选精兵，昼夜兼道，径袭成都；璋既不武，又素无预备，大军卒至，一举便定，此上计也。杨怀、高沛，璋之名将，各仗强兵，据守关头，闻数有笺谏璋，使发遣将军还荆州。将军未至，遣与相闻，说荆州有急，欲还救之，并使装束，外作归形；此二子既服将军英名，又喜将军之去，计必乘轻骑来见，将军因此执之，进取其兵，乃向成都，此中计也。退还白帝，连引荆州，徐还图之，此下计也。若沉吟不去，将致大困，不可久矣。（《三国志》卷三十七）

上策为率兵直攻成都，速战速决；中计则是做出回师荆州的样子，借机诛除前来送行的益州勇将，兼并益州军队，然后进攻成都；若前无所取，退回荆州，慢慢再想办法，则是下策。

刘备觉得上计太急，下计太缓，便采纳了庞统的中计。果然杨怀、高沛中计被斩，刘备的军队向成都进攻，急调诸葛亮、张飞、赵云等从荆州率兵溯江而上，攻下白帝、江州、江阳等城，与刘备会师。

在刘备扬言回荆州时，张松的哥哥张肃怕阴谋败露殃及自己，便向刘璋告发了张松与法正暗中招引刘备的密谋，刘璋将张松斩首。内应主谋之一被杀，这对刘备很不利。杨怀、高沛被杀后，郑度曾劝刘璋将巴西、梓潼民户内徙，坚壁清野，深沟高垒，坐困刘备。刘备听说后很担忧，但法正说刘璋愚蠢，一定不会采用，不必担心。

果然刘璋没有采用郑度的计策，他还振振有词地对部下说："吾闻拒敌以安民，未闻动民以避敌也。"（《三国志》卷三十七）当刘备军队包围雒城时，法正写信给刘璋劝降，要他"可图变化、以保尊门"。当时虽然没有收到立竿见影的效果，但雒城攻破后，成都被围，刘璋只得出降。刘备终于暂时实现了"跨有荆、益"的图谋。

法正、张松的投靠，使刘备能洞悉蜀中内幕，稳得益州。庞统的策划，使刘备顺利攻到涪县，进围雒县。这是谋士方面的里应外合。刘备在蜀中展开行动后，诸葛亮、张飞、赵云等所率荆州军溯流而上，这是军力方面的里应外合。

张松作为刘璋的别驾，级别不可谓不高，但总觉得不尽其才，所以才另择州主。法正在劝刘璋投降的信中说：

然惟前后披露腹心，自从始初以至于终，实不藏情，有所不尽，但愚暗策薄，精诚不感，以致于此耳。（《三国志》卷三十七）

这虽是法正向刘璋表白自己叛投刘备的原因，但也说明刘璋实在"愚暗"。郑度为刘璋出一良策，非但不用，竟遭罢黜。刘备被请入蜀时，黄权、王累忠心进谏，不见采纳。刘备到巴郡时，巴郡太守严颜捶胸叹气说："这就是所谓'独坐穷山，放虎自卫'啊。"刘备围成都时，城中尚有精兵三万，粮饷可持一年，城中军民都表示死战到底，但刘璋还是开城出降了。

刘备攻下成都后，孙权索要荆州，实际上是要求刘备偿还当初"借"得的长江中游沿江一块狭长的地盘。刘备表示需夺得凉州再还。孙权大怒，派吕蒙袭夺了湘江以东的长沙、零陵等郡。刘备拟率兵五万东下，与孙权开战。恰好此时曹操进攻汉中，张鲁投降。法正对刘备说：

曹操一举而降张鲁，定汉中，不因此势以图巴、蜀，而留夏侯渊、张郃屯守，身遽北还，此非其智不逮而力不足也，必将内有忧逼故耳。今策渊、郃才略，不胜国之将帅，举众往讨，则必可克。克之之日，广农积谷。观衅伺隙，上可以倾覆寇敌，尊奖王室，中可以蚕食雍、凉，广拓境土，下可以固守要害，为持久之计。此盖天以与我，时不可失也。（《三国志》卷三十七）

法正根据曹操没有乘胜进攻巴蜀这一情形，推断曹魏内部有重大压力，迫使曹操不能在其地展开更大的军事行动，这是刘备可以夺取汉中的条件。同时强调，若夺得汉中，既可保全巴蜀，又可以进取关陇。刘备也深知汉中是益州门户，唇亡齿寒，所以立即与吴和好，让荆州守将关羽与孙吴一方主将和谈，关羽"单刀赴会"，与鲁肃达成双方在荆州以现有地盘为准、重新和好的协议。

荆州危局已解，刘备便率诸将进兵汉中，果然打败夏侯渊，迫使曹操放弃这块食之无味、弃之可惜的"鸡肋"。刘备夺得汉中，事业至此达到了顶峰，其王业之梦已触手可及。

诸葛亮的安蜀之术

刘备全力夺据益州，留关羽镇守荆州。当刘备进军汉中之时，关羽也挥师北攻襄阳，中原震动。刘备坐大，孙权心有不甘，索还荆州不得，强行攻取又恐损兵折将而终不可得，于是采取"智取"之策，趁关羽前线吃紧、后方空虚之机，袭取江陵，后又斩杀关羽。刚刚称帝的刘备，愤而举兵东下，夷陵一战，几乎全军覆没。

章武二年（222）四月，刘备病死白帝城永安宫。夷陵之战的惨败，使这位图谋复兴汉室的枭雄一病不起，临终将蜀汉政权托付给诸葛亮。

其时，蜀汉刚与孙权交恶，而内部南中四郡纷纷叛乱，内外交困。益州郡耆帅雍闿杀掉太守正昂，通过士燮求附于吴，又将蜀汉另派的太守张裔流放到吴。牂柯太守朱褒、越巂夷王高定都背叛蜀汉，响应雍闿。南中包括今云南、贵州大部，不仅是蜀汉战略后方，也是重要的兵源补充之地，其地安宁与否，影响到整个蜀汉政权的安危。诸葛亮因新遭大丧，对南中叛乱皆安抚不讨，务农殖谷，闭关息民。

建兴三年（225）二月，诸葛亮率军南征，当时参军马谡送亮几十里。诸葛亮问谡有什么好建议。马谡说："南中依仗险远，不服统治已很久了，即使今天平定他们，他们明天又会再反。现在您正准备倾国北伐与强敌相争，他们知道国家内情，叛乱会更快。如果杀尽叛乱者以消除后患，既不是仁者之举，又不能短期做到。""夫用兵之道，攻心为上，攻城为下，心战为上，兵战为下，愿公服其心而已。"（《三国志》卷三十九注引《襄阳记》）诸葛亮采纳了马谡的意见。

　　同年七月，诸葛亮到南中，所战皆捷。诸葛亮从越巂进军，斩雍闿和高定。派庲降都督李恢从益州郡进军，门下督马忠从牂柯进军，攻下叛乱各县，又与亮会合。雍闿死后，孟获收集其余众与亮交战。孟获有威信，得到汉人和当地各少数部族的拥护。诸葛亮用计将其七擒七纵。当再次放还，要他聚兵来战时，孟获不去，表示心悦诚服，不再反叛。于是诸葛亮率军到达滇池。益州、永昌、牂柯、越巂四郡都被平定。诸葛亮任用当地大姓和少数民族首领为官，将当地俊杰如孟获等收归中央以为官属，征收南中金银、丹漆、耕牛、战马以给军国之用。从此以后，诸葛亮治蜀时期，南中少数民族不再反叛。

　　不过，诸葛亮南征攻心之说，疑点颇多。主要事迹来源于《汉晋春秋》和《襄阳记》，《三国志》中即使在诸葛亮本传内都记载十分简略。许多说法，有悖史实。有学者即考论说"七擒孟获为子虚乌有"。但总的来说，蜀汉对于南中的管理水平，远超两汉，促进了西南少数民族人民与内地经济、文化的进一步交流，有利于南中地区摆脱封闭、落后状态。所以，诸葛亮一直受到西南地区少数民族的爱戴。

　　南中的平定，也巩固了诸葛亮在蜀汉政权中的地位。内政既安，诸葛亮决定修好与孙吴的关系，重新实现联合抗曹的既定方针。他又派邓芝为使者，重申联盟。邓芝见到孙权后即说，联盟不仅蜀国需要，也是为吴着想。蜀吴只有联合，共为唇齿，才可以鼎足而立。

　　229 年，孙权称帝，这使蜀汉作为汉朝统一政权继承者的政治宣传受到挑战，蜀汉内部许多人以为应断绝联盟，诸葛亮分析了形势，指出联盟的好处与必然性，就蜀军北伐无后顾之忧一点而言，益处也很大了。他便派陈震为使者，去祝贺孙权称尊号。吴蜀还以盟约的形式，中分天下，以豫、青、幽州属吴；兖、冀、并、凉州属汉，司州的辖境以函谷关为界。这自然是纸上谈兵，但印证了一句现代话语：政治上没有永远的敌人，也没有永远的朋友，只有永远的利益。

五出祁山

诸葛亮平定南中后，便积极筹备北伐。227年三月，诸葛亮率诸军北驻汉中，让长史张裔、参军蒋琬留统府事。他将出发时上疏说："先帝创业不到一半就中途去世，现在天下三分，益州最弱小破败，这确实是危急时刻、存亡关头。大臣们所以努力报国、奋不顾身，是缅怀先帝的恩德，想在陛下身上报答。陛下应广开言路、虚心纳谏，宫中、府中赏罚一致。宫中的事情，咨询侍中、侍郎郭攸之、费祎、董允等；营中的事情，咨询将军向宠。借鉴先汉兴隆、后汉倾颓的经验教训，蜀汉的兴盛便指日可待。我本是一名平民百姓，因为先帝屈身三顾茅庐，十分感激，立志报效。先帝临死前托付我辅佐陛下，因此，讨贼兴复，报答先帝、效忠陛下是我的职责。"于是率军出发，在沔北阳平石马安营扎寨。

228年春，诸葛亮扬言由斜谷道进军，攻打郿城，派镇东将军赵云、扬武将军邓芝作为疑军，占据箕谷。魏军中计，魏明帝派曹真都督关右诸军，屯驻郿城。诸葛亮亲率大军攻祁山。天水、南安、安定三郡叛魏应亮，关中震动。魏明帝西镇长安，派张郃督率步骑五万迎战诸葛亮。诸葛亮不用旧将魏延、吴懿等为先锋，而用马谡。马谡驻军街亭，扼守进军要道，但他违背诸葛亮的节度，举止失措，舍水上山，被张郃切断水源，大败而失街亭。诸葛亮进无所据，便迁西县一千多家还汉中。他杀掉马谡向国人道歉，自贬三级。当时赵云、邓芝所率偏师也在箕谷失败。第一次北伐，以失败告终。

同年十一月，诸葛亮听到曹休兵败淮南、魏军东下、关中虚弱的消息后，便于十二月率军出散关，围攻陈仓。此举被曹真料到，他先派将军郝昭等筑城陈仓，严阵以待。诸葛亮见陈仓有备，先派郝昭乡人靳详劝降，昭不从。他认为自己有军队数万，而郝昭军队才一千多人，魏军来救需要一段时间，便进攻郝昭，用尽办法，昼夜相攻拒二十多天，粮尽退军。魏将王双来追，被亮击杀。这是二出祁山。

229年春，诸葛亮派陈式攻武都、阴平，魏雍州刺史郭淮率兵救援二郡，诸葛亮亲自率军到达建威，准备夹击郭淮，郭淮退回。诸葛亮平定二郡。后主刘禅又策拜诸葛亮为丞相。这是三出祁山。

诸葛亮连续出击，魏大司马曹真便启请明帝数路攻蜀。司马懿受诏率军由西城溯汉水而上，与曹真会师汉中。诸葛亮驻军成固、赤坂，召李严带两万人赴汉中。恰值大雨连下三十多天，栈道断绝，魏军退回。有人将这次诸葛亮的防守也算作一次北伐，因有六出祁山之说。

230年二月，诸葛亮又率军出祁山，用木牛运粮。在上邽击败郭淮、费曜军，大割其麦。司马懿保营自守。六月，诸葛亮因粮尽退军，司马懿派张郃追击，被蜀军伏兵射中右膝而死。李严因督运军粮不继而被废徙梓潼郡。这是第四次出兵祁山。

此后诸葛亮劝农讲武，做木牛、流马，运米集斜谷口，建斜谷邸阁，准备更大规模的出击。

234年二月，诸葛亮带领十万大军由斜谷攻魏，派使者约吴国同时大举进军。四月，诸葛亮驻军渭水南岸，与司马懿对峙。他分兵屯田，做久驻打算。六月，魏明帝派征蜀护军秦朗督率步骑两万助司马懿抗拒诸葛亮，并命令司马懿坚壁拒守。八月，与魏军对峙一百多天的诸葛亮病死军中。这是诸葛亮五出祁山。

诸葛亮以小博大，高举"尊汉"的大旗，历史上已被定格为鞠躬尽瘁的楷模。西晋时史学家陈寿在写完《三国志》中的《诸葛亮传》后，评论说："连年动众，未能成功，盖应变将略，非其所长欤？"一句疑问，竟然引得不少人指责，以为对诸葛亮不恭，目的在于泄私愤。

按诸葛亮自己在《后出师表》中的话说，王业不偏安，"惟坐待亡，孰与伐之？"（《三国志》卷三十五注引《汉晋春秋》）诸葛亮明知蜀魏势力相差悬殊，己弱敌强，却不断举兵攻魏，似乎是以卵击石。其后任姜维步诸葛亮的后尘，也屡次北伐，在当时便有人加以指责。诸葛亮的"北伐"，是主相矛盾致其远离成都？是图屡兴大军而借机大权独揽？是以攻为守？是复兴汉室？确有许多问题值得重新思考。

孙策据江东

汉献帝建安五年（200），北方最大的两大军阀袁绍、曹操酣战于官渡。已经占有江东六郡的孙策试图偷袭许昌，将汉献帝抢到手中。他秘密安排军队，部署将领，在丹徒伺机待发。一天，喜爱驰马打猎的孙策，又带上几个人来到荒郊野外。由于他的马非常精良，随从人员难以追及，单行途中，他遇到伺机报仇的前吴郡太守许贡的宾客，被其射中脸颊，伤势严重。

临终前，孙策招来张昭等谋臣，对他们说："中国方乱，夫以吴越之众，三江之固，足以观成败。公等善相吾弟！"又叫来孙权，佩以印绶，说："举江东之众，决机于两阵间，与天下争衡，卿不如我；举贤任能，各尽其心，以保江东，我不如卿。"（《三国志》卷四十六）说完便离开了人世。

孙策是孙吴政权的奠基人，割据江东是他与广陵人张纮商定的谋略。孙策的父亲孙坚是东汉末年一位智勇双全的将领，他曾被中郎将朱俊看中，表请为佐军司马，参加镇压黄巾起义，后又参与司空张温平定凉州叛乱的军事。长沙发生区星领导的起义后，孙坚被仼命为长沙太守，镇压了起义。董卓之乱时，他起兵长沙（他是真正与董卓军队大战的起兵者之一），北上参加讨伐董卓的战役，依附袁术。以上活动，为他在江南赢得了很高的威望。

初平三年（192），孙坚受袁术之命，征讨荆州，在襄阳外围岘山上被荆州将领黄祖的部下射伤而死。他所留下的一千多兵士，后来成为孙策起家的核心力量。孙坚的威望也是孙策在江东能迅速立足的一个重要因素。当天下大乱之际，三吴豪强大族需要一位能保护他们利益的优秀人物。孙策酷似其父，有勇有谋，正是合适人选。

孙坚有四个儿子（策、权、翊、匡）和一个女儿。孙坚从军后，将家人留在寿春。孙策十几岁时就与知名之士来往，特别是结交了淮南人周瑜。两人亲如兄弟，有无与共。孙坚死时，孙策只有十七岁，他葬父曲阿，渡江到江都，结纳豪俊，有复仇之志。当时名士张纮在江都，孙策多次登门拜访，咨询世务。他对张纮说："现在汉朝国运微弱，天下英雄豪杰都拥兵自重，争城夺地。家父与袁术一起打败董卓，功业未成，被黄祖杀害。我虽然年少不晓世务，但有志向，想从袁扬州那里要回家父所剩部曲，到丹杨依靠舅舅，慢慢收合流散人马，报仇雪耻，做朝廷外部藩臣，您以为如何？"张纮开始推脱，后来看孙策虚心求教，辞令慷慨，很受感动，便回答说："从前周王室衰弱，齐、晋等诸侯国兴起，王室安宁后，诸侯贡职。现在你步令尊后尘，有骁武之名，如果投靠丹杨，聚于兵吴郡、会稽，那么可以占有荆、扬二州，仇敌可报。现在世乱多难，如果想功成事立，应与志同道合者一起南渡。"自此，孙策与张纮结下永固之好，将母亲与弟弟们托付给张纮，便着手实施既定策略。

与战火纷飞的北方相比，当时江东地区平稳得多，担任刺史、郡守者大都是名士，如刘繇、王朗、华歆等。他们满腹经纶，却短于用兵将略。孙策几经周折，以渡江招募军队，助袁术打天下为名，终于从袁术那里要回父亲留下的兵士，以及曾跟从孙坚征讨的旧将朱治、黄盖等人。孙策渡江转斗，所向披靡，当时江东没有一支力量能抵挡住孙策的进攻。孙策年少勇猛，人称孙郎。人们刚开始听到孙郎来了，吓得四处逃窜；后来看到他军纪严明，从善如流，英姿勃勃，推心用人，士民改惧为乐，都愿为他尽心致死。所以孙策率军很快击破薛礼、笮融、刘繇的军队，攻下曲阿。在曲阿得兵两万，马千余匹，威震江东。

当时吴郡人严白虎等各有军队一万多人，处处屯聚。吴景等劝孙策先攻严白虎，孙策说这些人没有大志，必然被擒，便先渡浙江攻下会稽，活捉了太守王朗。占据吴、会，即今苏南、浙江之后，孙策开始向西发展。他派太史慈去南昌探问豫章太守华歆的动静，得知华歆有高德而无远图后，便先消灭了庐江太守刘勋。而后又在沙羡与黄祖大战一场，大败荆州军，斩首两万余级，赴水死者一万余口，黄祖家属部曲，死伤殆尽。随后，华歆因其兵威不战而降，与王朗一道被礼送出境，返回北方。当时豫章郡管辖今江西全境，孙策的地盘大为扩张。

孙策遇刺身亡时，其与张纮商讨的全据荆、扬二州的计划，尚未完全实现，但已为孙权立国江东打下坚实基础。他临终所言，就是告诉孙权、张昭等人，我们有目前的地盘和人马，足可以观望北方战局，从容处置。而要在大乱中实现保据江东的目标，必须收罗人才，让人才尽可能发挥其才能，方是关键，所谓"举贤任能，各尽其心"。

孙策依靠孙坚所留下的一千多人马，迅速吞并江东，除了孙坚的威望和他卓越的军事才能外，还与他采取的"世袭领兵"之策也有很大的关系。他依将领军功大小，配给数量不等的兵士，将领死后，所配兵士由子弟世袭统领。周瑜、程普、韩当、蒋钦、周泰、董袭等将领都得到了孙策的授兵。这一办法使他将自己与部下摆在了荣辱与共的位置上，随着军事上节节胜利，军队数量增加，孙策也给部下加兵增骑，而这些兵骑都是可以世袭的，即所给兵骑实际成为将领们的私有部曲，将领们则变成孙策手下的小领主。他们为了保卫自己的已有果实，为能扩大对部曲的占有量，必然与孙策同心协力，生死与共。孙权继承这一做法，也授兵给亲信手下和立功将领。这一措施，就使孙策的既定谋略能顺利而快速地实现于江东，孙权又能承继兄业，进占荆州。

世袭领兵之策的优势，在赤壁之战中也有体现。文臣主降，武将主战。武将们必然与孙权一起保卫江东，因为那实际上在保卫他们自己的利益。打江山正需要冲锋陷阵的人，孙策这一策略不可谓不高明。不过，待孙权稳据江东后，这种给兵事例便罕见了。

孙吴的开拓之策

建安五年（200），时年仅十五岁的孙权接受兄长的托付，执掌江东大政，他在张昭、周瑜的悉心辅助下，很快稳固了地位。汉代以来，江东仍是社会经济落后之区，东汉时江东地方未有大规模军队布置，当地豪族尚不成气候，私家武装弱小，这是孙策得以迅速占有江东的另一重要原因。

但在群雄纷争之际，只保据江东，无论是人力还是物力，都不足以立国。向北发展，与曹操争夺地盘，显然也力不从心。于是从孙权开始，便确立了沿长江向中上游拓展地盘的策略。鲁肃是明确提出这一策略的关键人物。

鲁肃，字子敬，是汉末淮南一个家富于财的土财主。他在汉末动荡之时，仗义疏财，结识了不少士人，周瑜便是他因此结交的一位至交好友。周瑜将他推荐给孙权，并称鲁肃"才宜佐时，当广求其比，以成功业，不可令去也"。孙权与鲁肃相见，交谈甚欢，他向鲁肃表示自己"承父、兄余业，思有桓、文之功"。也就是要利用江东之地，北上争逐，尊尚汉室，如齐桓公、晋文公"尊王"那样，青史留名。殊不知，鲁肃一席话犹如给他泼了一盆冷水。鲁肃说：

> 肃窃料之，汉室不可复兴，曹操不可卒除。为将军计，惟有鼎足江东，以观天下之衅。规模如此，亦自无嫌。何者？北方诚多务也。因其多务，剿除黄祖，进伐刘表，竟长江所极，据而有之，然后建号帝王以图天下，此高帝之业也。（《三国志》卷五十四）

在鲁肃看来，汉朝气数已尽，已不值得为之效力，而实际控制着汉朝皇帝的曹操也不是一下子可以打败的。孙权如果能够切实地保据江东，也可以成就大业。当务之急是要利用北方动荡，曹操等北方势力尚无力兴兵南向之机，消灭黄祖、刘表，占有长江流域全部，然后自行称帝。孙权当时虽不能完全接受，但却积极展开了对黄祖的攻击行动。

黄祖是荆州牧刘表的麾下勇将，曾在南阳射伤孙权之父，致其死亡，本有杀父之仇。此时黄祖奉命驻守江夏，扼守长江下游通往上游的要道，孙权要实现"竟长江所极，据而有之"的战略意图，也必须加以"剿除"。

在首次进攻黄祖的战斗中，甘宁前来投附。甘宁原本是益州人，少年时聚集同党，杀人越货，无所不作。成人后折节读书，颇有大志。"往依刘表，因居南阳，不见进用，后转托黄祖，祖又以凡人畜之"。郁郁不得志，因转投"亲贤贵士，纳奇录异"的孙权。甘宁的投附，不只使孙权得一猛将，还使他对荆州情形有了深入的了解。甘宁分析：刘表虑不及远，儿子无能，黄祖昏老，手下人贪婪放纵，缺财少谷，战具不修，军队不整，早晚必败。他劝孙权尽早规取荆州，不可在曹操之后；图荆州则需先取黄祖，"一破祖军，鼓行而西，西据楚关，大势弥广，即可渐规巴、蜀。"（《三国志》卷五十五）甘宁所言与鲁肃不谋而合，进一步坚定了孙权进军长江中游、争夺荆州的信心。

赤壁之战前一年，通过血战，孙权最终消灭了黄祖，夺得江夏，打开了进取荆州的门户。但世事难料，曹操于次年兴兵南下，迫降荆州，原本想避开曹操锋芒，在南方自行发展的孙氏集团不得不下决心联合刘备，与曹军展开对长江中游的争夺，于是有了决定孙、刘命运的赤壁之战。

赤壁之战后，孙权因"保据江东"这一首要目标，不得不暂时任刘备在荆州发展，但时局稍有缓和，又试图重新夺取荆州。当刘备在益州得手，称帝而续汉之绝统之后，孙氏集团感觉到前所未有的压力，必须拿下荆州，才可以北抗曹魏，并获得与蜀汉联盟从而"建号帝王""鼎足江东"的资本。恰在此时，力主与刘备和好的鲁肃病死。孙权命吕蒙代替鲁肃总掌长江中游军事，与关羽为邻，开始筹划消灭关羽、夺取荆州的行动。

吕蒙是孙权总管江东之后逐渐成长起来的一员战将。他观察形势，认为关羽心存兼并之心，"且居国上流，其势难久"，反对孙权北向争夺徐州的意见，主张先解决荆州问题。他说："我们安排人守南郡、白帝，游兵长江，随机应敌。我前据襄阳，不必再依赖关羽防范曹军。如果取徐州，徐州陆路交通便利，战马驰骋无阻，我们今天得徐州，曹操明天必然来争夺，七八万人也未必守得住。不如取荆州，全据长江，形势益张。"这一意见得到孙权的赞同。

及关羽出兵进攻围曹军固守的樊城，吕蒙见关羽仍留有大量军队守南郡，建议采取示弱之策，使关羽麻痹轻敌，疏于防范："羽讨樊而多留备兵，必恐蒙图其后故也。蒙常有病，乞分士众还建业，以治疾为名。羽闻之，必撤备兵，尽赴襄阳。大军浮江，昼夜驰上，袭其空虚，则南郡可下而羽可擒也。"（《三国志》卷五十四）

吕蒙托病东下，孙权转而派当时名不见经传的陆逊接任。陆逊赴任途中，便致信关羽，大谈双方和好关系，称自己少不更事，推崇关羽为老前辈。于是关羽认为陆逊不足为虑，将大量留守兵士调往樊城前线。殊不知，跟随陆逊的是大部队，他们穿上白色衣服，打扮成商人模样，骗过关羽沿江哨所，直抵江陵城下，兵不血刃地进入荆州城。关羽失去后方，其士兵担心家人，临阵脱逃，禁而不止，结果不但未能攻占樊城，反而败走麦城。

夺取江陵，意味着孙权将蜀汉势力逐出了长江中游，江东有了防御纵深，更为安全。蜀汉失去荆州，偏居西南一隅，不仅不能实现《隆中对》中两路北伐、东西齐举的战略构想，还不得不放下"大汉"继承者的身段，转而求于与孙权结盟，承认其王业。三国鼎立的局面因此形成。

孙氏二兄弟的外交手腕

　　孙氏割据江东过程中，高明地运用了灵活的外交策略，收到了切实的利益。这主要表现在孙策和孙权身上。孙策知道袁术难有作为，在势单力薄时，他卑辞依附袁术；想率众取江东时，也说是为了辅佐袁术定天下。袁术不与孙策作梗，就因为他一直把孙策视为自己的一支势力，孙策在袁术眼皮底下发展壮大起来。当袁术要称帝，满以为孙策会支持他，不料孙策与书劝阻，他才知道自己犯了大错误，愁苦沮丧，因而发病。孙策又借机名正言顺地与已为众矢之的的袁术分道扬镳。

　　孙策虽有割据江东之志，但表面上尊奉汉献帝，所以派心腹谋士张纮到许昌活动。张纮被任命为侍御史。这样，孙策就使自己的军队有了合法地位。后来孙策遇刺身亡，孙权年少继位，曹操想趁机进军江东，张纮就劝阻说："乘人之丧，不合古人之道，若万一不胜，成为仇敌，以前的友好交往便前功尽弃，不如因此机会厚遇孙权。"曹操便上表汉献帝，任命孙权为讨虏将军，领会稽太守。当曹操试图让张纮辅佐孙权，使其真心内附，任命张纮为会稽东部都尉后，张纮借机重归孙氏，帮助孙权建立了霸王之业。

　　孙策在具体战役中也很讲外交策略。例如，他对豫章太守华歆的态度。他先派太史慈去探一下情况。太史慈回来讲，华子鱼确实是高德之人，但没有其他方规远略，自守而已；他对手下人的专擅自恣也无可奈何。孙策知道这一情况后，便产生兼并想法。后来吞并豫章，也只是盛兵屯椒丘，让功曹虞翻去说降了华歆。所谓不战而屈人之兵，善之善者也。而对兵力强大的庐江太守刘勋，则不可能逼降，强攻则可能两败俱伤。孙策于是写信给刘勋并附送财物，信中文辞谦卑，称屯聚上缭一地的士民对自己多有不恭，想出兵打击，但路途不便。上缭很富，希望刘勋助自己惩罚他们，并表示自己将率兵协助刘勋。刘勋为此大为高兴，内外都向他表示祝贺。结果刘勋远攻上缭，久攻不下，孙策趁机进占庐江，将刘勋消灭。外交上的成功掩盖了真实意图，使计谋得以顺利施展。

孙权也善于使用外交策略。他刚继位时，庐江太守李术不服命令。孙权写信给曹操说："李术杀害了您所安排的扬州刺史，肆其无道，理应迅速加以诛除。如今我去惩罚他，他一定会编造谎言，求救于您。您总掌朝政，全国人民都仰赖于您，请您千万不要答应这种小人的请求。"孙权一面陈说打击李术的理由，好像是要为曹操出一口恶气；一面大拍曹操的马屁，使他不至于为此小事与自己撕破脸皮。当他举兵攻李术时，李术果真向曹操求救，曹操置之不理，李术被迅速消灭。

孙权在继掌江东之初，为了稳定局面，向曹操卑辞示好，表示忠于朝廷。但当在建安七年（202），曹操要求孙权送子弟为人质时，孙权则采纳周瑜的意见，坚决拒绝，不惜与曹操交恶。周瑜说："若果送了质子，以后为了子弟安危，便不得不听他的调遣，他就是让你亲自去许昌，你也不能不去。现在北方局势复杂，曹操根本腾不出手来对付我们，为什么要送质子呢？"此后孙权与曹操多次进行正面较量，兵戎相见，外交上的虚与周旋便告一段落。

曹操攻汉中时，孙权因刘备不归还荆州很恼火，便又主动写信给曹操，请求允许自己进兵攻打关羽，为朝廷效力。这使得他派陆逊偷袭江陵、夺取荆州时，曹军不至于出兵插上一脚，或者趁机在下游有所动作，从而使自己可以全力对付关羽，顺利夺得荆州。

当刘备举全国之力，聚兵东下，试图夺回荆州时，孙权派陆逊在夷陵加以阻击。如果此时曹魏方面有所行动，使孙权两面受敌，则极其危险。对此孙权早有防备，还在刘备出兵之前，他便遣使至洛阳，卑辞厚礼，向曹丕称臣，并将所得于禁等人送还魏国。当时魏朝臣都祝贺曹丕，只有侍中刘晔道破了孙权的诡计：

权无故求降，必内有急。权前袭杀关羽，取荆州四郡，备怒，必大兴师伐之。外有强寇，众心不安，又恐中国承其衅而伐之，故委地求降，一以却中国之兵，二则假中国之援，以强其众而疑敌人。权善用兵，见策知变，其计必出于此。（《三国志》卷十四注引《傅子》）

刘晔同时建议曹丕出兵攻吴，认为蜀攻其外，魏攻其内，孙权必灭亡。孙权若灭，蜀汉也难久存。曹丕不听，接受了孙权的投降，又拜孙权为吴王。孙权此举，至少争得了曹魏的中立，因而才可能全力对付刘备，取得夷陵之战的大捷。而被曹魏册授为吴王，更是意外收获。因为孙权原只是汉朝的骠骑将军、南昌侯，官轻势卑，士民有畏惧曹魏的心理。现在受封吴王，进一步确立了他与江南士民之间的君臣名分。

刘备兵败夷陵，含恨而死，蜀汉君臣视孙权为仇敌。孙权深知与强盛的曹魏结盟不可靠，既然不可能进军益州，消灭蜀汉，真正实现"竟长江之极，据而有之"的战略构想，与同样弱小的蜀汉重新结盟，在南北对抗中实现自己独立建国的政治目标，才是正途。于是当刘禅继立为帝时，他派张温出使到成都，所带书信，对刘禅继承汉室正统大加称颂，对诸葛亮等也不惜吹捧之词："陛下以聪明之姿，等契往古，总百揆于良佐，参列精之炳耀，遐迩望风，莫不欣赖。"这为吴蜀重新结盟，以及诸葛亮后来支持孙权自立为帝，打下了基础。

孙权与蜀国重新结盟后，共同对付曹魏游刃有余，他便于 229 年也建号称帝，真正独树一帜，做起天子来了。

第
三
章

CHAPTER3

创业难，守成更难

西晋（265—317）王朝短暂，灭吴（280）统一全国后为期更短，但在动乱割据四百年中的这一短命统一王朝，却有许多耐人寻味的事件发生。智谋是个中性的东西，用于善，则造福当代、泽被后世；用于恶，则祸随自身、殃及子孙。流芳百世，还是遗臭万年，是非善恶，历史自有定论。我们且将它们展现给人们，让人们以史为鉴吧！

灭吴，羊祜定计

280 年三月十五日，西晋大将王濬率领八万大军鼓噪进入石头城，立国五十七年的孙吴灭亡了。捷报传到洛阳，群臣纷纷向晋武帝司马炎祝贺，司马炎手持酒杯，流着泪说："这是羊太傅的功劳啊。"这位未睹六合混一的羊太傅，就是两年前去世的羊祜，正是他制定了吞并孙吴的计划。

司马炎承祖上之威，承统建晋。政权稳固后，在当时人看来，他并无什么了不得的业绩，算不得一个开国之主。要树立自己开国之君的形象，最好的办法就是灭掉南方的吴国，实现天下一统。但当时朝廷中，以宰相贾充为首的一批人，反对灭吴。他们认为：吴凭据长江之险，难以进攻，而且灾害频繁，国家储备有限，难以维持旷日持久的战争。只有羊祜、张华等少数人支持司马炎的灭吴大计。

羊祜，字叔子，220 年出生于泰山郡南城一官僚世家。这个家族连续九代有人做郡太守，以清德著称于世。羊祜的母亲是东汉著名学者蔡邕的女儿，他的姐姐是司马师的妃子。他与司马氏关系很深，在司马氏夺取曹魏的政权中，他是一位重要人物，曾掌管机密，统率宿卫禁军。

羊祜的才能，与司马氏的特殊关系，以及他对灭吴计划的支持，使晋武帝很放心地将他派往荆州前线，担任都督荆州诸军事，负责荆州前线一切军事事务，着手准备灭吴工作，筹划灭吴事宜。

羊祜到达荆州后，积极屯田，增加军粮储备，下令禁断劳民伤财的风俗。襄阳的军粮，在羊祜刚上任时不够用一百天，到他任职后期已有十年积蓄。当地处晋吴边境，先前两方将领经常骚扰对方，抢掠人口、财物。羊祜主张以德服人。"每与吴人交兵,克日方战,不为掩袭之计。"禁止手下将领耍小聪明,劫掠对方。如果他率军出行,需经过吴境,收取对方的谷物作为军粮,也要按价付酬。率兵打猎,如果所获猎物曾被吴人射伤,也要求部下送还。边境出现和平安宁景象,吴国百姓也尊称他为"羊公",而不直呼其名。他克己奉公,所得俸禄都分给同族及麾下军士,去世时"家无余财"。他死的那天,荆州百姓正好有集市,听说羊公去世,"莫不号恸,罢市,巷哭者声相接。吴守边将士亦为之泣。"(《晋书》卷三十四)

在羊祜坐镇襄阳时期,晋、吴边境呈现的和平状态,在某种程度上是羊祜麻痹吴人制造的假象。一举灭吴的计划,羊祜已思考成熟,并向晋武帝做了秘密汇报。

他首先分析了一举灭吴的可能性:敌人凭借险要地势而得以长期存在,是因为敌我双方在势力相当的情形下,有地理优势可以固守。如果强弱势力相差悬殊,弱的一方无论如何也难以仅据地势而苟延残喘,蜀汉的灭亡便是实例。当时都说蜀国所据天险,一夫当关,万夫莫开,但进兵之日,乘胜席卷,径至成都。当时汉中诸城蜀军将士竟然不出城迎战,不是无战心,实在是力量不足以抗衡。现在渡江淮的困难不会超过翻越秦岭、大巴山。吴主孙皓倒行逆施,对百姓残暴,吴国百姓深受其苦,罪恶远过于刘禅。而己方军队,多于以前;资储器械,也超过往时。所以,灭吴的时机已经成熟。在此基础上,羊祜提出了灭吴之战的具体方案:

> 今若引梁、益之兵水陆俱下,荆楚之众进临江陵,平南、豫州,直指夏口,徐、扬、青、兖并向秣陵,鼓旆以疑之,多方以误之,以一隅之吴,当天下之众,势分形散,所备皆急。巴汉奇兵出其空虚,一处倾坏,则上下震荡。(《晋书》卷三十四)

从曹魏时起,与吴国的主战场都在淮南,这是北方接近江东最近的路线。但长江下游江面宽阔,北方人又不擅长水战,面对波涛汹涌的大江,便心生恐惧。针对这种情况,羊祜建议采取多路进攻的办法,下游、中游、上游同时出兵,使对方辨别不出主攻方向,处处防备,便"势分形散",一处突破，便可成功。这最可能突破之处，羊祜寄希望于"水陆俱下"的"巴汉奇兵"，为此他推荐有军事才能的王濬做益州刺史，并让王濬在益州秘密修造船舰，做顺流而下的准备。益州远离江东，造船工作又暗中进行，使吴国一方根本没察觉灭顶之灾即将来临。

针对灭吴之战可能是持久战，国力难以支撑的观点，羊祜进一步分析说：

> 吴缘江为国，无有内外，东西数千里，以藩篱自持，所敌者大，无有宁息。孙皓恣情任意，与下多忌，名臣重将不复自信，是以孙秀之徒皆畏逼而至。将疑于朝，士困于野，无有保世之计，一定之心。平常之日，犹怀去就，兵临之际，必有应者，终不能齐力致死，已可知也。其俗急速，不能持久，弓弩戟楯不如中国，唯有水战是其所便。一入其境，则长江非复所固，还保城池，则去长入短。而官军悬进，人有致节之志，吴人战于其内，各有离散之心。如此，军不逾时，克可必矣。（《晋书》卷三十四）

在羊祜看来，东西数千里的长江，虽然是吴国凭借的防线，但要在如此长的防线上防御势力雄厚的晋国，则会使吴国百姓不堪重负。而且孙皓对臣下不信任，将领们随时担心遇到不测之祸，平时叛逃而来者就不少，如若大军过江，他们中势必有人会前来投靠，不可能同仇敌忾地与晋军作战。吴国军队长于水战，利用江防阻止晋军，但弓弩戟楯等陆战装备比不上晋军，一旦晋军突破江防，上岸而战，则敌失其所长，不可能抵敌晋军。而且一旦战争在江南进行，吴国人在自己家乡作战，反而随时担心家人安危，各自离散，晋军则进入敌境，无路可退，必须奋勇取胜。结合这些因素，战争顶多持续一个季度！

后来，羊祜还趁回京治病之机，当面向晋武帝陈说灭吴必胜的理由。后来武帝怕他病体加重，让张华去他家与其详细讨论，听取计划，张华也深表赞成。羊祜感到自己病情越来越重，便荐举杜预接替自己镇守襄阳。杜预上任后，又极力表陈伐吴必克，晋武帝这才下定决心。

279 年十一月，晋兵分六路伐吴：镇军将军琅玡王司马伷趋涂中（今安徽全椒县滁河流域），安东将军王浑趋横江（今安徽和县东南横江浦，南对江南的采石），建威将军王戎趋武昌，平南将军胡奋趋公安（油江口），镇南大将军杜预自襄阳趋江陵，龙骧将军王濬率巴蜀军队顺流而下。六路军队共二十多万人，在东西同时展开进攻。到三月十五日王濬所率军队进入石头城，晋军除了在上流建平、西陵、乐乡、江陵一带和横江附近遇到较大抵抗外，其余吴将多望风而降。果如羊祜所料。

"徙戎"主张

西晋虽然统一全国，但危及统一的因素仍然存在，其中民族问题最为棘手。

秦汉以来，处理周边少数民族问题，一直是统治者头痛的问题。秦始皇派蒙恬率二十万大军北击匈奴及修筑万里长城，是大家熟知的事情。汉高祖与匈奴和亲，绥靖边疆，与民休息，也是为了处理好与少数民族的关系。汉武帝利用文、景二帝积累的财富，北击匈奴，西南开西南夷，西通西域，将汉帝国国力耗尽，几乎崩溃。东汉时匈奴衰落，款塞归附。而西北羌人涌入内地，与汉人杂处，到东汉中期，受到欺压的羌人不断暴动，东汉政府耗费大量钱财，损兵折将，一直未能处理妥当，成为东汉衰落的重要原因。

东汉末年军阀混战，中原哀鸿遍野，许多人逃往塞外，有些军阀与北方少数民族首领勾结，借其武力，壮大声势。曹操北击三郡乌桓，就是为彻底消灭袁氏势力。曹操为了增加中原人口，曾大量移徙边境人口到内地，如经略汉中地区时，将武都地区的氐人迁到秦川；击败蹋顿时，将三郡乌桓强制迁徙到内地。经过政府的主动迁徙和边境各族主动迁入，各少数民族人口急剧增加。他们迁入内地，与原有居民杂处，由于生存资源的争夺以及风俗习惯上的差异，矛盾冲突在所难免。而迁入的少数民族居民，最初未纳入当地政府户口管理，一些地方长官将他们视为生财之道，对他们加以勒索，甚至强行抓捕，卖为奴婢。这使少数民族人民更强化族群观念，视中原人为敌，一些少数民族首领也利用这种仇恨，为自己谋取利益。西晋建立后，西北地区爆发过多次少数民族联合暴动。于是，"徙戎"——即将内迁的少数民族人口迁回到他们的原住地，在当时的人们看来，成为一劳永逸地解决问题的理想办法。

首先提出"徙戎"的是侍御史、西河人郭钦，他在刚刚灭吴后给晋武帝上疏说：

> 戎狄强扩，历古为患。魏初人寡，西北诸郡皆为戎居，今虽服从，若百年之后，有风尘之警，胡骑自平阳、上党不三日而至孟津；北地、西河、太原、冯翊、安定、上郡尽为狄庭矣。宜及平吴之威，谋臣猛将之略，出北地，西河、安定，复上郡，实冯翊，于平阳已北诸县募取死罪，徙三河，三魏见士四万家以充之。裔不乱华，渐徙平阳、弘农、魏郡、京兆、上党杂胡，峻四夷出入之防，明先王荒服之制，万世之长策也。（《晋书》卷九十七）

郭钦的说法，反映了民族问题的紧迫性。当时西北即今陕、甘、宁，各郡都有少数民族聚居。匈奴人亦即"胡"，已聚居于平阳、上党即今山西汾河谷，已非常接近都城洛阳。郭钦希望晋武帝利用灭吴之威，将逼近洛阳的平阳、弘农、魏郡、京兆、上党等郡的少数民族人口迁出去，严格禁止他们迁入，以期"裔不乱华"。其建议未被采纳。

晋惠帝继位后，匈奴人郝散造反，进攻上党，杀死当地地方官员。后来郝散率部投降，但冯翊都尉失信而杀之。于是，郝散的弟弟郝度元与冯翊、北地的羌人、匈奴人一起反叛。秦、雍二州的氐、羌人也纷纷加入到反叛队伍，他们共推氐人齐万年为皇帝。西晋动用了大量军队，最后让孟观率领中央禁军出击，才将以镇压。这件事给当时担任山阴令的江统很大震动，因而写了一篇长长的论文《徙戎论》，全面回顾民族问题产生的背景，阐述现实的严峻，并提出一系列"徙戎"的具体办法。

江统反复阐述蛮、夷、戎、狄四方少数民族只能与中原人民分居的道理。用历史事实说明少数民族，特别是戎、狄"弱则畏服、强则侵叛"的规律，建议西晋政府"待之有备，御之有常"，使"境内获安、疆场不侵"。（《晋书》卷五十六）他用史实指出少数民族内迁的危险：东汉马援讨平叛羌，将其余种迁徙到关中，居住在冯翊、河东空闲地区，但几年后，随着羌族人口的增加，势力的壮大，对汉族欺压的不满，便在永初年间开始叛乱，战争持续了十年，将东汉国力耗尽，成为东汉中期最大祸患。他认为像关中那种土沃物丰的地区，不能让戎狄居住，理由为：

> 徙冯翊、北地、新平、安定界内诸羌，著先零、罕开、析支之地，徙扶风、始平、京兆之氐，出还陇右，著阴平、武都之界，廪其道路之粮，令足自致，各附本种，反其旧土，使属国、抚夷就安集之。戎晋不杂，并得其所。（《晋书》卷五十六）

江统认为这样做，即使戎、狄有叛乱之心，因关山阻隔，远离中原，危害也不会很大。他又分析了现在实行徙戎的可能性和必要性。对并州的胡族，他也很不放心，说这部分匈奴人："户至数万，人口之盛，过于西戎；其天性骁勇，弓马便利，倍于氐、羌；若有不虞，风尘之虑；则并州之域可为寒心。"（《晋书》卷五十六）提醒晋政府注意。这正如郭钦所担忧的，胡骑从平阳、上党不用三天就可到达孟津，逼近都城洛阳。这一建议，晋政府没有采纳。

面对西晋时西北少数民族叛乱的形势，郭钦、江统等人忧国之情可以理解，他们加于少数民族身上的言辞，乃时代性与阶级性使然，无需多论。他们"徙戎"的建议，虽有其现实意义，却悖于时代潮流，根本无法实现。

东汉中期以来，随着大气环境的变化，气候由先前的暖湿转为干寒，自然灾害与疾疫多发，北方边地人口剧减，草原上的匈奴人就是被这种自然变迁所逼，主动西迁，而非被东汉政府击败。在这种剧烈的自然环境变迁中，高纬度的居民向低纬度地区迁徙，无论是主动还是被动，都无可阻挡。如江统所说，仅关中一百多万人口中，"戎狄居半"。将一半的关中人口迁走，如何安置？能否实现？强行迁徙只能促其速反，迅速颠覆西晋统一国家。

"徙戎"之论反复出现，后世也有人批评晋武帝不能接受有识之言，造成后来"五胡乱华"的恶果，都未能明了当时民族问题产生的根源，本着传统"华夷有别"的观点看问题。不过,要西晋时期的统治者如后来的唐太宗那样,抛弃"贵中华而贱夷狄"的心态,"贵之如一",协调好民族关系,处理好统治者内部关系,也不现实。

问题提了出来,解决之法却难以进行,民族矛盾愈演愈烈。西晋后期,统治者争权夺利,纷纷拉拢少数民族首领加入自己的阵营,主动让他们武装起来,最终造成国破家亡的悲剧。

宗室分封任势不任人

司马氏是河内儒家大族，所以总是想实践儒家理想化的西周分封制。在司马懿的长兄司马朗看来，正是由于秦王朝消灭了分封制，汉承秦制，才出现东汉末年天下土崩瓦解的局面，解决之道便是恢复周代的五等分封之制。这种似为复古的论调，很符合当时世家大族巩固对已占有土地的要求。世家大族拥有部曲、占有土地和大量依附人口，与中央政府是离心的，曹魏加强中央集权，所以司马朗的话当时未被采纳。

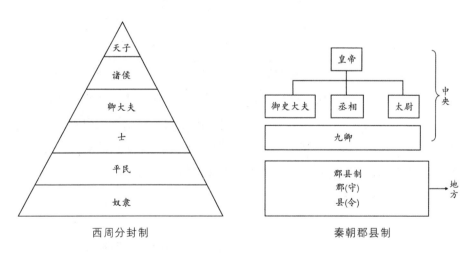

西周分封制　　　　　　　　　　　　秦朝郡县制

司马懿控制了曹魏政权后，他们有机会实践司马朗的理想了。特别是曹魏政权为司马氏夺取，许多人认为就是由曹魏压制宗王，外无强藩所致。曹魏咸熙元年（264）五月，司马氏控制的朝廷便颁布了恢复五等爵的法令，抛弃秦汉实行的二十等军功爵，实行公、侯、伯、子、男五等分封之制，给效忠司马氏的官僚按功劳大小加封爵位，为"禅让"做准备。

司马炎建立晋朝的同年，泰始元年便大封同姓诸王，司马懿一辈的兄弟子侄，二十多人受封为王。诸王以郡为国，邑两万户为大国，置上、中、下三军，国兵五千人；邑万户为次国，置上、下两军，国兵三千人；邑五千户为小国，置一军，国兵一千五百人。试图以此巩固司马氏的天下。

分封令虽已制定，王也封了，但真正的王国仍未能建立起来。诸王仍愿意在都城当官、享受，而不是到封地去"君国临民"。于是不少人又发表意见，认为应当切实地按制度，在西晋国家内建立起一个个小王国。如段灼建议："诸王宜大其国，增益其兵，悉遣守藩，使形势足以相接，则陛下可高枕而卧耳。"（《晋书》卷四十八）刘颂称颂晋武帝分封诸王："超秦、汉、魏氏之局节，绍五帝三代之绝迹。"（《晋书》卷四十六）

在刘颂看来，晋武帝分封宗氏诸王的办法，是任势不任人的妙策。任势即任诸侯，任人即任郡县。他以史为证，说明分王宗室的好处：夏、商、周三代时都列爵五等，开国承家，藩屏帝室，国祚短的五六百年，长的将近千年。秦王朝罢废诸侯，设置郡守县令，子弟不分封尺寸土地，孤立没有辅佐，二世而亡国。汉朝是分封诸侯与设置郡县并行，前、后汉各立国两百多年。考察它们衰亡的轨迹，都是因同姓失职，诸侯微弱。吕后专权时，多亏齐国、代国诸侯的外援才使社稷安宁。七国叛乱时，多亏梁王国抵御，才平息变难。王莽能擅权篡位，就因七国叛乱平定后，削夺诸侯威权，使其变成了个土财主。光武帝虽封树子弟，但不建成国之制，所以国运也不长。魏承汉制，圈闭亲戚，幽囚子弟，所以国家很快倾覆，天命移到了大晋。至于夏、商，根本没有所谓五等分封，刘颂不是史学家，不必较真。

刘颂主张强化诸侯王国制度，上疏说：

> 为社稷计，莫若建国。夫邪正逆顺者，人心之所系服也。今之建置，宜审量事势，使诸侯率义而动，同忿俱奋，令其力足以维带京邑。若包藏祸心，惕于邪而起，孤立无党，所蒙之籍不足独以有为。（《晋书》卷四十六）

　　刘颂的这个建议在武帝晚年是实行了的。当时几个控制大的方镇的宗室王都扩大了食邑，如汝南王亮、秦王柬各自食邑八万户，成都王颖食邑达到十万户。晋武帝平吴后沉湎酒色，不理朝政。他以为实行了刘颂的头头是道的建议，就可以高枕无忧了。宗室王在武帝晚年都被勒令回到自己的封国。一来他们离开京城，便不可能过多地干预朝政，即使在封国内造反，也成不了大气候。按刘颂的说法，孤立无党，不足有为。二来京城如果发生异姓对司马氏的不忠或图谋不轨的行为，在封国内的宗室王们不会坐视不管，他们必然会动用王国的力量，参加勤王行动，所谓"其力足以维带京邑"。

　　总之，西晋推行的分封，面对的是一个两难的问题：如何保证地方上有足够支持司马氏政权的力量，又如何保证这些力量又不足以对皇权构成威胁。这反映出西晋政权政治基础薄弱，未能获得广泛的支持，必须扩张家族势力。但一旦分封他们的皇帝去世，新皇帝上台，这些拥有势力的宗王能否效忠新皇帝，颇成问题。幻想宗王们互相维系，使反叛者成不了气候，则纯属一厢情愿。

　　晋武帝死后，杨骏以皇后之父身份辅政惠帝，由于他目光短浅，贪恋权势，想参与朝政的贾后便招引宗室王，发动了宫廷政变，将杨氏一门全部杀掉，杨骏的亲党被杀了几千人，朝权落到了贾后及其亲党和几个宗室王的手里。贾后想专朝权，便设计杀掉了一起掌权的宗室王。她能专权依仗的就是惠帝智能低下。这种局面的出现从某种意义上说就是皇权集中，因为贾后是附托在惠帝的身上发号施令。后来她废杀惠帝唯一一个儿子司马遹，皇位继承人空缺，宗王们便自称"皇太弟""皇太孙"，为争夺皇位大打出手，形成"八王之乱"。虽然最后抢到皇位的人确实是姓司马，但西晋的统一局面也因此寿终正寝。

荀勖划策留贾充

　　贾充，字公闾，是曹魏时期名臣贾逵的儿子，又是曹魏亲属李家的女婿。司马懿发动高平陵政变，已是中层官僚的贾充受到冲击。为了继续爬升，贾充下决心背叛家门，投靠司马氏。他将妻子李氏逐出家门，改娶无政治问题的郭家的女儿为妻，背地里却忘不了李氏，常常偷偷与其相聚。

　　出卖了灵魂的贾充，干了许多有益于司马氏的事情。魏帝高贵乡公不甘心大权旁落于司马氏之手，自己仅做傀儡，便率人讨伐司马昭。贾充率人阻拦，并命令手下太子舍人成济将高贵乡公刺杀。这一骇人听闻的事件，解除了司马氏政治上的危机，也使贾充成为司马氏的功臣。西晋建立后，贾充长期担任宰相，总管政务。

　　事实上，贾充这个人有很强的办事能力，待人也很谦和，但朝中一大批因其而得享高官厚禄的人，总看不上他的人品，视他为小人，欲将其排挤出政坛。贾充与荀勖、冯紞等人结成同党，相互支持，以确保地位。

　　当时侍中任恺和河南尹庾纯都以刚直守正闻名，尤其与贾充合不来。侍中在皇帝身边工作，对处理朝政有很大的发言权，贾充便想以明升暗降的办法，解除任恺的职务。他向武帝推荐任恺，说任恺忠贞不贰，应该让他担任太子少傅，在东宫辅导太子。武帝于是任命任恺为太子少傅，但其侍中一职仍然保留。任恺知道这是贾充想使他远离朝政的诡计，所以他们之间的矛盾更加尖锐，但表面上都不露声色。

　　泰始七年（271），鲜卑人秃发树机能在秦、凉二州的叛乱越闹越凶，秦州刺史胡烈、凉州刺史牵弘都在镇压叛乱时兵败身亡，晋武帝对西北局势深感忧虑。任恺趁机说："应该派有威望、有智略的重臣前往镇抚西北。"晋武帝便问可派谁去，任恺推荐了贾充。庾纯也称赞贾充有计谋、有威望，必能胜任。于是晋武帝任命贾充为都督秦、凉二州诸军事，全权负责秦、凉二州军务。贾充知道秦、凉二州军务棘手，很难圆满完成使命，而且一旦离开京城，便难以影响朝政，其同党也将受排挤，或转投对方，从而四分五裂。贾充为此忧心忡忡，但诏命已下，他又不能公开拒绝。

到了这年十一月，贾充必须率军出征了。宰相出征，百官汇聚送行必不可免。宴会之中，贾充找到一个机会，他约荀勖到一边，将自己的忧虑告诉了荀勖，并小声问荀勖该怎么办才能留在朝中。荀勖说："公，国之宰辅，而为一夫所制，不亦鄙乎！然是行也，辞之实难。独有结婚太子，不顿驾而自留矣。"（《晋书》卷四十）贾充问可托付谁办这件事，荀勖表示自己要亲自出马。荀勖时任侍中、中书监，既参与大政，又负责皇帝诏令的撰写，活动起来自然方便。

荀勖找到死党冯统说："贾公远放，吾等失势。太子婚尚未定，若使充女得为妃，则不留而自停矣。"（《晋书》卷三十九）不久，荀勖、冯统侍宴，他们殷勤地陪武帝一边喝酒，一边观赏宫女们翩翩起舞。当酒喝到酣畅时，他们将话题引到了太子的婚事上。太子司马衷此时已十三岁，武帝正想纳卫瓘的女儿为太子妃。荀勖、冯统极力向武帝说贾充的女儿才色绝世，如果纳入东宫，一定能成为太子的贤内助。当时贾充的妻子郭槐也想让女儿嫁给太子，她贿赂杨皇后身边人员，让她们鼓动杨皇后去劝说武帝。

可是晋武帝对贾充的女儿早有耳闻，说："卫公女有五可，贾公女有五不可。卫家种贤而多子，美而长白。贾家种妒而少子，丑而短黑。"但武帝耐不住荀勖等人的极力推荐以及杨皇后的软磨硬泡，更重要的是，他离不开贾充这样一位干才为他掌管朝政。贾充一倒，各类人物上台表演，少不了一番争斗，晋武帝本人并没有下决心将贾充拿下，于是答应了这门亲事。恰好洛阳降了一场大雪，平地雪深二尺，军队不能出发。太子大婚将至，即将成为武帝亲家、太子老丈人的贾充，自然不再适宜亲自出征，于是贾充又留下来仍任旧职。荀勖的计划顺利实现。

既然必须为太子娶贾充之女为妃，晋武帝便退而求其次，表示要纳贾充的小女儿贾午。可是找来一看，贾午这时只十二岁，个子太矮，穿上礼服，根本没个人样，实在没法举行一个像样的婚礼，于是只好娶贾充的二女儿、十五岁的贾南风。这个贾南风，比太子大两岁，虽然又矮又黑，但还撑得起衣服。

无论是太子大婚的时机，还是结婚对象的选择，都表明这是一场政治婚姻，目的是暂时避免朝廷分裂，借重贾充长期培植的势力，稳定政局。但对于原本就生得傻的太子司马衷来说，这完全是一个悲剧。比他大两岁的贾南风"妒忌多权诈，太子畏而惑之，嫔御罕有进幸者"，她自己没能生出儿女，还禁止太子亲近其他女人，太子与一个宫女偶遇生下的唯一一个儿子，后来也被她设法害死。皇位继承人缺位，引发宗室诸王的争逐，成为西晋短命而亡的重要原因。

贾南风纳策固惠帝

　　晋惠帝司马衷是司马炎的第二子，但因为是嫡长子，泰始三年（267）被立为皇太子。他是一个智能低下的人，又从不喜欢学习，所以朝中正直的大臣都向武帝提过这一问题，如太子少傅卫瓘。他深知司马衷不堪负荷，常常想请求武帝废掉司马衷，一直没敢付诸行动。后来武帝在陵云台设宴款待大臣，卫瓘假装喝醉了，跪在武帝的床前说："我有件事情想说。"武帝问他有什么要说的，他想开口又为难，如是再三，后来用手抚摸御座说："这个座位可惜啊！"武帝领悟到了他的意思，但故意打岔说："你是真的大醉了！"

　　关于司马衷的智能低下，史书中有不少例子。有一次，他的弟弟们与他的儿子司马遹在一起玩，他来了后，见人就握手，当他正要握司马遹的手时，武帝提醒他："这可是你的儿子哟！"他才作罢。蠢得连儿子都认不出来。他曾在华林园游玩，听到蛤蟆的叫声，便问身边人员："这正在叫的东西是官府的呢，还是私人的？"有人便回答说："在官府地里的是官府的，在私人地里的是私人的。"后来发生大饥荒，有人报告说白姓大批饿死，他却问："为什么不吃肉粥呢？"

　　朝臣侍中和峤，他见太子不行，趁侍坐时说："皇太子有淳古之风，但而今世道不好，民心不古，恐怕处理不了陛下的家事。"所谓"淳古之风"，就是指他不长心眼，也就是傻。"陛下家事"当然就是当皇帝，所谓"家天下"。武帝总希望司马衷长大后，会聪明一些。一次和峤与荀颢、荀勖一道与武帝谈话。武帝对他们说："太子近来这次来见我，我觉得他长进不小，你们可一起去见见太子，谈一些政事试试。"三人同去，返回后，深知晋武帝心理的荀颉、荀勖都称赞说太子果真聪明，确实如陛下所说。和峤却回答"圣质如初而已"，弄得晋武帝很不高兴。

晋武帝对此并非无动于衷，他曾秘密对杨皇后说太子不堪负荷，难继皇位。杨皇后说："立嫡以长不以贤，怎么可以动呢？"司马炎毕竟不能将江山托付给一个不放心的人，卫瓘、和峤都忠心耿耿，屡次言及太子问题必定事出有因，所以他决定亲自试一下看看。

武帝将东宫的大小官员全部召集起来，为他们设下十分丰盛的宴席，同时秘密准备了几件疑难事情，封好传进东宫，让太子提出处理它们的办法，让送信人等着回信。太子妃贾南风见状，万分恐惧，她赶忙请东宫文人帮忙做出答案。这帮文人引证了许多古代事例，细致分析，头头是道。贾南风也较满意，但一位名叫张泓的小官发表了自己的意见，他说："太子不爱学习，没有文采，而回答诏书援引古事，这让人一看便知有人代答，皇上一定会追问起草的人，反而更遭谴责，招致相反效果。不如直接用自己的想法来回答。"贾南风听后大喜，对张泓说："你便替我好好地做个答案，以后太子继位，少不了你的荣华富贵。"张泓向来有点小才气，很快便做好了答案，让太子自己抄写好，交给了送信人。

武帝看了回信，十分高兴。先把信给太子少傅卫瓘看，卫瓘一看，自觉无地自容。众人于是认为卫瓘先前言论是诋毁太子。殿上一片欢呼，都称万岁。贾充秘密派人对其女儿贾南风说："卫瓘这个老东西，差一点就使你们家破。"太子的地位从此便稳如泰山了。晋武帝怎么也不会想到他所秘密安排的一切，因为有个贾南风而大打折扣了。

都说知子莫若父，晋武帝可以说连自己的儿子也不了解。在他看来，只要太子不笨，即使不学习，也能做一个守成之主。历史无数次证明，创业难，守成更难。自司马懿以来，司马师、司马昭都才能超群，又兢兢业业，所以能创下司马氏的天下，到司马炎时水到渠成，移祚建晋。晋武帝即位初期，也比较勤政。但灭吴之后，便终日沉湎酒色，不再远虑，后宫上万人，佳丽如云，每次到后宫，都不知往何处去，于是乘坐羊车，羊车停在哪就在哪休息。后宫嫔妃都纷纷在门前洒盐水、竹叶，吸引羊车前来。

沉溺于享乐的晋武帝，在太子问题上显然已不愿或不能有所改变。如果真要试太子智力，当着群臣问个一二三，啥都清楚，何必多此一举，让人拿着问卷跑东宫，再送回答卷。东宫自有办法应对，应在他算计之中。因为废太子，牵涉到太多人的利益，也会引起诸皇子的异动，也不得不面对贾充等人的极力反对。多一事不如少一事。好在太子虽傻，但他与宫女偶然间生的那个儿子司马遹还真聪明。据记载，皇宫中曾经夜间失火，武帝登楼观望情况。当时只五岁的司马遹，牵着武帝的衣裾，将他拉到暗处。武帝问他为什么这么做，司马遹说："夜间宫中突然出事，应当防备有人捣乱，皇帝不能让他人望见。"武帝"由是奇之"。这应是武帝要设法让卫瓘等人闭口，保住司马衷太子之位的原因：儿子虽不行，好在孙子聪明！

殊不知，太子妃贾南风并非善人，她对建议废太子的人恨之入骨。惠帝即皇位后，她利用司马宗室诸王，诛除执政的外戚杨氏，又将卫瓘满门抄斩，还让惠帝质问和峤："你以前说我难承大位，而今究竟如何？"和峤回答说："我以前侍奉先帝，却曾这样说过。说得不对，这是国家的福气。我甘受责罚。"义正词严，倒也奈何他不得。

杨骏失策遭灭门

　　杨骏，字文长，弘农郡华阴人，晋武帝皇后杨氏的叔父。弘农杨氏是东汉时数一数二的高贵门第，曹魏时虽家道中落，但得到强调世家的司马氏的青睐，因而得以联姻，成为西晋后族。杨皇后杨艳为武帝之妻，人长得漂亮，又多才多艺，写得一手好字，司马炎还未登上帝位时便奉父亲司马昭之命，与她结婚，二人感情很好，共生了三儿三女，老大司马轨夭折，老二司马衷虽然生得傻，却自然成了嫡长子。司马炎当上皇帝后，几经折腾，司马衷终于被立为皇太子，上节已有叙述。

　　泰始十年（274），杨皇后一病不起。她担心自己死后，武帝会新立皇后，对太子不利。所以临死前，她枕着武帝的膝说："我叔父杨骏的女儿男胤既有德又漂亮，希望陛下您将她纳入后宫。"说罢悲不自胜，武帝流着泪答应了她。杨艳就这样悲泣着死于武帝膝上。杨艳是历史上为数不多的与皇帝有真正爱情的幸运儿之一，她所说的话对武帝影响很大。武帝果真将杨骏的女儿纳入后宫，她就是杨芷，字季兰，小名男胤。杨芷也是美艳绝伦，且有妇德，所以武帝在咸宁二年（276）将她立为皇后。

　　杨骏因女儿被立为后，官职也迅速提升，从镇军将军升为车骑将军，封临晋侯。当时就有人对这一封爵发表议论："封建诸侯，是为了藩屏王室，皇后的父亲受封以'临晋'为名，驾御大晋国号之上，这是要天下大乱的征兆啊。"武帝从平吴以后，沉湎酒色，不再留心政事，因而开始宠信后族。杨骏及其弟杨珧、杨济势倾天下，当时人称他们为"三杨"。

　　从来联姻帝室，因缘外戚以致显荣的人，多至祸败。因为他们大都非由才、德而升高位，权势过盛，衅隙也就随之而生。东汉外戚专权，造成很大祸害，魏晋时期的人们，对外戚势力过度扩张，抱有天然的反感。对于这些，杨珧是清楚的，他曾在武帝聘杨芷后上表说："历观古今，一族二后，未尝以全，而受覆宗之祸。乞以表事藏之宗庙，若如臣之言，得以免祸。"（《晋书》卷四十）

杨骏却贪恋权势。武帝病重时，因佐命功臣皆已过世，他尽斥群公，亲侍武帝，趁机改易公卿，树置心腹。后来武帝神志稍有清醒，对此很不满，让中书起草诏书，让叔父汝南王司马亮与杨骏一起辅政。杨骏恐怕失去权宠，便从中书那里借诏书看，拿来看后便藏了起来。中书监华廙对泄露机密很害怕，便亲自去索要，但杨骏终究不肯交出来。过了一夜，武帝进入弥留状态，杨芷便奏请以杨骏辅政，武帝只嘴巴动了一下，表示同意。于是中书监华廙、中书令何劭便如此作了遗诏。

惠帝即位后，杨骏总揽朝权。他怕有人离间自己，让外甥段广、张劭担任近侍职务，又让亲信统领禁军，弄得司马氏宗室怨气冲天。杨珧、杨济都很有才，他们谏阻杨骏，杨骏不听。杨骏不熟悉典故，为政严苛琐碎又刚愎自用。孙楚与他交往很深，劝他说："您以外戚资格，据宰辅重位，手握大权，辅佐弱主，应当想一下古人至公至诚谦顺的做法。庶姓专断朝政，没有结局好的。现在宗室亲近居重要地位，藩王正当壮年，而您不与他们一道共商国是，内怀猜忌，外树私党，灾难不远了。"杨骏还是不听。傅咸曾对杨骏说："人臣不可有专权，岂不说外戚！今宗室疏，因外戚之亲以得安；外戚危，倚宗室之重以为援，所谓唇齿相依，计之善者。"（《晋书》卷四十）石崇也对杨骏说过，充当执政，不应疏远宗室，应该与四海共商国家大事，但杨骏仍旧听不进去。蒯钦是杨骏姑姑的儿子，与杨骏从小很亲密，他屡次正言冒犯杨骏，杨珧、杨济都为他寒心。但蒯钦说："杨骏即使愚昧，也知道不能妄杀无罪之人，他对我不满，就一定会疏远我。我能被疏远外出，可以不与他一道被杀。不然，不久便会倾宗覆族。"

贾南风成了皇后，她想参与政事，便让黄门董猛联络对杨骏不满的殿中中郎孟观、李肇，暗中勾结起来。她又命令李肇报告汝南王司马亮，让司马亮联络军队讨伐杨骏。司马亮没答应。李肇找到晋惠帝的弟弟、楚王司马玮，司马玮立即同意，请求入朝。杨骏一向害怕司马玮，怕他在外生事，本就想召他入朝。见其请求，正中下怀，便听任司马玮入朝。他不知贾南风已与之联络。

司马玮入朝后，孟观、李肇便启请惠帝，发诏废杨骏。当时段广跪在惠帝面前说："杨骏受先帝厚恩，竭心辅政，况且他儿子都没有，怎么会造反呢？希望陛下仔细考虑此事。"惠帝不理。当时杨骏居住在曹魏时曹爽的府第，在武库南面。他听说宫内有变，召集众官商量对策。太傅主簿朱振劝杨骏说："现在宫内有变，目的很清楚，一定是宦官替贾后设谋，不利于您。应该烧云龙门来示威，索要肇事者的首级，打开万春门，引进东宫及外营军队，您带着皇太子，进宫取奸人。殿内震惧，一定会斩送肇事者的首级，这样可以免除灾难。"杨骏一向怯懦，犹豫不决，竟说："魏明帝建下这么大的工程，怎么能烧掉呢！"在这种你死我活的政治事变中，他失策至此，焉能不败？

不久，殿中军队杀出，焚烧杨骏的府第，又命令弓弩手在楼阁上居高临下向杨骏府中放箭，杨骏的军队都无法出战。杨骏逃到马厩，被人用戟刺杀。孟观接受贾后密令，诛杀杨骏亲党，诛灭三族，杀掉了几千人。杨珧被杀时，称自己冤枉，说："我启请先帝的信放在石匣子里，可以去问张华。"当时都说应该为他申理，但贾氏族党仇恨诸杨，催促刽子手行刑，竟将他也杀了。杨济受骗到东宫被杀。贾后命令李肇将杨骏家私人藏书全部焚掉，以此毁灭武帝给杨骏的顾命手诏，不让天下人知道。

杨骏以后父资格受顾命、握朝权，他不能至公至诚谦顺执政，既结怨宗室，又得罪小人，贾后乘机发难。他不从朱振之策，惜烧云龙门；他怯懦无谋，被攻府中，死于马厩；他所有亲党，被夷三族。所有这一切，都是由其贪恋权势所致。

晋武帝本想让后党与宗室互相牵制，以维系低能的惠帝，杨骏藏匿诏书，阻止汝南王亮共同辅政，就打破了这种平衡，招致宗室方面的反对是必然的。贾南风正是利用了这一点，联络反动势力，发动政变，消灭了杨骏及其亲党，开统治者上层内争之端。

贾南风的目的并非为了帝室，而是要取杨骏而代之，她的阴谋诡计竟真得逞。

连环计贾后得专权

外戚杨氏被灭后，汝南王司马亮和卫瓘被推为宰辅，同时主持朝政。司马亮为了取悦众心，在论诛杨骏的功劳时，武将封侯者多达一千多人。当时傅咸给司马亮写信说："现在封赏这么多，震天动地，是自古以来所没有的。无功而获厚赏，那么人们必然都希望国家有祸患，这样祸患的根源将无穷无尽。以前处理这事的是东安公司马繇，人们认为您来执政，会改变这种状况。如果用正当方式改变过来，大家又有什么怒气？大家所愤怒的，是封赏不平罢了。而现在都加倍论功，真让人失望！"

司马亮重蹈杨骏的覆辙，专断权势，任人唯亲，前来疏通关节的冠盖车马，填塞街衢。贾后除掉杨骏，本意就想参与朝政，而司马亮、卫瓘执政，她难以肆意。贾后的族兄贾模、从舅郭彰、外甥贾谧与楚王司马玮、东安王司马繇，都参与朝政。司马繇统领禁军，他密谋废黜贾后，贾后很害怕。司马繇的哥哥司马澹一向讨厌司马繇，他经常在司马亮面前说司马繇的坏话，并说司马繇有专断朝政的意思，司马亮便承贾后的意思，下诏免掉了司马繇的官，由司马玮接任。

司马玮刚愎好杀，司马亮、卫瓘都讨厌他，想夺掉他的兵权，便让裴楷任禁军头领。司马玮知道后很愤怒，裴楷也不敢接任。司马亮又与卫瓘谋划，准备让司马玮与诸王都回到自己的封国去，司马玮更生怨气，他的部下公孙宏、岐盛劝他交结贾后，贾后看到司马玮可以利用，便留他担任太子少傅。岐盛原来与杨骏很好，现在投靠司马玮，乃是一反复小人，卫瓘对岐盛很是反感，准备加以逮捕。于是岐盛、公孙宏等为求自保，就通过李肇报告贾后，谎称司马亮、卫瓘准备废立皇后。

贾后对卫瓘曾谏武帝废太子一事一直记恨在心，此时听人说他要废自己，便立即做出反应。她让惠帝下诏，免除司马亮和卫瓘的官，让宦官带着诏书出去，交给司马玮去执行。司马玮对两位执政虽本有怨气，但还是想再问清楚，但宦官说："这样恐怕泄密，那就不是密诏的本意了。"于是司马玮召集禁军，包围司马亮与卫瓘的府第，将他们逮捕杀害。司马亮被捕后，因其威望很高，又是宗室王，所以士兵们不敢加害于他。他在炎热天气中汗流不止，有人还帮他扇风。司马玮于是宣告，杀司马亮者有重赏！大家伙便见利忘义，将司马亮杀死。

贾后将参政的司马繇排斥，又将司马亮、卫瓘除掉，司马玮虽依附自己，但如今权势已盛，不好收拾。岐盛又劝司马玮凭借兵势，趁机诛除贾模、郭彰，恢复王室权力。司马玮犹豫不决。张华让董猛对贾后说："司马玮杀掉司马亮、卫瓘，天下威权在握，皇帝如何安于其位？应该用专杀之罪杀掉他。"贾后正想除掉司马玮，便听张华之计，让殿中将军王宫手持皇帝安军所用的驺虞幡，出宫对将士们说："楚王司马玮假传诏令，不要听他的。"将士们听罢，都丢下武器，落荒而逃。司马玮知道中计，临死前，他从怀里拿出青纸诏书，泪流满面地说："受诏而行，谓为社稷，今更为罪。托体先帝，受枉如此，幸见申列。"（《晋书》卷五十九）

贾南风排除异己，专断朝政的目的终于达到。她委任亲党，让贾模、贾谧总握大权。她又与贾谧商量，要找一个表面主持朝政的人。张华在武帝时就参与机密大政，儒雅有谋略，众望所归，且家族地位不高，没有逼上的嫌疑。于是任命张华为侍中、中书监。又任命裴颜为侍中，裴楷为中书令，王戎为右仆射，共同掌管机要。这几位都是当时的名士，裴颜也是贾后的亲属，所以贾后相信他。张华尽忠帝室，弥缝补阙，贾后对他也表示尊重。贾模虽是贾后亲党，但他与张华、裴颜合作得很好，同心辅政。所以皇帝虽是傻瓜，皇后弄权，但在他们的周旋下，西晋朝廷出现了将近十年的安定局面。

如果贾后就此满足，或许宗室诸王的叛乱不会再发生。晋武帝坚持立惠帝的理由，是惠帝之子司马遹聪明，司马遹如能顺利接班，说不定西晋还能延续下去。但贾后凶虐荒淫，奸人的挑拨离间，贾氏族党势力的膨胀，都使安定局面难以长久持续。新的变乱终于因太子司马遹的被杀而再次爆发，且一发而不可复收。

杀太子惹火烧身

　　贾南风除掉司马亮、卫瓘、司马玮后，专断朝权。她任用亲党贾模、贾谧，又委任张华、裴颜，王戎掌机要，在以上几个人的同心协力辅佐下，西晋朝廷出现了将近十年的安定局面，史称"主暗于上，臣治于下"。

　　司马懿第九子、赵王司马伦在任西北地区最高军事长官时，与当地行政长官解系不和，战事连连失利，朝廷将其召回京城。司马伦回洛阳后，听手下人孙秀的话，与贾模、郭彰成为密友，因此得到贾南风的极大信任。司马伦趁机求做录尚书事和尚书令，张华、裴颜认为他没有那才能，所以坚决不同意。这自然引起司马伦的怨恨，他决意寻找可以得志的机会。

　　贾南风身为皇后，却很不安分。她与太医令程据等私通，又用大箱子将外面年轻漂亮的少年载进宫中，进行淫乱。她怕泄密，往往将这些少年杀掉。贾模怕灾难殃及自己，所以很担忧。裴颜与张华、贾模商量废掉贾后，改立太子司马遹之母谢淑妃为皇后。贾模、张华说："皇上自己都没有废黜的意思，我们自己这么做了，如果皇上不以为然，怪罪下来，怎么办？况且宗室诸王各自拉帮结党，只怕一旦灾难爆发，我们身死，国家危机，没什么好处。"裴颜说："你们说得很对，但中宫那么昏虐，变乱很快就会发生。"张华劝贾模、裴颜借与贾后的亲戚关系，多劝劝她，让她收敛一下，也许天下不会乱。

　　贾模、裴颜多次劝说贾后，要她亲待太子，贾后不听，贾模忧愤而死。贾南风的母亲郭槐也劝她对太子慈爱点，并在临死前拉着她的手劝她保住太子，不要与赵粲、贾午来往，但她不听，反而与赵粲、贾午谋害太子。

　　惠帝太子司马遹是谢玖所生，当惠帝在东宫时，将要纳妃，武帝考虑他才十三岁，不会懂帷房里的事情，便派后宫内的谢才人去东宫侍寝，教导惠帝，没想到她因而有孕。贾南风被选为太子妃后，嫉妒残忍，谢玖便请求回西宫，生下司马遹。司马遹小时候很聪明，因而名声很好。但长大后不好学，只知道与身边人员嬉戏，贾南风又故意让宦官引诱他奢侈威虐，因此名誉一天天下降。

　　司马遹的外公是个屠夫，据记载，司马遹在宫中设立市场，让宫女及手下在里面贩卖，让人杀牲卖酒，他自己用手揣量斤两，轻重不差分毫。东宫每月供钱五十万，而他总是提前支取两个月的，仍然不足。太子洗马江统上书谏阻，他不听。中书舍人杜锡劝他修德业，保名誉，言辞诚恳切直。他竟让人在杜锡常坐的毡中放针，杜锡被扎得屁股流血。

　　太子喜欢上韩寿的女儿，贾南风和贾午都不答应，为他聘名士王衍家的女儿。司马遹听说王衍的大女儿长得很美，而贾南风却让贾谧娶了，改聘王衍的小女儿给他，这也使太子很不高兴，言语中多次流露不满。贾谧倚仗贾后，极为骄横，性格倔强的太子不肯对他让步。贾谧便对贾南风说："太子多蓄私财，交结小人，是为了对付我们贾氏。如果当今皇上去世，他继位登基，依照杨氏的先例，杀掉我们这些人，废掉您，易如反掌。不如早点处置他，重立仁慈孝顺的人，可以保证平安无事。"贾南风听了贾谧的话，一方面宣扬司马遹的短处，让天下人知道；另一方面诈称自己怀孕，将妹夫韩寿的儿子养在宫中，想取代太子司马遹。

　　当时朝野都知道贾后有害太子的意思，中护军赵俊劝太子废掉贾后，太子不听。左卫率刘卞劝张华出面，让太子做录尚书事，执掌朝政，废贾后于金墉城，张华不听。刘卞和张华的谈话被贾南风手下的人探听到，这更加速了她加害太子的行动。

　　恰好司马遹的儿子司马虨生病，司马遹为儿子祈祷求福。贾南风听说后，感到机会来了，她诈称惠帝生病，召太子入朝。太子来后，贾后自己不见他，让人将他带到一个房间，派侍婢陈舞带了三升酒去，说是皇帝的命令要他喝下，本来不能喝酒的司马遹被灌得大醉。贾后便让人做了一个祈祷文的草稿，趁太子醉后神志不清，让他抄写，意思即要惠帝、贾后自杀，不然他将动手。司马遹糊涂之中依样抄写。有的字写得掉了笔画，还是贾后给补完整。然后，贾后将太子亲自写下的字据，呈报给惠帝。

智能低下的惠帝，不辨真假，便召集公卿，将司马遹的笔迹宣示公卿，说司马遹竟敢如此，现在赐他自尽。张华说自古以来，常常因为废黜正嫡，招致丧乱，应该仔细考虑。裴𬱖则请审问传送这份文稿的人，又请检验笔迹。贾后拿出十几页太子以前上奏的纸张，众人比较着看，再也没有人敢说什么。后来贾后看张华等人态度坚决，怕发生事变，便退一步，上表废太子为庶人，囚禁于金墉城。

贾后虽已将司马遹囚禁于金墉城，但并不放心，她想斩草除根。于是先让一名太监自首，说自己想与太子叛乱，惠帝便下诏将太监所说的话颁示公卿，于是借此机会将司马遹迁到许昌宫囚禁起来，并派东武公司马澹带了一千人进行防卫。

太子被废，还是引起朝臣的极大愤怒，曾经在东宫任过职的右卫督司马雅、常从督许超与殿中中郎士猗密谋废贾后，恢复太子的地位。他们觉得张华、裴𬱖都安于现状，自保禄位，难与合谋，便想到了赵王司马伦。当时司马伦是右军将军，手握禁军，而且他为人贪婪，敢于冒险。司马雅等人对司马伦信任的孙秀说："皇后凶妒无道，与贾谧一起诬蔑并废掉了太子。现在国家没有接班人，必然危险，大臣们必将起事。你们与贾后亲党交往很深，太子被废，都说你们也参与了。一旦事起，你们能逃得脱吗？为什么不先对贾后等人动手呢？"

孙秀则有自己的打算，他如此这般劝说司马伦："太子聪明刚猛，若回东宫，一定不会受制于人。您与皇后是同党，众人皆知。现在即使对贾后动手，为太子立功，太子也一定会认为我们是逼于形势，反戈一击，以求免罪罢了。即使忍下旧怨，也定不会感恩于您。万一哪天犯点儿小错，就会招来杀身之祸。不如拖延一段时间，贾后一定会杀了太子，然后废贾后为太子报仇，岂止免祸而已，还可以得志。"所谓"得志"，就是自己掌权，甚至当皇帝。司马伦正想要找机会掌握朝权，便满口答应。

于是，他们施展反间计，说殿中人想废贾后，迎太子。贾后多次派宫婢穿便服到处打探人们对废太子一事的态度，听知这一消息后果然很害怕。她让太医令程据合成毒药，传假诏令让太监孙虑到许昌毒害太子。太子从被废后怕被毒死，总是自己煮东西吃，孙虑无从下手。他们便将太子移到一处小房舍，断绝他的食物供应，但宫人偷偷送东西给太子吃。孙虑看没法让司马遹误服毒药，便逼着他吃，司马遹不吃，便用药杵将其打死。

太子之死果然激起众怒。赵王司马伦借机起兵，众人纷纷响应。贾谧、贾午、赵粲当场被杀，贾后先被囚于金墉城，后来被逼喝金屑酒而死。司马伦想篡位，于是将他原本不满的张华、裴𬱟等人一并杀掉。

惠帝本来就智能低下，难以御众，贾南风又无子，太子司马遹是众望所归。贾南风杀太子，使众人希望破灭，又使皇位处于真空状态，这就必然引起宗室诸王对皇位的角逐，此时贾南风既是众矢之的，又是他们起事的最好理由。

司马颖失策纵刘渊

　　贾南风废杀太子，赵王司马伦后起兵，杀掉贾后及其亲党，控制朝政，进而废帝自立。惠帝虽然是个傀儡皇帝，但取而代之却犯了大忌，强大的宗室诸王们纷纷以"勤王"的名义起兵。

　　晋武帝的侄子齐王司马冏、第十六子成都王司马颖及其堂兄弟河间王司马颙联兵攻进洛阳。司马伦被赶下台，不久被杀，惠帝复位。司马冏入京辅政。惠帝唯一儿子被贾南风杀掉，司马冏便立惠帝之弟、司马遐之子司马覃为太子。成都王司马颖本打算自己承兄继位，于是对司马冏不满。晋武帝第六子长沙王司马乂，与司马颖一样觊觎皇位，干脆起兵与司马冏在洛阳城互杀起来。司马冏失败被杀，司马乂执政。司马颖与司马颙又联兵攻洛阳，另一宗王东海王司马越利用禁军抓捕司马乂，将其送给了司马颙的部将张方，司马乂被张方活活烤死。司马颖做了丞相。他回到根据地邺城，遥控朝政。

　　司马颖是一个金玉其外、败絮其中的人，长相很俊，但见识昏庸，而且不识字。一朝大权在手，便胡作非为起来，随意更换官员、将领，将政局搞得更乱，大失人心。洛阳禁军在司马越统率下，拥戴惠帝讨伐司马颖，因大意轻敌，被司马颖的军队在荡阴击败，惠帝被俘，被带至邺城。司马颖虽取得了暂时的胜利，但抗拒王师、俘虏皇帝却不是件能令人接受的事，所以勤王之师的矛头便指向了邺城。幽州刺史王浚招引辽西鲜卑，借勤王名义进攻邺城；并州刺史东嬴公司马腾也招引乌桓军队入塞，进攻司马颖。司马颖则借重匈奴首领刘渊，希望利用匈奴人阻击鲜卑与乌桓。诸王的内讧进一步激化了原有的民族矛盾。

在东汉中期以来的民族内迁潮流中，有近五万户匈奴人在魏晋时已迁居今山西临汾一带，分为五部，聚族而居。刘渊是南匈奴左部帅。进入内地的匈奴人，因汉代长期和亲、汉朝公主下嫁匈奴单于，便自称汉皇室的外甥，冒姓刘氏，其上层人物很快熟悉了汉族文化。

刘渊从小胸有大志，拜上党人崔游为老师，学习儒家经典，尤其是《左传》，对《孙吴兵法》《史记》《汉书》及诸子百家也都有所涉猎，"学武事，妙绝于众，猿臂善射，膂力过人"，可谓文武双全。他曾做匈奴首领的人质，在洛阳居住，受到名士王浑、王济等人的器重。王济曾向晋武帝推荐他，说若用他负责东南军事，不愁平不了吴国。凉州秃发树机能反叛时，李憙又曾推荐他率军平叛。这反映了当时匈奴人与汉人的交融已相当深入。

太康十年（289），刘渊被晋政府任命为匈奴北部都尉。他轻财好施、诚心待人，匈奴五部豪杰以及许多幽、冀二州名士，都归附于他。永熙元年（290），刘渊被任命为建威将军、匈奴五部大都督，从而获得统领五部匈奴的权力，为他以后自立创造了条件。司马颖坐镇邺城遥控朝政，任命刘渊为辅国将军。及东海王司马越奉惠帝前来讨伐，司马颖又任命刘渊为冠军将军、监五部军事，让他带兵驻守邺城。

司马腾、王浚招引乌桓和鲜卑军队，讨伐司马颖，给了刘渊一个脱身的良机。他对司马颖说："今二镇跋扈，兵众超过十万人，恐怕不是我们少数宿卫兵及邺城人能够抵挡的，请让我回到部落，劝他们前来帮助。"司马颖担心五部匈奴仍不能抵敌鲜卑、乌桓，打算奉惠帝回到洛阳，避其锋芒，"徐传檄天下，以逆顺制之"。刘渊则反复劝说，说幽、并二州的鲜卑、乌桓军队根本无须畏惧，并称如果奉大驾回到洛阳，"威权不复在殿下也。纸檄尺书，谁为人奉之！""愿殿下勉抚士众，靖以镇之，当为殿下以二部摧东瀛，三部枭王浚，二竖之首可指日而悬矣。"（《晋书》卷一百一）刘渊的一番豪言壮语打动了司马颖，于是他拜刘渊为北单于、参丞相军事，让他回去召集五部之众。

司马颖让刘渊回到匈奴部组建军队，不仅是放虎归山，还为西晋政权准备了一位掘墓人。匈奴人内迁后，魏及晋初，设置官吏，对匈奴五部严加管束，匈奴贵族对部民的控制力有所削弱，引起他们的不满。刘渊的从祖父、原匈奴左贤王刘宣就对他的族人说："自汉亡以来，魏晋代兴，我单于虽有虚号，无复尺土之业，自诸王侯，降同编户。今司马氏骨肉相残，四海鼎沸，兴邦复业，此其时矣。"（《晋书》卷一百一）他们秘密推刘渊为大单于，派呼延攸到邺城告诉刘渊。刘渊曾想回去，司马颖没答应。刘渊便让呼延攸先回去，告诉刘宣等召集五部。他扬言帮助司马颖，实际做背晋独立的打算。

刘渊回到左国城，刘宣等人便拥戴他为大单于，二十天便集中起五万军队，在离石建都。当王浚派其将祁弘率鲜卑兵攻打邺城时，司马颖翘首企盼的匈奴兵迟迟不见踪影，他的军队抵挡不住乌桓、鲜卑兵，只好真的挟持惠帝出奔洛阳。刘渊此时所想的是恢复呼韩邪之业，想的是帝王无常，可以拥兵摧毁战乱四起的晋王朝，上可成汉高祖之业，统一天下，最次也能建立曹魏那样统辖一方的王朝。他早已不把鲜卑、乌桓看成敌人，而当作可以为援的朋友。司马颖的美好愿望永远也不会实现。

司马颖怎么也不会想到，他放走了胸有大志的刘渊，使西晋王朝的内乱虚弱暴露在了少数民族的面前，好乱乐祸的人乘机投靠在刘渊周围，一个志在推翻晋王朝的政权——汉，以匈奴人为主体建立起来。并州刺史司马腾抵挡不住其进攻，只好率并州晋人逃往河南。

匈奴汉政权还联合当地另一个少数民族羯人，转而向河北、河南进攻，十多年后，先后攻占洛阳、长安，俘虏晋朝两位皇帝——晋怀帝与晋愍帝。匈奴族汉政权的建立，开启了内迁的少数民族自创先例，此后羯族石勒建后赵，慕容鲜卑建前燕、后燕、南燕、北燕，氐族建前秦，羌族建后秦，拓跋鲜卑建北魏，各少数民族贵族轮流登上皇帝宝座，移民浪潮一个接着一个，人们在极其痛苦的环境下进行着融合。

宗室王为私利谋不及远，既伤害了自己，更损害了国家和民族。我们再看一下身居高位的王衍为自身门户所做的安排。

王夷甫狡兔三窟

王衍，字夷甫，出身于琅玡王氏。王氏人物在魏晋时期，总能与当权者共进退，子弟众多，俨然为当时第一流家族。王衍生得俊雅，尤其以皮肤白净闻名，人称"玉人"。他年纪很小时，曾拜访号称善于观察人物的大名士山涛，其姿态神情令山涛为之倾倒。他离开后，山涛感叹说："何物老妪，生宁馨儿！然误天下苍生者，未必非此人也。"（《晋书》卷四十三）

西晋时期，上流社会的士人，可以凭家族门第，自然而然地当上好官，生活优裕。他们对儒家经典不再感兴趣，对《老子》《庄子》以及颇含哲理的《周易》，却趋之若鹜，热衷于讨论是先有"有"还是先有"无"、音乐本身有没有悲伤与欢乐的因素、圣人与常人是否具有相同情感等远离社会现实的问题，被称为玄学，聚而讨论这些问题，则被称为"清谈"。玄学家们希望抛弃一切束缚，过一种"达"的生活，其末流则在理论上无所坚持，只是乐于通过"达"表现自己高雅，王衍便是一个代表。

王衍最初喜欢研究纵横家之术，这是先秦一种利用谋略与形势谋取最大利益的学问。有人因此认为他有才略，可以独当一面，举荐他任辽东太守，他却不愿意到形势复杂的边地去当地方长官，从此改谈玄虚，崇尚清谈。他经常手拿玉柄麈尾，口谈玄理，讨论不下去的地方，随意更改，被世人称为"口中雌黄"。又因为他累居显职，号称名士，年轻后生莫不仿效景慕。在西晋末期，朝廷中清谈成风，根本没人关心政务。西晋政府在这种风气下灭亡之后，人们便将清谈误国的帽子戴在了他的头上，果真如山涛所说，"误天下苍生"。王衍在临死前曾说："唉！我们这些人虽不如古人，但如果以前不崇尚浮虚，齐心协力以匡天下，犹可不至今日。"

王衍虽口谈玄理，内心深处却是一个热衷政治的人物。他的大女儿嫁给了贾充之孙贾谧，小女儿嫁给了太子司马遹。在西晋惠帝朝中，他既联姻太子，又依托贾后，可以说左右逢源。当太子被废后，太子将自己被诬经过写信告诉他，希望他能帮助申诉，他假装不知，反而上表要求让女儿离婚。齐王司马冏、成都王司马颖、东海王司马越先后执掌朝政，都请他担任要职。特别是在司马越当政时，天下已乱，王衍身为宰相，想的不是如何使国家转危为安，而是如何让自己的家族在乱世中立于不败之地。他安排自己的弟弟王澄出任荆州刺史，族弟王敦任青州刺史。并对王澄、王敦说：

> 荆州有江汉之固，青州有负海之险，卿二人在外，而吾留此（案指洛阳），足以为三窟矣。（《晋书》卷四十三）

王衍的"三窟"之计，当时就受到有识之士的鄙视，但从当时形势看，确实是一条谋求自全的妙计。

司马越掌权时，经过"八王之乱"的晋政府，已是满目疮痍，虽然再没有哪一位宗室王有能力与他竞争，但趁宗室内争之机而发展起来的匈奴刘渊、羯人石勒以及王弥等领导的流民武装，与晋王朝展开了争夺中原的搏杀。刘渊、石勒的军队经常威胁洛阳。司马越的弟弟司马腾在并州与刘渊大战几次，均告败北，不得不放弃并州，东入冀州。当时青州虽为司马越的另一个弟弟司马略管辖，但他并无军事才能，被刘伯根、王弥的军队打得节节败退。荆州为刘弘所辖，虽然刘弘治理荆州非常得力，卓有成效，但王衍却让王澄接任。当时扬州已由司马越任命琅邪王司马睿镇守，王衍不能插手，却让族弟王导担任司马睿的首要谋士。他希望族中人物各据一方，进退有据。孙盛《晋阳秋》中记载，王衍与诸弟辞别时说："今王室将卑，故使弟等居齐、楚之地，外可以建霸业，内足以匡帝室，所望于二弟也。"王衍为王氏家族安排三窟，大概还有乘司马氏衰微之机图谋霸业的意思。

从王衍自全门户的安排可以看出，西晋的贵族们，都是只可与司马氏共同享福、难以同患难的角色，这种风气历东晋南朝而改。豪门大族考虑的首先是自己的家族利益，而不是王室或国家利益，就决定了他们对王朝的更替不予太多关心，这对国家的长治久安非常不利。

王衍口谈玄虚，标榜贵无，从不言利。据说他的妻子挖空心思地赚钱，王衍颇为不屑，气得他妻子趁他睡觉时，在卧榻上堆了一圈钱币，王衍醒来，叫人："举却阿堵物。"意思是将那堵在这的东西移开，钱币因此有了一个别名——阿堵物。但事实表明，他所言为大利，并非蝇头小利，有了地位、权势，在当时社会，钱币自然少不了，也不必谈。就是这个清高一世的名士，后来成了石勒的俘虏，为求得自免，还曾劝石勒称皇帝。

当然，在天下大乱之时，没有哪个家族可以独善其身，所谓"覆巢之下，岂有完卵"。王衍所筹划的"三窟"，事实上一窟也没有弄成。洛阳被匈奴与羯人的军队攻破。王敦还未到青州，那里已经乱得无法收拾局面，未能赴任。王澄在荆州每日纵酒，不问政事，军机要务也不放在心上，任命出身低微的顺阳人郭舒为州别驾，将州事一以相委。在京城洛阳危机时，他率军准备赴援，但受人欺骗，主动解散了军队。后来益、梁二州流亡到荆州的百姓，因王澄处置不妥，一时俱反，攻城略地。根本就不成其为一窟。

元朝人胡三省曾对王衍"三窟"有感而发道："忠臣忧国忘家，盖国安则家亦安也。"吾辈读此，可不深思？

第
四
章

CHAPTER 4

偏安局势下的安邦之策

以西晋宗室诸王互相残杀为发端，西晋王朝的统治迅速走向崩溃。匈奴人刘渊、羯人石勒承"八王之乱"余绪，兴兵树帜，将战乱进一步推向高潮，"永嘉之乱"从根本上结束了西晋王朝在中原地区的统治。

　　当西晋王朝风雨飘摇之际，琅玡王氏王导、王敦兄弟辅佐琅玡王司马睿，在江东地区建立根基，扩展势力，重建了司马氏皇室的统治，是为东晋。东晋王朝偏处江南一隅，疆域和势力都十分有限，然而，它以华夏正统政权相号召，源源不断地吸引身处动乱中的北方人民流亡南下，对江南的开发与文化发展，起了重要的历史作用。

　　东晋政权内部，皇权微弱，琅玡王氏、颍川庾氏、谯国桓氏、陈郡谢氏、太原王氏诸家门阀士族相继执掌政柄。门阀士族互相倾轧，力图在竞争中压倒其他对手，与司马氏皇室分享政权；而当外敌强盛，对国家安危构成威胁时，他们又能联手一致，共同对敌。孝武帝太元八年（383），前秦苻坚兴兵大举进攻东晋，当轴的门阀士族谢氏、桓氏联手对敌，在淝水之战中击败前秦军队，使东晋王朝经受住了一次严峻的考验。内争不息，外寇不断，使东晋政局呈现出纷乱复杂的特征。东晋一百余年的历史，就是在偏处一隅的局势下，维持门阀与皇权共治、保存汉族正朔于不绝的历史，其中蕴含着丰富的谋略内容。

王与马，共天下

中原动荡之际，西晋琅玡王司马睿受执政者东海王司马越之命，以平东将军监徐州诸军事，镇守下邳（今江苏邳州市南），为司马越看管后方。不久，司马睿改任安东将军，都督扬州诸军事，负责稳定江东。晋怀帝永嘉元年（307）九月，司马睿采用军府司马王导之计，南渡长江，移镇建邺（今江苏南京）。

280 年，西晋灭吴之后，江东在孙吴时期成长起来的豪强大族，对西晋政权并没有什么好感。一些南方士人在孙吴时已高官位显，受召到洛阳任官，却被视为亡国余孽，受到歧视、排挤，他们满口吴语，也受到洛阳卿的嘲笑。政治上的失意，使这些江南士人更怀念家乡优裕的生活，纷纷南返故乡。统一后二十多年，北方大乱，西晋政权摇摇欲坠，江南士人又酝酿着恢复昔日的光荣，试图重建政权。

司马睿是司马懿的曾孙，他的祖父司马伷在西晋时受封为琅玡王，并传给司马睿的父亲司马觐，司马睿十五岁时继承了琅玡王的爵位。他在西晋宗王中，与皇帝关系已并不密切，本人也并无突出的才能，在晋末诸王争夺皇位的斗争中，也就没有什么动作。只是东海王司马越的封地与琅玡接近，司马越当权后，加以提携，让他为自己效力。司马睿过江后，江南士人对这个西晋政权的代表，同样没有好感，同时也不相信这个名不见经传的宗王能够在天下大乱时安定江东。

西晋诸王通常与王国内士人联系紧密，而琅玡王氏在西晋时已是赫赫有名的家族，司马睿祖孙三代与琅玡王氏交好联姻，前后历数十年之久。特殊的地域关系加上亲属关系，为司马氏与王氏的政治联合奠定了基础。因此司马睿过江时，随从高参有王敦、王导等王家人物，这很可能是当时宰相王衍与执政者司马越商量的结果。司马越急于稳定对江南的控制，而王衍则试图在王家"三窟"之外，再多准备一条退路。与司马睿相比，王敦、王导在当时士大夫中早已声名鹊起，他们的动向颇受江东士人关注。

据《晋书·王导传》记载，司马睿徙镇建邺后，接连一个多月，吴地士大夫和百姓无人登门拜访，王导为此深感忧虑。王导便对王敦说："琅玡王虽颇为仁德，但名望尚轻。兄长威名已著，应该设法帮助他。"王敦曾先后任青州刺史、扬州刺史，加以受过多种将军称号，所以王导想借用他的威名，抬高司马睿的声望。到了三月上巳这一天，人们都到江边洗沐宴饮（当时民俗，称作"禊"，后来基本定在三月初三），司马睿也亲自前往江边观赏民俗，让人用肩舆抬着，威仪甚是整齐，王敦、王导及南渡的北方名士都骑马簇拥在身后。吴人纪瞻、顾荣都是江南名望，悄悄地在一边窥看，见琅玡王如此威风，甚感惊惧，于是一齐拜倒在道旁。此后，司马睿接受王导建议，虚心接纳江东士人，并让王导亲自造访贺循、顾荣这两位江东士人领袖，与其谈心，使这两人接受了司马睿的任命。自此以后，江东士大夫纷纷归附司马睿，逐渐确定君臣名分。王导还主动学起吴人语音，并在宴会上用吴语讲话，这也增加了江东士人的好感。

司马睿的身份只是扬州刺史，辖地只在今天江浙一带，而辖今江西的江州、两湖的荆州以及岭南广州、交州，在西晋洛阳政权动荡之际，都逐渐发展为一股各自为政的力量。江东稳定后，王敦奉命率军向长江中游扩张，数年之间，控制了数州之地。西晋政权分崩离析之时，司马睿在王敦、王导兄弟等人的协助下，联合南、北士族人士，在南方创立了一片天下。

317年，当闻知晋愍帝被匈奴人杀害后，司马睿便在建邺称帝，继承晋的法统，因建邺在洛阳东南方向，史称"东晋"。又因晋愍帝名叫司马邺，建邺也改名叫"建康"。司马睿当然知道，只凭自己，无论如何坐不上皇帝宝座。他尊王导为"仲父"，当时人则称王导为"江东管夷吾（管仲）"。在即位大典上，司马睿主动拉住王导，要与他"共登御座"。王导自然不敢如此造次，坚决拒绝。

　　不过，王导主持大局，王敦坐镇长江中游，手握重兵，王氏家族实际上掌控着东西政权，当时人称"王与马，共天下"，当代研究者称之为"东晋门阀政治"，即门阀大族与皇帝联合掌握政权，而以门阀大族为主导因素。西晋时那种广封宗室诸王，保证皇室对政权的绝对控制的办法行不通了，政治斗争也由宗室诸王兵戎相见，演变为门阀大家之间为执掌军政大权而殊死相搏。

不与刘、石通使

清代学者钱大昕在《廿二史考异》卷一八中称："东晋君臣虽偏安江左，犹能卓然自立，不与刘、石通使。旧京虽失，旋亦收复。视南宋之称臣称侄，恬不为耻者，相去霄壤矣。"所谓"不与刘、石通使"，是指东晋政权拒绝承认西晋灭亡后匈奴刘渊与羯人石勒在黄河流域建立的政权，不与其互通使节。

据《晋书·成帝纪》记载，咸和八年（333）正月，石勒遣使者带着礼物到江东求和，成帝下诏将币帛焚毁。"焚币拒和"的行为被后人渲染为东晋君臣抗御外族、卓然独立的壮举。尤其是南宋时，南宋政权不顾徽宗、钦宗二帝被金人俘虏之辱，与之议和，甘当"儿皇帝"。南宋人读史时追昔抚今，伤悼本朝，往往有感而发。钱大昕所言则是踵南宋人之言论。

东晋"不与刘、石通使"，除了表现东晋君臣的民族气节外，还有微妙的现实政治原因。

东晋政权与刘渊、石勒的关系要追溯到"八王之乱"后期。当时，成都王司马颖与东海王司马越对峙，在胡族中各自结党羽为援，借用外族的力量杀伐异己。304年，司马颖遣将军石超率军在荡阴（今河南汤阴县西南）击败司马越军队，将晋惠帝挟持到邺城。荡阴之战后，司马越的党羽幽州刺史王浚，与司马越之弟并州刺史司马腾，共同起兵讨伐司马颖。王浚率鲜卑、乌桓突骑南下攻邺。后来司马越西迎惠帝，王浚又以鲜卑、乌桓突骑为先驱。幽州的鲜卑、乌桓，尤其是其中的鲜卑段部，成为一支在王浚控制下遥助司马越逐鹿中原的重要力量，也成为以后影响江东政治的一个因素。

王浚、司马腾起兵反司马颖之时，匈奴首领刘渊随司马颖在邺，他请求为司马颖发匈奴五部兵，以迎击司马腾、王浚，得到允准。待到刘渊起兵时，司马颖已经失势，匈奴军队虽然打着司马颖的旗号，实际上是一支独立的军事、政治力量，将其锋芒始终指向司马越及其所属诸军。

为了对抗匈奴刘渊之众，司马腾在并州，乞师于晋北的鲜卑拓跋部首领猗卢兄弟，企图借拓跋部力量从北面对匈奴进行牵制。以后刘琨代司马腾镇并州，同样依靠鲜卑拓跋部为援，还与幽州的鲜卑段部保持密切关系。

成都王司马颖入关后，被迫取消了皇太弟称号。留在邺城的司马颖故将公师藩起兵，声言拥颖反越。流落冀州的羯人石勒联络马牧帅汲桑及其他胡人起兵，投入拥颖反越的公师藩军队。公师藩被杀后，汲桑、石勒继续拥兵反越，并且与并州的刘渊结合，成为司马越在东方的劲敌。

总之，"八王之乱"的最后一幕，即司马越与司马颖的对抗，由于各种势力的参与而进一步扩大化和复杂化，不再是单纯的诸王之争。对垒双方，一方为成都王司马颖、匈奴刘渊、羯人石勒等，另一方为东海王司马越、鲜卑拓跋部和鲜卑段部等。敌对双方阵线分明，冤冤相报，屠杀愈演愈烈，仇恨愈结愈深。永嘉五年（311），石勒迫杀王衍和大批王公名士，焚烧司马越尸体。匈奴刘渊、刘曜则与石勒配合，先后俘虏了司马越操纵的晋怀帝以及司马越之侄司马保在长安树立的晋愍帝，使司马越在北方经营的政治势力彻底覆灭。

司马睿是奉司马越之命出镇江东的，因而东晋政权在某种程度上是由司马越、王衍势力派生出来的，它与刘渊、石勒等司马越、王衍的死敌有着不共戴天之仇。所以，东晋政权定"不与刘、石通使"为国策，势在必行。

司马睿、王导不但继承了司马越、王衍执政时期形成的与刘、石对抗的政策，也把北方存留的拥越反颖势力，包括一些氏族势力，作为自己的盟友，与他们共抗刘、石。而在洛阳沦陷后的中原地区，匈奴、羯胡猖獗，能够暂时抵挡他们的是曾与司马越、司马腾相结合的鲜卑段部和鲜卑拓跋部。当司马睿登基时，领衔劝进的也主要是在北方抗拒刘、石的人物，如刘琨、段匹磾、邵续、慕容廆等，其中多数人过去曾与司马越有过联系。因此，东晋不与刘、石通使，除历史原因外，更有着现实的考虑。这既是联络北方盟友，借以牵制匈奴、羯胡势力的需要，也是团聚北来士族和流民、网罗人心、稳固自身政权的需要。否则，东晋政权就会失去其立国安邦的立足点。

羁縻流民保边境

西晋末，司马睿奉命坐镇扬州，当北方局势不可收拾时，司马睿集团已成功控制了长江中下游流域以及岭南地区，建立起东晋政权。当北方大乱时，不少朝廷公卿，举家南迁，过江的世家大族有上百家，他们共同支撑着东晋政权，在一定程度上，东晋政权甚至可以说是一个流民政权。

政治上支撑东晋的是世家大族，而军事上、经济上支撑东晋的，则是源源不断避难南逃的下层民众。西晋永嘉之乱后，北方人民纷纷抛弃家园，辗转南徙，其中不少是结伴而行，一般为几十上百家，多的达到千余家。那些财丰力强的豪强往往被推举为流人首领，称作"行主"。另有一些民众不愿南徙，往往由大族豪强率领，在本地结成坞壁自保，其中的首领称作"坞主"。

流民大批南下，一部分涌入长江下游扬州尤其是三吴地区，一部分进入上游荆湘地区，还有一部分散布在中游江州一带。大量流民涌来，给江南地区带来了先进的生产技术和劳动力，但也造成了不少社会、政治问题。为此，东晋政府采取了相应的对策。自司马睿镇守江东以后，即分遣亲信将领扼守长江沿线，将大股的流民集团阻滞于长江北岸，依据他们当时驻屯活动的区域和势力大小，给流民统帅加封将军、刺史、郡守之类的官号，限定他们在一定的范围内活动，只有那些零散的流民家庭才允许渡过长江。这项羁縻流民的政策，目的是阻止更多的流民进入江南，避免造成社会震荡，同时，利用流民势力，牵制胡族铁骑进一步南下。历史上著名的祖逖北伐，就是东晋政府羁縻流民政策的产物。

祖逖，幽州范阳人，世代为北方大族。年少时轻财任侠，慷慨有节尚，甚得乡党宗族钦重。他与冀州中山人刘琨结友交好，两人互相勉励，中夜闻鸡起舞，立志报效国家。洛阳陷落后，祖逖率领宗族乡党数百家避乱淮泗，充当行主。到达泗口（泗水入淮河口，故地在今江苏淮阴），元帝"逆用"为徐州刺史，不久被征为军咨祭酒，居丹徒郡之京口。

祖逖目睹神州沦陷、山河破碎，常怀收复之志。他上书元帝，请求率军北伐。元帝任命祖逖为奋威将军、豫州刺史。但由于东晋初创，财力紧张，只能供给一千人的军粮和三千匹布，兵士与武器，都要他自行解决。祖逖受命后，率领先前统领的流人部曲一百余家，逆流民潮而渡江北上，至中流击楫而誓："大江作证，我祖逖如不能肃清中原，绝不再渡此江！"辞色壮烈，部属无不慨叹。祖逖进屯江阴，起冶铸造兵器，召集到两千余人，然后进军。

在豫州谯郡（治所在今安徽亳州）一带，活动着张平、樊雅、陈川等十余支流民队伍，他们各自为政，互相攻伐。祖逖利用各部之间的矛盾，在东晋南中郎将王含军队的支援下，相继收复诸部，进驻封丘（今河南封丘县），与石勒军队对峙交战。当时，在洛阳周围一带，有李矩、郭默等原西晋将领，率领当地人民结坞自守，与匈奴刘聪、羯人石勒所部军队频频交战。祖逖与李矩、郭默等联络，各部都听从祖逖指挥，一时之间，黄河以南地区尽为东晋所有。东晋朝廷加拜祖逖为镇西将军。

祖逖率众北伐，赢得了中原沦陷区人民的拥护和爱戴。然而，东晋上层统治者满足于偏安局势，并无收复中原之意。相反，对于屡建功勋的祖逖，他们心怀猜忌。正当祖逖准备挥兵渡过黄河时，朝廷派遣戴若思为都督，接替祖逖为最高统帅。祖逖认为，戴若思是吴人，虽然有才气名望，却无宏图远识，况且自己已经斩除荆棘，收复河南地区，而戴若思只不过是一雍容雅士，却被轻率地派来统领部众，心中愤愤不平。祖逖又听说朝廷内部，王敦与晋元帝宠信的刘隗等闹矛盾，可能发生政治变乱，无人再关心北伐事业，因而百感交集，忧愤发病，不久死于雍丘（今河南杞县），年五十六岁。轰轰烈烈的北伐运动就此夭折。

永嘉之乱后，北方人民大批背井离乡，但他们收复故土、重返家园的愿望从未消减。东晋统治者是深知"民心可用"的道理的，于是投流民之所好，让他们在流民帅统领下从事北伐之举，借以牵制胡族铁骑南下威胁自己。恰好祖逖心怀收复神州之志，又是一个领有不少流人部曲的流民帅，便理所当然地成为东晋政府选中的对象。然而，东晋统治者从自身集团的利益出发，不愿为北伐付出任何代价，甚至猜忌北伐将领，多方加以限制，充分暴露了他们脆弱的本质。

祖逖等人在中原地区的活动，有力地遏止了胡族势力，对东晋政权在江南的稳定起了重要作用。然而，烈士壮志难酬，空留千古遗恨，思之不免让人扼腕叹息！

郗鉴借用流民帅平反叛

东晋初创，除晋元帝司马睿外，还有四个宗王过江，号称"五马渡江"。与西晋相比，宗室微弱，势力有限。因此，东晋政权的维系，不得不委仗于少数权臣。琅玡王氏王导、王敦兄弟因为辅佐元帝成就帝业，首先取得了当轴主政的地位。特别是王敦在荆、湘诸州相继讨平华轶、杜弢、王机、杜曾等不听命于司马睿的势力，功勋卓著，手握重兵，造成了凭陵晋室的形势。

元帝为伸张皇权，起用刘隗、刁协等人，试图组建皇帝可以直接指挥的军队，推行排抑豪强的"刻碎之政"，激起了门阀士族的普遍不满。永昌元年（322），王敦以诛刘隗、刁协及"清君侧"为名，从武昌（今湖北鄂州）发兵，顺流东下建康，击破朝廷诸军，攻入石头城，处分朝政；元帝忧愤病死。王敦随后返回武昌，遥制朝政。明帝嗣位后，王敦准备再次起兵，于是移镇姑孰，有另立东海王司马冲的图谋。

晋明帝司马绍年幼聪慧，成年后被立为皇太子，颇具文武才略，深受朝臣钦敬。王敦初次起兵攻入建康后，因顾忌皇太子神武明略，曾打算诬陷他不孝而加以废黜，结果被群臣阻止。明帝即位后，一面修明朝政，一面暗中防备王敦。不过，明帝要抗衡王敦，还面临着一个最严峻的现实问题，即朝廷掌握的军力严重不足。

东晋初年，军队大体掌握在拥兵强藩手中，除王敦外，还有陶侃、祖约等人。明帝时陶侃已被王敦遣镇广州，未能参与荆、扬事态。祖约驻屯寿春，继续统领其兄祖逖留下的军队。但祖约与朝廷也有矛盾，用祖约豫州之师对抗王敦，不太实际。除了这几处强藩外，东晋军队既寡弱又缺乏粮廪。

王敦第一次起兵之前，元帝为了充实朝廷军力，发诏"免中州良人遭难为扬州诸郡僮客者，以备征役"，即将原属"良人"身份、流落扬州后依附于大族豪强的中原流民重新赦免为良人，然后征发入伍。被征发的流民，一万人配刘隗镇淮阴，一万人配戴若思镇合肥，托词"备胡"，实际上用来防备王敦。然而，上述做法损害了大族豪强的利益，成为王敦起兵的口实，也成为门阀士族大多支持王敦起兵的一个重要原因。况且，被强行征发的流民并不能立即形成力量，当刘隗、戴若思之兵还救京师时，一战即溃，使王敦得以轻而易举地进入建康。

总之，晋明帝要组织军队抗衡王敦，避免被王氏废黜的命运，只有改弦更张，另辟蹊径。正是在这样的形势下，郗鉴成为明帝倚重的谋臣。

郗鉴，兖州高平人，出自一个儒学世家。年轻时博览经籍，以儒雅著名。洛阳陷落后，寇难锋起，同乡千余家共推郗鉴为主，率避难于鲁郡之峄山。元帝初镇江东，以中央府的名义，拜郗鉴为龙骧将军、兖州刺史，镇邹山（即峄山，在今山东邹城境内）。郗鉴抚集百姓，抵御寇侵，三年中众至数万。元帝加拜郗鉴为辅国将军、都督兖州诸军事。郗鉴率众南来时，明帝刚刚即位，面对王敦专制、内外危逼的情形，明帝信重郗鉴，任命他安西将军、兖州刺史、都督扬州江西诸军、假节，镇合肥。王敦顾忌郗鉴这支不受自己调遣的部队，上表给明帝，建议调郗鉴到建康任尚书令。郗鉴道经姑孰时，与王敦相见，在言辞交锋中，不卑不亢，表达了誓死捍卫朝廷的决心。王敦大怒，将其扣留，后来顾忌郗鉴名重，被迫放行。郗鉴回到朝中，于是坚决与明帝密谋诛除王敦。

郗鉴替明帝谋划的内容，就是利用江北流民武装对抗王敦。当时，除祖约及郗鉴本人外，力量比较强大的流民帅还有苏峻、刘遐。苏峻为奋威将军、临淮内史，屯盱眙；刘遐为北中郎将、兖州刺史，屯泗口。流民帅大都有在北方抗击胡族的经历，所领部众久习战阵，勇猛骁锐，极具战斗力。然而，流民帅往往在文化素养、举止志趣方面与当朝士族格格不入，加之久在疆场，手握强兵，又深为朝廷所忌惮。唯独郗鉴既具有流民帅的经历和身份，又不乏儒士风范，所以成为朝廷联络流民帅的关键人物。郗鉴建议明帝下令让苏峻、刘遐等流民帅入援京师，解决了东晋朝廷面临的最大难题。

　　太宁二年（324）六月，王敦再次举兵内向。明帝以王导为大都督、假节，领扬州刺史；以温峤为中垒将军，与右将军卞敦守石头城；以应詹为护军将军、假节、督朱雀桥南诸军事；以郗鉴行卫将军、都督从驾诸军事；以庾亮领左卫将军，以卞壶行中军将军。聚集了朝中主要重臣，摆出一副与王敦决战的阵势。同时，征召平北将军、徐州刺史王邃，平西将军、豫州刺史祖约，北中郎将、兖州刺史刘遐，奋武将军、临淮太守苏峻，奋威将军、广陵太守陶瞻等还卫京师。

　　王敦第二次举兵，意在废置天子，甚而取司马氏而代之，一家独大，这势必打破各大家族共维时艰的格局，从而激起了诸家门阀士族的一致反对。东晋朝廷军队得到苏峻、刘遐等流民武装的强有力支援，军力也远非前番可比。两军交战，叛军频频受挫。王敦正身患重病，愁困而死，余部不久被朝廷军队分别击破。

　　东晋初年发生的两次王敦之叛，是门阀政治中皇权与门阀士族势力激剧对抗冲突的产物。这是在"王与马，共天下"的政治格局下，由东晋皇帝与当权门阀士族王氏为直接对立双方而展开的斗争，当时的各种主要政治势力都卷了进去，因而成为当时政局的枢纽和焦点。

　　就东晋朝廷而言，它所面对的不仅是王敦的强大军队，还有门阀士族的政治取向。元帝所采取的征发"僮客"入伍政策是导致第一次平叛战争失败的重要原因。"前车之覆，后车之鉴"，郗鉴为明帝筹划利用流民帅武装对抗王敦，缓和了朝廷与门阀士族的关系，增强了朝廷军力，从而为第二次平叛战争奠定了胜利基础。

　　不过，苏峻、祖约等流民帅仗恃平叛之功，拥兵自重，不受朝廷征调，甚至激而生变，反噬朝廷，酿成后来历时一年之久的"苏峻、祖约之乱"，一度给东晋朝廷造成巨大威胁。这是后话。

温峤用计赚王敦

在王敦与朝廷的第二次对抗中，有一个重要人物，他不仅运用智谋，设法使自己跳出了王敦的掌握，还及时地为朝廷提供了王敦反叛的详细内情，帮助明帝打败叛军。这个人就是温峤。

温峤，字太真，并州太原人。年少即以聪明有识闻名，成人后博学善文，长于口辩，人也长得俊雅，认识他的人无不喜欢他。温峤的姨父是两晋之际在北方坚持抗击匈奴、羯人军队的刘琨。当西晋都城洛阳陷落后，刘琨坚守并州，支撑危局，与石勒、刘聪等角逐疆场，威震河北。温峤先后任刘琨平北大将军参军、大将军从事中郎、司空右司马，替刘琨出谋划策，为刘琨所倚仗。

北方大乱之时，司马睿在江东渐成气候，刘琨打算与司马睿联络，表明自己效命皇室、立功河朔的决心，于是任命温峤为左长史，要他出使江东，表示愿奉司马睿为晋帝。温峤赶赴江东后，慷慨陈词，举朝文武尽皆瞩目，王导、周顗、谢鲲、庾亮、桓彝等当朝名士都与他结交。温峤奉刘琨之命的劝进活动，为司马睿荣登帝位，表达北方抗胡民众的支持，以及对于东晋政权的合法性，都极为重要。此后，温峤便留在了江东。

温峤后来迁任太子中庶子，侍从太子司马绍，深受宠遇，两人结为朋友之交。明帝即位后，拜温峤为侍中，机密大谋都由他参详综贯，诏命文诰也由他参与起草，不久迁中书令。王敦见温峤担当栋梁之任，甚为明帝所倚重，颇感忌惮，于是表请他为自己的大将军府司马，借以斩除明帝的臂膀。

其时王敦拥兵自重，操纵朝政，凌侮天子。温峤婉言劝谏，王敦毫不理会。温峤心知王敦终究不知悔改，于是装作对王敦极其敬重，综理府中事务，进说密谋，以附和王敦所欲，骗取信任。王敦宠信吴兴人沈充、钱凤，事无巨细都与两人谋划。沈充回吴兴替王敦组织军队，钱凤在府中的地位更显突出。温峤便着意笼络钱凤，为他延揽声誉，经常当着众人称赞道："钱世仪（钱凤，字世仪）精神满腹。"温峤平素就有长于知人的名声，钱凤听到他赞誉自己，十分高兴，于是与温峤深相结纳。

恰逢丹杨尹一职空缺，温峤便劝说王敦："丹杨尹为京城地区长官，控制京畿咽喉，需用文武兼能之人，主公应亲自选才。如果由朝廷用人，恐怕就不合适了。"王敦接受了温峤的意见，接着询问该用何人，温峤乘机推荐钱凤。钱凤颇为感激，反过来推荐温峤，想让他窥伺朝廷动静。温峤假意推辞，王敦不从，表请朝廷任温峤为丹杨尹。

温峤早就希望摆脱王敦，一直苦于没有机会，现在王敦愿意让自己返回京畿，可谓正中下怀。不过，他仍然顾忌钱凤诡计多端，担心临时生变。于是，他乘着与王敦饯别之时，起身行酒，走到钱凤跟前，还没等钱凤喝酒，自己装作喝醉了，用手版将钱凤头巾打落在地，勃然发怒道："钱凤是什么人，温太真行酒竟敢不喝！"王敦以为温峤真的喝醉了，便将温、钱二人各自劝开。临出发前，温峤与王敦道别，涕泪横流，悲不自胜，走出厢房后又返回，如此再三，最后才依依不舍似的上路。

果然不出温峤所料，他刚启程，钱凤就进见王敦说："温峤与朝廷关系很密切，又与庾亮交情深厚，未必可信。"王敦回答道："太真昨天喝醉了，对你稍有不恭，你怎么能为这点小事就忌恨他，说他的坏话呢！"温峤终于顺利地返回京师，上奏朝廷，详细报告王敦的反叛阴谋，要明帝预先做好防备。

后来，王敦发觉温峤耍弄了自己，极为恼怒。他写信给从弟王导说："太真刚刚离去几天，竟然做出这等背叛我的事！"王敦上表请诛奸臣，作为起兵的借口，将温峤列在首位。又出榜悬赏，如果有人将温峤生擒，自己要亲自拔掉他的舌头。温峤巧妙运筹，多方欺骗，将不可一世的王敦玩弄于股掌之上，让他栽了一个大跟头，难怪王敦要对温峤咬牙切齿地痛恨了。

桓温"北伐"为夺权

桓温，豫州谯国人，为桓彝之子。他出生不满一岁时，被名士温峤见到。温峤对他很是喜欢，称赞道："这孩子必定会成为一个大英雄！"桓彝因温峤赏识，就给儿子取名叫桓温。苏峻叛乱时，桓彝率众捍卫朝廷，兵败被杀。桓温当时十五岁，立志为父亲报仇。到他年满十八岁时，亲自找上仇人家中，将仇家兄弟三人杀死，由此显名。

后来，桓温做了明帝之女南康公主之婿。由于桓彝平定王敦之乱有功，又死于苏峻之难，加上桓温本人娶了公主，是成帝姐夫，为朝廷信重。而南康公主之母庾氏的兄弟庾亮、庾翼等，在成帝时继琅玡王氏之后，执掌军政大权，对他们这位外甥也着力提携，使他成为江东政坛上一颗冉冉升起的新星。桓温先后任琅玡太守、徐州刺史，累迁至都督荆梁四州诸军事、安西将军、荆州刺史、领护南蛮校尉、假节，拥重兵坐镇长江中游。

桓温坐镇荆州时，黄河流域羯人后赵政权盛极而衰，使南方的压力大为减轻。在东晋王朝内部，庾翼死后颍川庾氏势力骤然衰落，江东门阀士族没有哪一家具有足够的实力和影响，可以立即代替庾氏发挥作用。这种相对平稳的政局为后起的谯国桓氏发展势力提供了较好的时机。

桓温出镇荆州后，见立国今四川成都的氐族成汉王朝衰弱，其主李势昏庸无道，便萌生立功蜀土的想法。晋穆帝永和二年（346），桓温率众西伐。东晋军队势如破竹，次年攻入成都，俘获李势。这是东晋政权立国之后从没有过的伟大胜利，从此东晋的版图扩张到整个长江流域。朝廷奖赏桓温之勋，晋位征西大将军、开府，封临贺郡公。不久，后赵主石虎去世。桓温打算乘机率众北伐，上书朝廷，商议水陆联攻策略，却始终了无回音。

其时穆帝在位，何充主执朝政。何充用褚太后父褚裒为征北大将军、徐、兖二州刺史、假节，镇京口，用名士殷浩为建武将军、扬州刺史，协同拱卫京师，而以桓温为荆州刺史，居上流重镇，意在形成内外相持而内重于外的政治格局。何充曾自夸道："桓温、褚裒为方伯，殷浩居门下，我可无劳矣。"（《晋书》卷七十七）而今桓温挟灭李蜀之余威，威望蒸蒸日上。朝廷深恐桓温势力坐大，成为凭借上流凌驾朝廷的第二个王敦，因而要千方百计地阻挠桓温势力的发展。夺取北伐旗帜，掌握北伐战争的主导权，是东晋握中枢权力者必争的筹码。

桓温见朝廷久无回音，又知朝廷利用殷浩对抗自己，极为恼怒，于是扣留辖区下八州财税以充兵用，不向朝廷上供。永和七年（351），桓温声言北伐，上表朝廷后，不待回应，立即发兵，顺流直下武昌，有众四五万人，朝廷内外极为震骇。当时何充已经去世，会稽王司马昱任抚军大将军，主持朝政。司马昱写信给桓温，表明事关国家大计，要桓温三思而行。桓温回信，再次表达了自己锐志北伐的决心，并立即回军还镇。

经过上述事变后，东晋朝廷被迫在北伐问题上表态。殷浩被任命为中军将军、假节、都督扬、豫、徐、兖、青五州军事，率众北伐。然而，殷浩本来以清谈得名，政治才能本就欠缺，领兵作战更非所长。他领兵北伐后，屡战屡败，兵卒和辎重丧失殆尽，狼狈而还。桓温素来忌恨殷浩，现在见殷浩失败，便上表谴责殷浩，要求予以惩处。朝廷无奈，将殷浩废为庶人。被贬的殷浩，仍闹不清自己命运逆转的原因，成天望空书写"咄咄怪事"。

殷浩被废后，朝廷再也找不出可以抗衡桓温的人物，只得拱手交出北伐旗号。永和十年（354），桓温统步骑四万从江陵出发，水军自襄阳入均口（今湖北均县西），步军自淅川趋武关，进攻关中氐族前秦政权。梁州刺史司马勋奉命由子午道出秦岭，为偏师策应。晋军进攻上洛（今陕西商洛商州区），俘获前秦荆州刺史郭敬，又大败苻健军队于蓝田，进军灞上。约四十年后，打着"晋"旗号的军队再次出现在关中，当地百姓"皆安堵复业，持牛酒迎温于路者十八九"。（《晋书》卷九十八）当时苻健仅以五千余部众守长安小城，桓温至灞上却不渡水进攻长安，贻误战机。不久，桓温军队被前秦大将苻雄击败于白鹿原，死伤万余人，只得班师。

永和十二年（356），朝廷晋封桓温为征讨大都督、督司冀二州诸军事，委以专征之任。桓温遣偏师进逼许昌、洛阳，桓温本人自江陵率大军跟进北伐。这年八月，桓温与羌族首领姚襄战于伊水，姚襄大败，逃往平阳。桓温进驻洛阳故太极殿前，又移居金墉城，拜谒西晋诸陵，修缮陵墓，置陵令守护，旋即还师。

桓温晋军进入洛阳，是西晋灭亡后从未有过之事。经过草草修缮后，桓温上表，请求还都洛阳。朝中决策者明知洛阳屡经战乱后萧条不堪，北方情况还极其复杂，还都洛阳之计难于实行，但畏惮桓温，却不敢表示异议。名士、散骑常侍孙绰率先上疏，认为还都的条件并不具备，建议先派身负威名的将军镇守洛阳，逐渐经营，待时机成熟，方才还都。孙绰的表文转到桓温手中，桓温很不高兴地对人说："告诉兴公（孙绰，字兴公），为何不去玩味他的《遂初赋》，偏要来干预别人的家国之事呢！"《遂初赋》是孙绰未出仕前寄情山水之作，桓温借此讥讽孙绰，对他多管闲事很是恼怒。

通过两次北伐战争，桓温建立起巨大的威势和尊崇的名望。朝廷被迫晋封他为侍中、大司马、都督中外诸军事、假黄钺。不久又加扬州牧、录尚书事，要他入参朝政。桓温辞让录尚书事，遥领扬州牧，并移镇姑孰，操纵朝政。这时的桓温已不再满足于人臣极位，他曾经躺在床上对亲近僚属说："如此沉默无为，必将遭文帝（司马昭）、景帝（司马师）耻笑。"大家都不敢吱声。接着，桓温又抚枕起身道："既然不能流芳后世，难道还不能遗臭万载么！"登基称帝已经成为桓温的满腹心事，而要了却这个心愿，他还得继续盗用"北伐"旗号。

晋海西公太和四年（369），桓温又上疏悉众北伐。先将平北将军郗愔解职，由自己兼领平北将军、徐兖二州刺史，兼并了北府兵；然后率南中郎将桓冲、西中郎将袁真等步骑五万北伐。晋军沿路与前燕军队交战，打了几场胜仗，进抵枋头（今河南浚县境内），逼近燕都邺城。由于当时天气干旱，水道不通，军粮逐渐耗尽，桓温被迫退军。前燕大将慕容垂率八千骑兵尾随追击，在襄邑（今河南睢县境内）大败桓温军队，死亡三万人。

按照桓温当初的算计，先立功河朔，然后回朝廷接受九锡殊礼，造成凌驾天子的事实，便可择机篡位登基。但是，枋头一败，桓温名实顿减，其篡夺逆谋也遭受重大挫折。此后，桓温又做了种种努力，但因谢安、王坦之等门阀士族竭力反对，其篡夺逆谋终究胎死腹中。

谢安镇静挫逆谋

谢安，字安石，祖籍豫州陈郡。年仅四岁时，被谯国桓彝见到，桓彝赞叹道："此儿风神秀彻，后当不减王东海（王衍）。"（《晋书》卷七十九）年岁稍长，沉敏有大度，擅长行书。王濛、王导等名士都对他颇为青睐。

谢安年少即享有重名，官府屡请他任官，就连执政的庾冰也极力想把他网罗在门下。然而，谢安频频加以拒绝，后来虽然不得已接受庾冰辟召，仅待了一个多月就告辞回家。他寓居会稽，与王羲之、许询等名士及高僧支遁交游，热衷于游山玩水，吟诗作文。当时，他的弟弟谢万任西中郎将，居藩任之重。谢安虽是隐居，名望反而在谢万之上。待到谢万兵败被废黜，谢安为光大门户，始有仕进之志，这时他已经年过四十。

谢安受辟为桓温的征西大将军府司马，桓温对他极为器重。桓温权势显赫，当时的许多朝臣都有在他府中任职的经历，也即是说，一旦入幕桓府，就取得了进入权力中枢的资格。谢安也不能免俗，他走的就是这条仕进捷径。不久，桓温准备率军北伐，恰逢谢万去世，谢安以为弟弟守丧为由，辞官归家，摆脱了桓温。后来，谢安复官为吴兴太守，入朝为侍中，迁吏部尚书、中护军，参与朝政。

谢安执政时，正是东晋王朝的多事之秋。因为桓温北伐失败后，并不甘心就此放弃篡位登基的努力，他的重要谋士郗超也积极替他谋划。郗超认为，鉴于桓温有枋头之败，若不废立皇帝就不足以慑服人心。桓温本来就有此打算，经郗超提醒，于是断然将当时皇帝司马奕废为东海王，改立会稽王司马昱，是为简文帝。经过这番事变，刚刚登基的简文帝也不免心寒，常常担心桓温再效废立之举，使自己蒙受耻辱，也担心晋朝国祚断送在自己手中。在晋室危亡关头，能够与桓温周旋对抗的，只有当权的门阀士族人物谢安和王坦之。

桓温行废立之举前后，进入建康处分朝政。谢安远远望见桓温，便施礼拜揖。桓温惊异道："安石，你干吗要这样！"谢安回答说："总不能让府君拜见在先，臣属拜揖在后吧。"谢安与王坦之曾前往桓温府中议事，桓温让郗超躲在帷帐后偷听两人谈话，不料帷帐被风吹开，将郗超暴露在两人面前。谢安若无其事，嘲弄郗超道："郗生可谓入幕之宾矣。"（《晋书》卷六十七）又有一次，谢安与王坦之一起去会见郗超，郗超仗着自己是桓温属下炙手可热的人物，故意捉弄王、谢二人，一直让他们等到中午吃饭的时候，还不露面。王坦之不愿再等下去，想起身离去，谢安劝勉道："难道不能为性命忍耐一时么！"谢安处大事而从容不迫，举重若轻而有理有节，多如此类。

简文帝登基仅数月即身染重病，他畏惮桓温，遗诏桓温依周公故事居摄听政。王坦之正侍从简文帝左右，他手持诏书进入卧室，当着简文帝的面将诏书撕毁。简文帝说："天下是乘一时之运得来的，你又何必介意！"王坦之正色道："天下是宣帝、元帝创下的天下，陛下怎么能够自作主张！"简文帝大受震动，让王坦之改草诏书，令国事一概由桓温裁决，如诸葛亮、王导故事。当初，桓温指望简文帝临终前禅位给自己，其次便是依周公故事居摄。而今接到遗诏，大失所望，对王坦之、谢安极为怨恨。

简文帝去世，孝武帝即位后，桓温率众入朝拜谒山陵，驻屯在建康西郊的新亭，大陈兵卫，准备迁移晋鼎。他招呼谢安、王坦之前来拜谒，打算在座席中杀害二人。王坦之十分畏惧，向谢安询问计策。谢安神色不变，语气坚定地说："晋祚存亡，在此一行。"见到桓温后，王坦之流汗不止，渗透内衣，连手中的记事板都拿反了。谢安从容不迫地入席就座，质问桓温道："我听说诸侯有道，守在国境四周，明公用得着在墙壁后面安置兵士么？"桓温为谢安的气概所折服，笑着回答道："我只是担心，不得不这样罢了。"一问一答，场内的气氛顿时缓和下来，两人轻松地交谈了大半天。当初，王坦之与谢安齐名，经过这件事后，人们才知道谢、王二人之高下优劣。

桓温在建康停留了十多天，返回姑孰，随即一病不起。他让人转告朝廷，要朝廷加自己九锡殊礼，并派人频频催促。谢安、王坦之听说桓温已经病入膏肓，便反复修改九锡文，故意拖延时日。结果，九锡文尚未撰成，桓温已经病死。至此，东晋皇室总算躲过了一场劫难。

桓玄进退攻守

东晋孝武帝在位后期，为了制衡辅政的琅玡王（后改封会稽王）司马道子，任用皇后之兄王恭为前将军、兖青二州刺史、假节，镇京口，亲信殷仲堪为振威将军、荆州刺史、假节，镇江陵，形成台辅与藩镇内外相持的格局。孝武帝去世，安帝即位后，司马道子执政，宠信佞人王国宝等，政治腐败，王恭、殷仲堪等藩镇与司马道子相府矛盾尖锐，由此酿成一场大的政治变乱。

殷仲堪擅长玄谈，享有盛誉，但非将帅之才。他被授以上流方镇之任，但当时人普遍认为他不是一个合适的人选。殷仲堪到江陵赴任后，首先面临着一个问题，即如何处理与桓氏家族的关系。

桓温在世时，权势显赫，桓氏子弟在荆州各地担任要职，而当地官僚也多半是桓氏故吏。桓温去世后，桓氏家族在当地的潜在势力依然十分强大，更何况桓温有一个野心勃勃的儿子桓玄。

桓玄是桓温的庶子，年幼时颇受桓温喜爱。桓温临终前，遗命以桓玄为嗣，袭爵南郡公。待到桓玄成年，博学多能，形貌奇伟，神态高雅。他仗恃自己的才华门第，以雄豪自居，深为人们所畏惮，朝廷也对他颇为疑忌。由于桓温晚年有不臣之迹，朝廷对桓玄兄弟多方限制，因而桓玄久不得志，入仕多年仅做到义兴太守。他曾登高远眺太湖，慨叹道："父为九州伯，儿为五湖长！"（《晋书》卷九十九）表明对现状极为不满，于是辞官不做，回到封地南郡（郡治江陵）。

桓玄辞官回到江陵后，殷仲堪畏惮其才华门第，与他深相交结。桓玄则另有图谋，他希冀借助殷仲堪的军事实力，乘时而起，振兴家族，因而投殷仲堪之所好，取悦于他。两人经常书信往来，讨论一些国计民生问题。隆安元年（397），中书令王国宝依附会稽王司马道子，谋划削弱方镇，导致朝廷内外骚动，王恭对此极为不满。桓玄见时机已到，暗中盘算建立一番功业，于是游说殷仲堪，要他遣使者联络王恭，共同起兵，匡正朝纲。殷仲堪赞同桓玄的意见，但迟疑难决。恰好王恭派人联络殷仲堪和桓玄，殷仲堪方才决定起兵响应王恭。

司马道子畏惧王恭等起兵，收捕王国宝等斩首，向王恭谢罪，王恭等罢兵。经过这场事变，桓玄崭露头角，他乘机请求镇守广州。会稽王司马道子也畏惮桓玄，不愿让他居留在荆州，所以顺从其意，加拜他为建威将军、广州刺史。但是，桓玄得到朝廷任命后，却拒不赴任，因为他根本就不愿离开桓氏家族根基雄厚的荆州。

隆安二年（398），王恭与豫州刺史庾楷再次举兵，讨伐司马道子信用的江州刺史王愉、谯王司马尚之，并通告殷仲堪、桓玄。殷仲堪等响应王恭，由杨佺期率舟师五千为前锋，桓玄居次，殷仲堪率兵两万，相继东下。殷仲堪等一路克捷，进抵芜湖一线，忽然接到王恭死讯，说是王恭属下大将刘牢之反叛王恭，投靠朝廷，领北府兵镇守新亭。桓玄等三军闻讯失色，丧失斗志，一齐回师屯于赣江入长江处的蔡洲。司马道子等任命忠于朝廷的桓修为荆州刺史，又任命桓玄为江州刺史、杨佺期为雍州刺史，殷仲堪则改授广州刺史，借以瓦解殷、桓、杨联盟。

桓玄、杨佺期喜得宠授，准备接受朝廷任命。殷仲堪因遭到贬抑而恼羞成怒，率大军自行西返，并威胁桓玄等部下军士，若不各自逃散西归，待大军返抵江陵，便要诛杀他们的家人。桓玄等军心动摇，只得追随殷仲堪西上，在寻阳赶上大军。当时，殷仲堪已经失职，需要倚仗桓玄等为援，桓玄等也须借助于殷仲堪属下部众，彼此互相牵制利用。于是，殷仲堪、桓玄、杨佺期三人在寻阳会盟，决定共同对抗朝廷。朝廷不得不妥协，让殷仲堪等各复原职。三人接受诏命，各返本镇。

当初，桓玄在荆州豪纵，士庶无不对他百般畏惮，其威势比州牧有过之而无不及。殷仲堪属下亲信劝他及早杀掉桓玄，消除后患，殷仲堪不接受。

待到大军返回寻阳，殷仲堪又借重桓玄的声望与门第，推他为盟主，桓玄愈加矜夸自重。杨佺期出自弘农杨氏，是东汉时期的一流高门，只因过江较晚而受当时人排挤。杨佺期常常拿自己的门第在人前夸耀，桓玄却毫不理会，往往视之为寒士，杨佺期极为愤恨。寻阳会盟时，杨佺期打算在会盟坛上袭杀桓玄。但是，杨佺期为人骁猛骄悍，殷仲堪害怕他火并桓玄之后，转而危害自己，便竭力加以阻止。桓玄也知道杨佺期有害己之心，暗中谋划将他吞并掉，于是驻屯在夏口（今湖北武昌），挡住杨佺期自襄阳进入长江的通道。桓、杨二人产生摩擦，愈演愈烈，殷仲堪害怕其中一方坐大，往往向两边分别施压，力图宁人息事，维持均势。

隆安三年（399），桓玄断然举兵讨伐杨佺期，先发兵进攻殷仲堪。殷仲堪一面派兵抵御，一面急召杨佺期。杨佺期认为江陵缺少军粮，无法待敌，要殷仲堪率众赶赴襄阳，共守一处。殷仲堪不愿放弃荆州，便蒙骗杨佺期，说是短期内可筹集到军粮。杨佺期听信殷仲堪，率精锐步骑前来会合，方知受骗。杨佺期率部众与桓玄交战失败，逃回襄阳，被追兵所杀。殷仲堪出逃，为追兵所获，被逼自杀。至此，桓玄兼并荆、雍二州，成为上流强藩，恢复了桓温凭借上流凌驾朝廷之势。

后来，桓玄东下建康，迁移晋鼎，禅位登基，定国号为楚。随后，刘裕率北府旧将讨伐桓玄，诛灭桓氏，成为晋宋革命的发端。

棋高一筹方称雄，谋劣半分便亡国

"八王之乱"，使西晋国力大为削弱，内迁各少数民族纷纷建立政权，史称"五胡乱华"，又称五胡十六国时期。北方政权在频繁更替过程中，政治、军事斗争激烈，处处斗智斗勇，谋略迭出。如慕容氏何以兴起辽东？石氏为何占据中原？前、后秦发迹关中原因何在？苻坚、慕容超亡国破家失策何处？不仅作为一历史过程，引人关注；作为一段社会与历史的文明情状，更引人深思与探究。

李特用计据蜀

最早在西晋国家内建立的割据政权，是由氐族李氏在成都建立的大成政权，后来大成又改名叫汉，史称"成汉"。

建立大成政权的李特、李庠、李流兄弟，本是賨人的后代。据史载，汉王刘邦由汉中北上争天下，巴蜀之地的人们纷纷加入军队，其中来自巴地的巴人，作战勇敢，善于使用排楯，即十几个人举着如楯的大木板，在军队前冲锋陷阵，为刘邦打下天下立了大功。汉朝建立后，刘邦下令免除这些巴人的赋税，只需每人交几十钱表示服从，叫作"賨"。因此，这批巴人从此称为"賨"或"賨人"。

李特的祖父在东汉末年率领宗族从巴西宕渠依投占据汉中的张鲁。曹操灭张鲁后，李氏率领五百多家投降了曹操，被迁往略阳北部，这里是氐族人的聚居地，天长日久，这一股賨人与氐人交融在一起，被称为"巴氐"。而氐人，早些时候会说汉语，擅长农耕，与汉民无甚差异。李氏祖先的迁徙与名称变化，反映了秦汉统一以后，境内各族相互交融的历程。

西晋武帝时齐万年在秦、凉反叛，关中因战乱发生饥荒，略阳、天水等六郡百姓几万家为寻找食物而进入汉中。李特兄弟就在这批逃荒的流民中，他们经常帮助有病和穷困的民户，很得民心。这些流民在汉中时曾上书朝廷，请求到巴、蜀去找口吃的。朝廷议论的结果是不予批准，特派侍御史李宓持节慰劳流民并监察他们，不让他们进入剑阁。但李宓到汉中后接受了流民的贿赂，反而为他们说情，朝廷便同意了数十万流民入川。

时益州刺史赵廞看到朝廷中争权夺利，祸难方兴，便有割据蜀中的想法，所以倾仓廪赈流民，收买人心。李特兄弟因在流民中的威望和自身的才能，被赵廞引为爪牙。成都内史耿滕多次秘密上表中央，说流民剽悍，蜀人懦弱，主不能制客，必然会出乱子，应该让流民返回本土。如果继续让他们留在蜀中，恐怕是将秦、雍二州的灾祸又移到了梁、益二州。惠帝永康元年（300）十一月时，晋政府召益州刺史赵廞到洛阳任官，改任耿滕为益州刺史。

赵廞接到诏令，便派文武吏去迎接耿滕，实则要趁机生变。耿滕的功曹陈恂劝其留住成都小城以观其变，下令诸县合村保以防备秦州来的巴氏人。耿滕不听，被赵廞杀害。赵廞又杀掉了西夷校尉陈总，自称益州牧。他任命归附自己的李庠为威寇将军，封阳泉亭侯，派他招合一万多名六郡流民中的壮勇，来断绝蜀中北通秦、雍的道路，真要割据称雄了。赵廞的做法，实际上为李特兄弟立足蜀地创造了条件。

李特兄弟本来就得人心，李庠也骁勇得士兵拥护，这使赵廞感到了威胁。赵廞的长史杜淑、张粲对他说："您刚起兵，就让李庠握强兵在外，他们是巴氏人，非我族类，其心必异，这是以戈杀人，却授人以柄，应早点想办法。"恰好李庠劝赵廞称帝，杜淑、张粲便劝赵廞以大逆不道罪除掉了李庠。李特、李流当时率军有军队，赵廞派人安抚他们，说李庠说了不应说的话，论罪该死，兄弟罪不相及。

赵廞的安抚并不能消除李特、李流的怨恨，他们率兵回到绵竹。恰好赵廞手下人争权火并，杜淑、张粲、许弇等赵廞心腹都在火并中丧生，赵廞势衰。赵廞命费远、李苾、常俊等人率万余人北进，去执行李特原来的任务，阻碍益州通往秦、雍的道路。费远等抵达绵竹时，李特秘密收兵七千余人，夜中袭击，将他们消灭，乘胜进攻成都，赵廞逃走，途中被杀。李特占领成都。

驻守汉中的梁州刺史罗尚，听说赵廞造反、耿滕被杀的消息后，上表朝廷，西晋政府便任命他为益州刺史。罗尚率兵入蜀。中央又下令秦、雍二州，让他们召回入蜀的流民，并派御史冯该、张昌监督执行，限令七月份上路。当时流民分布梁、益二州，替人佣耕，听说州郡逼迫遣返，收获季节还没到，拿不到工钱，都既愁又怨，不知该怎么办。正好李特的哥哥李辅从略阳来到蜀中，向李特等提供了北方已处战乱之中的情报，使李特等执意不再北返。

于是，李特便派人到罗尚那里求情，要求等到秋天收成以后，流民拿到打工钱再走。同时向罗尚、冯该行贿，两人都表示同意。流民又获生机，李特在流民中的威望更高了。

李特一面再次请求延期，表示要到冬天再率流民北返，一面要求流民向自己靠拢，在绵竹建大营加以安置。延期的请求，既有违朝廷旨意，又可能生肘腋之患。到了秋天，罗尚勒令流民北返，其手下辛冉、李苾贪婪残暴，想杀掉流民首领，夺取他们的财产，劝罗尚设置关卡，搜索宝货，在交通要道张贴告示，悬赏捉拿拖延不动的李特兄弟。李特见了告示后，让人将张贴的告示全部取回，与弟弟李骧改其言词说："能送六郡之豪李、任、阎、赵、杨、上官及氐、叟侯王一首，赏百匹。"（《晋书》卷一百二十）于是流民非常恐惧，归依李特的人越来越多，不到一月超过两万人。

罗尚见流民集聚在李氏兄弟的麾下，有所忌惮，表示可以让他们延期北返。辛冉、李苾商量后，决定抛开罗尚，自己行动。他们派人暗中率步骑三万偷袭李特大营。罗尚听说后，也派田佐来帮忙。李特早有防备，将来袭军队全歼，正式举起反叛大旗。

实际上，李特本意不想离蜀，之所以屡次派人向罗尚求留，一方面是以流民代表自居，赢得流民的归心；另一方面必然激起罗尚的不满，因此激化流民与政府的矛盾。他将辛冉所张贴的购募他们兄弟的告示改换文字，将悬赏范围扩大至所有六郡的豪强，目的也在此。李氏兄弟终于凭借这支流民武装击败罗尚及所有救援罗尚的西晋军队。304年，李特的儿子李雄在成都建立了成国。

李特领导流民割据蜀土的同时，慕容廆在辽东也吸引流民，在尊奉晋政府的旗号下，为前燕的建立奠定了基础。

慕容廆尊天子收实利

慕容廆，字奕落瑰，是昌黎棘城的鲜卑人。其祖先最早称东胡，因被匈奴击败，保据鲜卑山（一般认为即今天的大兴安岭）而称鲜卑人。

慕容廆的曾祖莫护跋，在曹魏初年率其诸部入居辽西，因跟随司马懿讨伐公孙渊有功，得拜率义王。有人说莫护跋看到燕、代地区的人大都戴步摇冠，非常喜爱，便仿效其法，敛发袭冠，各部落称他为"步摇"，后来语音错讹，便成了"慕容"。又有人说，是莫护跋仰慕二仪之德，继三光之容，于是用慕容为氏。到慕容廆的父亲涉归时，因功被晋朝拜为鲜卑单于，迁居于辽东郡北部，慕容部逐渐向内地靠拢。

慕容涉归死于晋武帝太康四年（283），其弟慕容耐篡位，慕容廆逃匿得免。慕容耐被杀后，慕容廆被部民迎立为王。太康十年（289），慕容廆向西晋朝廷投诚，被拜为鲜卑都督。当时慕容部周围，尚有鲜卑宇文氏部、段部，都很强盛，多次侵掠慕容部，慕容廆卑辞厚礼以讨好他们。

永嘉元年（307）冬，慕容廆自称鲜卑大单于。这时晋政府已在"八王之乱"中耗尽了国力，残破的国土狼烟四起。氐人在成都建立了成国，匈奴刘渊也于304年在山西建立汉国，羯人石勒开始在河北扩张势力。北部边疆的局势更是风云变幻。永嘉三年（309），辽东太守庞本袭杀东夷校尉李臻，渤海人封释受命接任。辽东附塞鲜卑素喜连、木丸津等以为李臻报仇为借口，攻陷郡县，杀掠士民，屡败郡兵，连年进犯。封释杀掉庞本向他们求和，素喜连、木丸津不听。当此之时，慕容部的动向，决定了这一部族的将来发展方向。慕容廆的小儿子慕容翰对慕容廆说：

　　自古有为之君，莫不尊天子以从民望，成大业。今连、津外以庞本
为名，内实幸灾为乱。封使君已诛本请和，而寇暴不已。中原离乱，州
师不振，辽东荒散，莫之救恤。单于不若数其罪而讨之，上则兴复辽
东，下则并吞二部，忠义彰于本朝，私利归于我国，此霸王之基也。
（《资治通鉴·晋怀帝永嘉五年》）

　　慕容廆听后很高兴，夸赞慕容翰说："小家伙竟能想到这么远！"于是他
以慕容翰为先锋，率兵击败素喜连、木丸津，将其斩首，吞并了他们的部
众。将他们所掠的民户三千家以及此前投靠慕容廆的民户全部交给辽东郡，
辽东赖以又存在下来。

　　洛阳陷落后，避乱北徙的士人大多投依幽州刺史王浚，但王浚不能很好
地接纳，大乱之中又缺乏自存的能力，逃亡者纷纷又离开他。鲜卑段部当时
很强大，但段氏兄弟专尚武勇，对士大夫不能以礼相待，慕容廆既政事修
明，又爱重人才，所以士人纷纷归附于他。

　　元帝建武元年（317）三月，时方为晋王的司马睿派人到辽东，以长理
中央政府的名义，任命慕容廆为都督辽左杂夷流民诸军事、龙骧将军、大单
于、昌黎公。慕容廆开始不接受。他手下的征虏将军鲁昌劝他说：

　　今两京倾没，天子蒙尘，琅玡承制江东，实人命所系。明公雄据海
朔，跨总一方，而诸部犹恃众称兵，未遵道化者，盖以官非王命，又自
以为强。今宜通使琅玡，劝承大统，然后敷宣帝命，以伐有罪，谁敢不
从！（《晋书》卷一百八）

　　司马睿要建国，需要有慕容廆这样的北方边地酋豪的劝进活动，以示自
己的政权具有广泛的代表性，而慕容廆要招来北方士大夫，为自己的发展打
下雄厚的基础，在当时情况下，打着拥护晋朝的旗号，确实是上策。慕容廆
深感鲁昌之言颇有道理，便派其长史王济乘船沿海南下，到建康劝进。当晋
元帝再次以皇帝的名分派使授职时，他便欣然接受。从此，河北、山东身处
动乱的士大夫与百姓，因地理之便，不断投靠慕容部。投奔而来的流民，达

到慕容本部人的四倍。在辽东一隅，慕容部掌控的地区，经济迅速发展起来，学校教育也开始推广，慕容部在尊奉晋朝的旗帜下进入了发展的快车道，很快在与宇文部、段部的竞争中脱颖而出，走向中原。

随着势力壮大，慕容廆在晚年已不满足于"公"的爵号了。咸和六年（331），他写信给当时东晋的统兵重臣陶侃，要求陶侃出兵北伐，同时附送的还有其属下联名致陶侃的信，信中请求陶侃代为请求，请晋朝封慕容廆为燕王。陶侃只表示帮助慕容廆将信上达，是否批准、批准的早晚，都是中央的事。但当时东晋政权急需慕容部在政治、军事上的支持，自然会答应。不过，慕容廆没有等到晋政府封其为燕王的诏令，便于咸和八年（333）五月病死。但他所创下的基业，为其子慕容皝建立前燕奠定了基础。

慕容廆尊天子确实收到很多实利，但他的创业之路也是坎坷的，是在斗智斗勇中完成的。

慕容廆智取辽东

慕容廆在中原大乱之际，打着拥护晋的旗号，吸引河北、山东的士大夫与流民，势力不断上升，这引起了平州刺史崔毖的不满。

平州是西晋时才从幽州分割出来新设立的一个州，管辖辽西、辽东等郡，反映出当时东北地区的发展已受到中原王朝的关注，不得不专门设立一个一级行政区加以管理。崔毖是幽州刺史王浚的妻舅，出身高门，职任与社会地位，都比慕容廆这样一个部落首领优越。崔毖也希望流民归附自己直辖的郡县，以扩张自己的影响与势力。但他未搞清楚流民不投奔他这个当地主官的原因，先入为主地认为是慕容廆挡其投奔之路，强行将他们扣留。

于是，崔毖暗中派使者游说高句丽及鲜卑段部、宇文部，让他们联合起来攻击慕容廆，约好灭掉慕容廆后将其领土瓜分。这三方听了崔毖的唆使，合兵攻击慕容部。慕容廆手下将领请求反击。慕容廆说："他们是被崔毖诱惑而来的，想邀得好处。军势刚合时，其兵锋很精锐，不能与他们作战，应当坚固防守来挫其兵锋。他们之间互不服气，没有统一的指挥，不过是一群乌合之众，时间一久必然离心。等他们心生怀疑，以为是我与崔毖定计骗他们前来，以便消灭他们，他们更会离心离德，到那时再出兵反击，就一定会打败他们。"

当来攻的三方抵达慕容部聚居的棘城时，慕容廆闭门坚守，同时派使者带上牛酒单独犒劳宇文氏的军队，又在宇文氏的军队中传布"崔毖昨天有使者来"的消息，高句丽和段部怀疑宇文氏与慕容廆有阴谋，便各自引兵而去。离间计顺利实现。宇文部首领悉独官却说："两国军队虽然回去了，我将单独拿下棘城。"

强盛的宇文部士卒众多，连营扎寨四十里。慕容廆派使者召其驻扎徒河的儿子慕容翰回军加将防御，慕容翰回报说："悉独官举国来侵，彼众我寡，难以用势力胜他，但可以用计打败他。现在城中的人马已足以防御敌人，请允许我在外面做一支奇兵，伺机攻击。至时城内外一起奋击，使敌震恐，不知该防备哪里，一定会打败他。现在如果将军队合并到一起，使他得以专心攻城，没有其他顾虑，这不是个好办法。而且这样做等于向士兵显示怯弱，恐怕士气不战先衰了。"慕容廆还有些怀疑，辽东人韩寿对他说："悉独官看不起我们，他的将领骄傲，士兵怠惰，驻扎地防范不严。如果奇兵突然出现，攻其不备，确实是打败他的好计。"慕容廆听从了这一计划。

悉独官并非傻瓜，见慕容翰举兵回师却不入城，说："慕容翰一向以骁勇果决著名，现在不进城，或许能制造麻烦。应当先击败他，棘城不值得担心。"于是分派几千骑兵袭击慕容翰。慕容翰知道后，让人假扮段部的使者，在路上迎住宇文氏骑兵说："慕容翰长期是我们的祸患，听说你们将攻击他，我们已整顿好军队等着你们，让我们齐心协力将其消灭，你们应当快点进军前来。"宇文部的骑兵听到这一振奋人心的消息，非常高兴，催马急速奔驰，不再防备，冲进了慕容翰早早设下的伏击圈。慕容翰率军奋力攻击，全歼前来的宇文部骑兵，乘胜直进，另派秘密使者告知慕容廆出城大战。

慕容廆接到消息后，立即派其子慕容皝与长史裴嶷率领精锐部队做前锋，他亲自率领大兵继后，杀出城来。悉独官本来以为慕容廆只能坐以待毙，所以没有布置防御，听说慕容廆的军队杀来了，吃了一惊，将全部军队调动出来，与之交战。前锋刚刚交战，慕容翰率领一千骑兵从旁边直接杀入宇文氏军队营中，纵火焚营，宇文氏士兵都惊慌失措，乱了阵脚，因而大败。悉独官只身逃脱。

崔毖听说悉独官全军覆没的消息后，他感到事情不妙。惊惧之余，他想先探探风声再说，于是派其侄子崔焘到棘城假装表示祝贺，观察情况。恰好高句丽、段氏、宇文氏三国的使者也到棘城向慕容廆求和，他们异口同声地说："我们联合出兵来攻棘城，不是出于本意，是平州刺史崔毖教我们这样做的。"慕容廆带上崔焘，让他观看攻围的地方，又用刀架到他的脖子上说：

"你叔父让三国来灭我，为什么要假装来祝贺我呢？"崔焘怕死，说出了事情真相。慕容廆便让崔焘回去对崔毖说："投降是上策，逃跑是下策。"同时派军队跟着崔焘前去。崔毖听说崔焘沮丧地回来了，后边还跟着大批慕容廆的部下，一切不言自明，他连家室都顾不上带，只带领几十名骑兵逃奔到高句丽去了。崔毖的军队全部投降了慕容廆，慕容廆就这样得到了辽东。

　　在慕容廆的创业史中，有一个人不能不书，他就是慕容廆的庶长子——慕容翰。下面叙述的便是他军事生涯中的部分片断。

慕容翰逃亡兴邦

慕容翰，字元邕，是慕容廆的庶长子，生性雄豪，多权术谋略，膂力过人。慕容廆非常器重他。他曾劝慕容廆尊天子收实利，对前燕早期发展意义重大。慕容廆让他坐镇辽东，高句丽不敢侵犯边境。

慕容廆去世后，他的嫡长子慕容皝继位，用法严峻，国人多不自安，慕容翰也受到猜忌。慕容翰叹息说："我受事于先公，不敢不尽力，有幸依赖先公的灵佑，所向有功，这是上天赞助我国，不是人力所能做到的。现在有人说我有那么多功劳，雄才难制，我怎么能坐以待毙呢？"于是他和儿子一起投奔了段辽。段辽早就听说过他的才能，希望能利用他，所以很器重他。

后来段辽派其弟段兰和慕容翰一起攻慕容部控制的柳城，开始未能攻下。段辽很生气，要求段兰一定要攻下柳城，所以休息二旬后，又增兵攻城。慕容皝派慕容汗和封奕率兵来救。慕容汗骁勇果决，率骑直进，被段兰打得大败。段兰想乘胜穷追，慕容翰怕因此灭了自己的部人，以穷寇勿追为理由，阻止了段兰。

段辽经常侵略后赵边境，慕容皝便派人到河北向羯族后赵称藩，请求后赵出兵与自己一道夹击段辽。石虎派桃豹、王华、支雄、姚弋仲率领十七万水陆大军，进攻段部占据的蓟城，慕容皝则率兵攻掠令支以北诸城。段辽打算首先追击前燕军，慕容翰又谏阻说："现在赵国军队在南面，应当合力防御他们，而与燕军相争，燕王亲自带兵前来，士卒精锐，万一失利，将用什么来抵御南边的敌人呢？"段兰发怒说："我上次被你耽误了，以致造成今天的祸患，我不能再中你的计了。"于是他率兵追击燕军，被慕容皝设伏击败。

后赵军队趁机长驱入蓟，段辽逃亡。慕容翰投奔了宇文部。

此时宇文部首领名逸豆归，他对慕容翰的才名很是疑忌，慕容翰便假装疯狂，每天喝得酩酊大醉，有时自己在床上拉屎撒尿，有时披头散发唱歌呼喊，甚至跪拜乞食。宇文部的人以贱人视之，不再管他。因此，他得以来去自由，将宇文部所在的山川地形、用兵便要全部默记于心中。

慕容皝因为慕容翰当初并非叛乱出走，而是因为猜嫌，虽然在别国，常常暗中为前燕考虑，便派商人王车到宇文部中交易物品，暗中观察慕容翰的情况。慕容翰见到王车，不便说什么话，只是以手抚摩胸口。慕容皝听到汇报后，说："慕容翰是想回来了。"又派王车去迎接他，专门为他制造了称手的弓矢，让王车埋在道旁而秘密告知他。慕容翰偷了宇文逸豆归的名马，带上两个儿子，取出武器，逃跑回国。宇文逸豆归派一百多名骁骑追他，他不忍心杀人，让骑兵立刀百步之外，一箭正中刀环，追骑惊惧散走。

342 年十月，慕容翰对慕容皝说：

> 宇文强盛日久，屡为国患。今逸豆归篡窃得国，群情不附，加之性识庸暗，将帅非才，国无防卫，军无部伍。臣久在其国，悉其地形；虽远附强羯，声势不接，无益救援；今若击之，百举百克。然高句丽去国密迩，常有窥闚之志；彼知宇文既亡，祸将及己，必乘虚深入，掩吾不备。若少留兵则不足以守，多留兵则不足以行。此心腹之患也，宜先除之；观其势力，一举可克。宇文自守之虏，必不能远来争利。既取高句丽，还取宇文，如返手耳。二国既平，利尽东海，国富兵强，无返顾之忧，然后中原可图也。（《资治通鉴·晋成帝咸康八年》）

慕容翰认为，宇文部屡次攻打慕容部，现在其首领不才，统率部下无方，自己又熟悉其山川地形，正是一举将其消灭的好时机。宇文部虽然依附于河北的羯族后赵政权，但后赵要出兵辽东，甚是困难，不可能救援。倒是当时跨据鸭绿江两岸的高句丽国，野心勃勃，不愿意见到慕容部因灭宇文部而过度强盛，有可能趁两部交战时袭。因此得先进攻高句丽，然后再消灭宇文部。慕容皝依计而行。

343年二月，宇文逸豆归派莫浅浑率兵攻前燕。诸将争相击敌，慕容皝不许。莫浅浑以为慕容皝是怕他，所以每天酣饮打猎，不再防备。慕容皝让慕容翰出击，将莫浅浑打得大败，莫浅浑单身逃脱。第二年，慕容皝亲自率兵攻宇文部。用慕容翰为前锋将军、刘佩为副，分别命令慕容军、慕容恪、慕容霸及折冲将军慕舆根率兵三路并进。宇文逸豆归派涉夜干率精兵迎战。慕容皝派人快马告诫慕容翰："涉夜干勇冠三军，应该稍微避一下他。"慕容翰说："逸豆归收罗国内精兵交给涉夜干，涉夜干又一向以勇闻名，这是他们所依赖的一支军队。现在我击败它，他们将不攻自溃了。而且我深知涉夜干的为人，虽有虚名，实际上容易战胜，不应该躲避他，以免挫伤我军的士气。"于是进兵接战。

慕容翰亲自出马冲阵，涉夜干出马相迎，两人你来我往，相斗正酣，慕容霸十三岁时就勇冠三军，此时年已十七，看到伯父与人急战，按捺不住，从旁边杀出，涉夜干与慕容翰较量尚且不占上风，此时又侧面杀来一员勇将，当然抵挡不住，稍一失神，被慕容翰击落马下，一命呜呼。宇文部士卒见涉夜干被杀，不战自溃。燕兵乘胜追击，便攻克了宇文部的都城。

宇文逸豆归逃死漠北，国家灭亡。宇文部与慕容部争夺辽东失败，但其后人宇文泰则执掌西魏大政，奠定隋唐帝国的基础，此是后话。

慕容翰在这次战役中，中了流矢，在家里养息了很长时间。后来渐渐康复，便试着骑马驰骋一下，被人发现，报告给慕容皝说："慕容翰自称有病，却在家里私下练习骑马，我怀疑他想发动变乱。"慕容皝虽然非常欣赏慕容翰的勇略，但心中一直猜忌他，便赐他自尽。慕容翰临死前说："我负罪出逃，又再回来，现在死已算晚了。但羯人跨据中原，我不自量力，想为国家荡平赵国，混一中原，这个理想没有实现，死而有憾。"

在李氏、慕容氏活跃于边地时，中原大地被匈奴刘渊、羯胡石勒闹得翻天覆地，刘渊尚偏据西北，石勒则直据中州。石勒的兴起与其谋士张宾密切相关。

张宾献策据冀州

西晋末年的"八王之乱"，不仅使司马氏天下分崩离析，更使得一些少数民族酋豪乘机而起，最著名者当推刘渊、石勒。

石勒是上党武乡的羯人。羯人形貌与当时晋人及匈奴人都长得很不一样，鼻梁高，眼窝深，男子须髯浓密。但他们的来源说法不同，大都认为他们是西域胡人的后裔，有的则认为他们是一支流落在中亚的罗马军团的后代。西晋时，羯人与匈奴人混居于汾水中游地区，依附于匈奴，史称之为"匈奴别部"。这些羯人仍旧保留部落形态，在当地从事农耕。石勒是一位部落小首领的儿子，少年时曾与人为争夺一口沤麻用的水池，大打出手。

当时西晋宗王司马腾坐镇并州，喜欢抓捕羯人卖为奴婢，以养军队。石勒也被抓捕，两人一枷地绑着，被卖到河北富人家做耕田奴隶。当司马颖与司马越在河北交兵时，他联合十三个与他同命运的奴隶，盗取官马场的马匹，干起打家劫舍的勾当。后又依附官马场武官汲桑，招兵买马，组织一支军队，在山西匈奴人支持司马颖的大背景下，为司马颖效力。随着司马颖兵败，石勒的队伍也被打散，于是他逃回山西，投靠建汉自立的匈奴人刘渊，被刘渊授予辅汉将军、平晋王。石勒用计夺得乌桓首领张伏利度的两千人马，并以此做基础，重新在并州、冀州掀起滔天巨浪。他的军队在攻陷冀州一系列郡县堡壁后，发展到了十多万人。他将俘获的物资集中管理，称为"君子营"。赵郡中丘人张宾，便是在这一时期投靠石勒的。

张宾，字孟孙，父亲张瑶曾任中山太守。张宾自幼好学，博览经史，并不拘泥于传统，豁达有大节，自称智算鉴识足以与汉之张良匹敌。大乱之中，他认为唯石勒可以共成大事，于是持剑赴军营，投靠了石勒。

石勒在冀州，与晋幽州刺史王浚及依附于王浚的鲜卑段部打过恶仗，曾大败于飞龙山，死了一万多将士，所以他渡过黄河向南发展，西晋郡县接连失守，兵锋直指洛阳。西晋执政东海王司马越见石勒与刘渊的军队经常在洛阳附近出没，便声称讨伐石勒，率领洛阳甲士四万多人向东南转移，想回他自己的封国。途中，司马越在忧惧交加中病死，王衍和几个宗室王统率军队继续行进，被石勒追上，全歼于苦县。石勒又迎击从洛阳逃出来的东海王妃裴氏及司马越的世子司马毗，将他们打败，杀了许多王公卿士。随后他与刘曜、王弥一起攻陷洛阳。此后，他兵指许昌，又袭破晋将苟晞的军队，将苟晞活捉。石勒又在江淮间消灭了雍州流民武装王如、侯脱、严嶷等部，因而有雄踞江汉的想法。张宾认为不行，劝石勒北还，石勒不听。

永嘉六年（312）二月，石勒在寿春附近的葛陂建造营垒和船只，将攻建业。琅琊王司马睿调集江南的军队开往寿春，准备与石勒大战一场。那时下了三个多月连绵阴雨，石勒的将士饥饿疾疫，有一多半丧生。听说晋军将至，石勒召集将佐商量办法。右长史刁膺请先送降信给司马睿，请求扫平河朔，等晋军退走后再慢慢想办法。石勒对此建议长啸不语。中坚将军夔安劝石勒到高处驻扎，避开有水的地方。石勒说："将军怎么这么胆小呢！"孔苌、支雄等三十余将进计说："及吴军未集，苌等请各将三百步卒，乘船三十余艘，夜登其城，斩吴将头，得其城，食其仓米。今年要当破丹阳，定江南，尽生缚取司马家儿辈。"石勒笑着说："这是勇将的办法。"回头问张宾有什么计策。张宾说：

> 将军攻陷帝都，囚执天子，杀害王侯，妻略妃主，擢将军之发不足以数将军之罪，奈何复还相臣奉乎！去年诛王弥之后，不宜于此营建。天降霖雨方数百里中，示将军不应留也。邺有三台之固，西接平阳，四塞山河，有喉衿之势，宜北徙据之。伐叛怀服，河朔既定，莫有处将军之右者。晋之保寿春，惧将军之往击尔，今卒闻回军，必欣于故去，未

遣奇兵掎击也。辎重径从北道，大军向寿春，辎重既过，大军徐回，何惧进退无地乎！（《晋书》卷一百四）

在张宾看来，石勒根本不应在江汉间停留，且既已与晋室结下深仇，也不可能再结好。当务之急是要改变流窜作战的办法，建立一个稳固的根据地，而邺城有险可守，又距匈奴汉政权的都城平阳较近，可以引为援助。至于担心撤退时晋军趁机进攻，可以让辎重直接向北开拔，而石勒率兵南向寿春进发，做出与晋军决战的态势，等辎重安全了，大军再回撤，便可安全撤离。

石勒听了极为高兴，攘袖子吹胡子，夸赞张宾的计策好。他将刁膺降职，提拔张宾为右长史，号称"右侯"。

石勒依计而行，渡过黄河北上，打到邺城附近。邺城有西晋北中郎将刘演坚守，石勒的将佐都想夺取曹操时建造的铜雀台等三台作为根据地。张宾献计说：

> 刘演众犹数千，三台险固，攻守未可卒下，舍之则能自溃。王彭祖（王浚）、刘越石（刘琨）大敌也，宜及其未有备，密规进据郓城，广运粮储，西禀平阳，扫定并蓟，桓文之业可以济也。且今天下鼎沸，战争方始，游行羁旅，人无定志，难以保万全、制天下也。夫得地者昌，失地者亡。邯郸、襄国，赵之旧都，依山凭险，形胜之国，可择此二邑而都之，然后命将四出，授以奇略，推亡固存，兼弱攻昧，则群凶可除，王业可图矣。（《晋书》卷一百四）

根据形势变化，张宾建议不必强攻晋朝余部据险而守的邺城，转而继续向北，趁晋并州刺史刘琨、幽州刺史王浚未有防备，占领邯郸或襄国（今河北邢台）。稳定地占据一块地盘后，再四向发展，建立自己的政权。

于是石勒进军占据襄国。张宾建议尽快收贮百姓流亡后田地里未收割的"野谷"，防备刘琨、王浚前来进攻，同时还要派人到平阳，向匈奴政权明示占领襄国的重要性，以此表明对匈奴政权的忠心，避免匈奴人的军队也前来攻击，多处树敌。

　　果不出张宾所料，王浚不久即派其督护王昌联络鲜卑段疾陆眷、段末杯、段匹磾等向襄国，被石勒打败。石勒这个从奴隶成长起来的胡人将军，终于从四处流动作战，向建立政权前进了一大步。

石勒设计得幽州

晋怀帝永嘉五年（311），洛阳陷落。当时拥兵的征镇、诸侯都坐视不救，怀帝成了刘聪的俘虏。中原无主，从洛阳逃出来的大臣和雄踞地方的宗室王或将军们，有的建立行台，有的拥立新主，有的筹划自立。司徒傅祗在河阳建立行台，司空苟藩等人在密县建立行台，琅玡王司马睿在建业被推为盟主。都督幽州诸军事王浚在幽州也声称自己接到朝中诏书，让其承制封拜，备置百官，列署征、镇。

石勒在襄国立稳脚跟后，试图向周边发展，而主要敌手便是立志抗胡的晋并州刺史刘琨，以及试图以幽州为中心自行发展的幽州刺史王浚。在晋室乱亡之际，王浚听说谶言"为帝者当涂高"，他父亲王沈字处道，所以他认为自己与谶言相符，便谋划称帝，为此杀掉了谏阻的前渤海太守刘亮、北海太守王抟、司空掾高柔和志节清高不迎合其称帝阴谋的处士霍原。这使得流亡士大夫都避之而去，转投以拥护晋朝相号召的辽东鲜卑慕容部。

其时辽西鲜卑段部势力强盛。王浚为了拉拢辽西鲜卑段部，为己所用，将一女儿嫁给段部首领段务勿尘，并表请朝廷任务勿尘为辽西公，鲜卑段部由此成为王浚势力的重要组成部分。段务勿尘死后，段部军队分别由其子段疾陆眷、段疾陆眷的弟弟段匹磾、段文鸯和从弟段末柸统领。永嘉六年（312）十二月，王浚派督护王昌率领诸国军队和段氏兄弟所统五万鲜卑兵攻打襄国。石勒采纳张宾、孔苌的计策，在襄国北城墙凿开二十多道突击门，出其不意攻击鲜卑兵中最精锐的末柸部。攻击未能成功，但末柸追击时进入石勒军队营垒门内，被活捉。段疾陆眷等因此丧气，被孔苌打得大败。

捉住段末柸后，许多将领劝石勒杀掉他。石勒说："辽西鲜卑势力强大，与我们一向无冤无仇，只是被王浚所唆使罢了。现在杀一人而结怨一国，不能那样做。放他回去，他必然对我感恩戴德，也就不会再给王浚卖力了。"于是石勒以末柸为人质向段疾陆眷求和，段疾陆眷答应了。石勒让侄子石虎与段疾陆眷结为兄弟，又与末柸发誓为父子，果然段氏兄弟转而依附石勒，不再为王浚所使。王浚本来依仗鲜卑段部的支持，称雄北方。段部弃之而去后，他的势力已大大削弱，而幽州地区又连年发生旱蝗灾害，王浚不抚恤百姓，却骄奢淫逸，刑法苛酷，图谋称帝，人心尽失。石勒因此产生了吞并他的想法。

石勒想先派使者去打探一下虚实。部下大都认为应该用当年晋将羊祜与吴将陆抗对峙，却相互通使、互致诚信的办法，向王浚表示互不侵犯，打消其防范之心。张宾当时生病在家，石勒到他家里与他商量此事。张宾说：

> 王浚假三部之力，称制南面，虽曰晋藩，实怀僭逆之志，必思协英雄，图济事业。将军威声震于海内，去就为存亡，所在为轻重，浚之欲将军、犹楚之招韩信也。今权谲遣使，无诚款之形，脱生猜疑，图之兆露，后虽奇略，无所设也。夫立大事者必先为之卑，当称藩推奉，尚恐未信，羊、陆之事，臣未见其可。（《晋书》卷一百四）

张宾认为，耍小聪明，派个使者去表示诚心互不相犯，是不能打消王浚防范之心的，徒然使他警觉。王浚虽名为晋臣，但怀称帝之心，正想寻找帮手。"立大事者必先为之卑"，如果石勒能够先放下身段，表示向王浚臣服，倒是有可能让王浚因兴奋而放松警惕。石勒觉着张宾的办法妙，便派人带了许多珍宝，推王浚为天子。

石勒使者送达的不是对等人物交往的信件，而是按臣下给皇帝的上表的格式写成的。内容非常谦卑，说自己本来是小胡，遭遇饥荒动乱，流离失所，逃窜到冀州，求条生路，所以聚集了一些人马，完全是为了保护自己。现在晋祚衰微，中原无主，王浚是此州望族，为四海奉戴，帝王非他莫属。还说自己起兵诛讨暴乱，正是为王浚扫清称帝道路上的障碍。希望王浚应天顺人，早登皇祚。表文中，石勒表示奉戴王浚如天地父母，希望他能体察自己的忠心，将自己视为儿子，并表示自己三月将亲自前来幽州，当面推戴王浚为天子。石勒还双管齐下，给王浚宠信的枣嵩也写了信，并附送大量财物。

王浚在段疾陆眷刚背叛自己，士民纷纷离开自己的形势下，听说石勒主动归附自己，非常高兴。但他又有点怀疑，便问送来表文的王子春："石公是一时英杰，据有赵、魏，竟称藩于我，这可信吗？"王子春说："石将军财力强盛，确实如您所说。但因为殿下是中州的名门望族，威行夷夏，自古以来胡人为辅佐名臣的事儿有，但哪有胡人当天子的啊。"王浚一想，这颇有道理，开始设想着三月中幽州相会、石勒劝自己称帝的情景。

晋愍帝建兴二年（314）二月，石勒在襄国集中军队，宣布戒严，将要袭击王浚，却犹豫不发。张宾说："袭击别人，应当出其不意。现在军队戒严一天了还不出发，难道是担心刘琨及鲜卑、乌桓为我们的后患吗？"石勒说："对，该怎么办？"张宾说："他们三方面智勇无人比得上将军，您虽远出，他们一定不敢轻举妄动，况且他们不会想到您能孤军千里袭取幽州。轻军往返，不会超过二旬，假设他们有心出兵，等他们商量决定下来，我们已经回来了。况且刘琨、王浚虽然名义上同是晋臣，实际上是仇敌。如果写信给刘琨，送儿子做人质以求和，刘琨一定会为我们服从于他而高兴，且愿意看到王浚灭亡，终究不会救王浚而袭击我们。兵贵神速，不要延误时机。"石勒的顾虑打消了，便率领轻骑，打上火把，连夜向幽州治所蓟城出发。途中杀掉了主簿游纶，因为他的哥哥游统在范阳，怕他泄露了军事机密。

三月，石勒率军到达易水，王浚的将领孙纬派快马报告王浚，将率军抵御石勒，游统禁止他那么做。王浚的将佐都说："羯胡贪而无信，一定有诡计，请攻击他们。"王浚发怒说："石公来，正是想奉戴我罢了，敢说攻击他的人杀头！"因而没有人敢再说什么了。王浚还让人摆下宴席等待石勒的到来。

石勒率军早上到达蓟城，呵斥守门的人开门。因怀疑会有伏兵，先驱赶几千牛羊进城，说是上供的礼品，实际是要让牛羊塞满各街巷。王浚此时才感到不妙，开始害怕了，坐立不安。石勒入城后，放纵士兵，大肆抢掠。王浚身边人员请求抵御，他还不允许。等到石勒进了他的听事堂，王浚才向外跑，被石勒的士兵抓住。石勒责备王浚说："君位冠元台，爵列上公，据幽都骁悍之国，跨全燕突骑之乡，手握强兵，坐观京师倾覆，不救天子，而欲自尊。又专任奸暴，杀害忠良，肆情恣欲，毒遍燕壤。"（《晋书》卷一百四）意即我夺取幽州是天理如此。天子梦让王浚丧失了应有的警惕，丢失幽州，被斩襄国。

袭取幽州后，石勒便称雄关东了。此后他击败刘琨，先后灭掉匈奴汉政权及匈奴前赵，基本上统一了黄河流域，称帝建国，国名大赵，史称"后赵"。前赵先都襄国，后迁都邺城。

苻氏谋据关中

350年前后，羯族后赵政权因民族矛盾与石氏子弟的内乱，急速衰亡。原来率部为前赵卖命的羌族首领姚弋仲和氐族首领蒲洪，各自从黄河中下游的屯驻之地，向本族聚居的关中进发。最终氐族人取得胜利，在长安建立起史称"前秦"的政权。

蒲洪为首的这支氐族人原住略阳临渭，地在今甘肃天水一带。西晋乱亡后，蒲洪自称护氐校尉、秦州刺史、略阳公。319年，曾投降前赵刘曜，被封率义侯。329年八月，石虎攻河西，蒲洪和姚弋仲都向石虎投降。333年，蒲洪依附前凉张骏，被石虎所派大将麻秋击败。蒲洪率领两万多户投降石虎，他向石虎进计，劝石虎将关中豪杰及氐、羌徙往东方。石虎迁徙秦、雍及氐、羌十多万户到关东。氐族主要被迁到枋头。

后赵的统治民族羯人，人数有限，为了统治黄河流域，实行联合匈奴、鲜卑、氐、羌等少数民族首领，让他们率部族为后赵作战的办法。这使各地少数民族进一步武装起来，逐步走向黄河流域的政治舞台。蒲洪被任命为流民都督，领兵五万，在后赵后期，是个举足轻重的人物。

后赵统治者石虎生性残暴，在他统治时期，民族矛盾极为尖锐，其诸子争夺皇位的斗争也愈演愈烈。太子石宣被石虎处死后，其东宫卫士，号称"高力督"，被谪迁到凉州。349年，这些原东宫卫队在高力督梁犊的率领下起兵东归，一路过关斩将，打过荥阳。石虎非常恐惧，蒲洪和羌族首领姚弋仲率领本部人马，帮助平定了这次叛乱。蒲洪因此被任命为都督雍、秦州诸军事、雍州刺史，即关中地区的最高军政长官。

石虎不久病死，其子石遵杀死继位的石世，自立为帝，后赵内乱由此全面爆发。石虎养子石闵又对石遵说："蒲洪是人中豪杰，如果让他镇守关中，我恐怕秦、雍地区不再为国家所有。这虽是先帝临终之命，但陛下你现在登基，应该改变这种任命。"石遵便免去了蒲洪的都督称号。蒲洪对石遵的做法很生气，便回到枋头。当时东徙的秦、雍流民，见中原已乱，相率西归，经过枋头，共推蒲洪为首领，人数有十万人。蒲洪的儿子蒲健也从邺城夺门出奔枋头。

这时，后赵政府感到枋头对邺城威胁太大，开始只想蒲洪早点率部离开，便任命蒲洪为都督关中诸军事、征西大将军、雍州牧、领秦州刺史。这一次，是蒲洪拒绝了。他见后赵已难控制局势，打算在中原发展了！

350年，姚弋仲派其子姚襄率军五万攻蒲洪，被蒲洪击败。击败与之争夺关中最大的一股势力后，蒲洪便自称大都督、大将军、大单于、三秦王。又因当时有"草头付当王"的谣言，蒲洪便将姓氏由"蒲"改为"苻"。虽自称为"三秦王"，但他仍未放弃逐鹿中原的想法。

石赵大将麻秋，被苻洪抓获后，因其人足智多谋，被苻洪任命为军师将军。这时，麻秋劝苻洪说："石虎的两个儿子石闵、石祗，忙于争夺邺城，相持不下，中原的战乱看来一时不能停止，大王不如先夺取关中。基业稳固以后，再东向争夺天下，谁能是你的敌手？"苻洪深表赞同。麻秋其实"身在曹营心在汉"，心中仍忠于后赵。他试探出苻洪果然有心据地而王，便设宴招待苻洪，在酒中暗下毒药，想毒死苻洪后，兼并他的军队。苻洪知道自己中毒后，让儿子苻健杀掉了麻秋，临终告诫苻健说："所以未入关者，言中州可指时而定。今见困竖子，中原非汝兄弟所能办。关中形胜，吾亡后便可鼓行而西。"（《晋书》卷一百十二）苻洪以生命为代价，得出了苻氏只有回到关中，才可以有所建树的教训。

此时，关中已被京兆人杜洪占据。杜洪自称晋征北将军、雍州刺史，函谷关以西的汉族和少数民族都表示响应。苻健受父之托，要率部回到关中，又担心杜洪知道意图后，先做防备，于是去掉其父所自称的大都督、大将军、三秦王称号，接受后赵所封的官爵。他还故意在枋头修建宫室，督促百姓种麦子，表示没有西行的意思。有知道其隐情而不种麦的，被苻健杀头示众。

待杜洪防范之心解除后，苻健自称晋征西大将军、都督关中诸军事、雍州刺史，率领全部人马西行。他派弟弟苻雄率军五千从潼关攻入，哥哥的儿子苻菁率军七千从轵关攻入。临别前，他握着苻菁的手说："如果事情不能成功，你死在黄河以北，我死在黄河以南，不再相见。"大有不达目的誓不罢休之志。渡过盟津后，他下令烧掉浮桥，以示破釜沉舟，绝无还意。

苻健所率人马很快闯过潼关，击败杜洪，所过城邑，纷纷降附。到十一月份，苻健进入长安，占领了全部关中地区。后赵上邽守将石宁也在十二月份被苻雄击斩。苻氏据有关中的设想得以实现。

在咸和八年（333）的移民中，关中地区的汉族豪杰、氐、羌都被移往东方，当地没有强大的军事力量和强宗豪族所能拥有的私人武装，强宗豪族的号召力也大为削弱。氐族苻氏凭借人数不多、但久经沙场锻炼的武装，得以迅速据有关中，这是重要的原因。苻洪被毒杀后，苻健收敛锋芒，掩藏意图，去掉王号，假意告丧于晋朝，打着奉晋朝之命而进入关中的旗号入关。当时关中民心思晋，他的这一策略对他入关后的军事进展非常有利，正确的策略选择，对于苻氏能够在关中站稳脚跟，也至关重要。因此，苻健进入长安后，仍派参军杜山伯到建康献捷，并与桓温修好，因而秦、雍的汉族、少数民族都主动归附了他。

待全面掌控关中局势后，苻健便以长安为都，称王建国，以"秦"为国号。在苻坚统治时期，前秦一度统一了黄河流域。

十六国名相——王猛

符坚在中国历史上，是一个重要的人物。他统治时期，一度出现了十六国动乱时期值得称道的治世，而这与其任用王猛有很大的关系。

王猛，字景略，北海剧县（今山东寿光东南）人，家世贫寒，曾以贩畚箕为业。然其容貌俊伟，博学而好读兵书，胸怀佐世之志，后隐居华山。

354年，东晋大将恒温北伐入关，进攻先打着晋的旗号而现在又独立建国的前秦。王猛求见，边捉身上的虱子，边与桓温谈天下大事，旁若无人。桓温问他："我率大军入关，为百姓讨贼，而三秦豪杰无人前来迎候，为什么呢？"王猛说："公不远数千里，深入寇境，长安咫尺而不渡灞水，百姓未见公心故也，所以不至。"一语道破桓温北伐动机——只为提高威望，并非真心为统一。后桓温退师，请王猛随他南下。王猛回到华山寻问老师的意见，他老师说："卿与桓温岂并世哉！在此自可富贵，何为远乎！"（《晋书》卷一百十四）

可以说，王猛求见桓温，是在打探东晋君臣的气度，看看东晋是否真的可以实现重新统一华夏的重任，结果肯定令他失望。而历史上他的那位未曾留下名字的老师，一定也是乱世中隐居深山、却留心世事的高人。在这一个黄河流域大动乱的时期，正是有不少这种身处乱世、生活艰难却仍孜孜不倦学习传统经典、随时准备为民众做些事情的人，成为那个时代的脊梁。

355年六月，符健死后，其子符生即位。瞎了眼的符生，是十六国时期最残暴的君主之一。在前秦境内，官员朝不保夕，民不堪命。符生的堂弟符坚决心夺取帝位。

　　苻坚是苻洪第三子苻雄的儿子，他八岁时主动要求苻洪给他请一位老师，学习文化。而当时随苻洪的氐族人都以杀伐为乐，这件事便让苻洪大为惊异。苻坚成人后，"性至孝，博学多才艺，有经济大志，要结英豪，以图纬世之宜"。（《晋书》卷一百十三）他见苻生倒行逆施，决心取而代之。苻坚听说王猛有雄才大略，便派好友吕婆楼将王猛招来。两人一见便如故交，谈到废兴大事，更是心心相印，二人都觉得如玄德之遇孔明。显然，在苻坚发动政变的过程中，王猛是重要谋士。

　　357年六月，苻坚夺得政权后，任命王猛为中书侍郎，掌管机要。当时始平县住有许多自枋头回归的人，自视为建国功臣，豪横不法。苻坚便任王猛为始平令。王猛上任后，明法峻刑，彻察善恶，打击豪强。因鞭杀一豪吏，被告发而被关进监狱。苻坚亲自前往询问他："为政之体，应德化为先，为什么上任不久便杀人呢？"王猛回答说：

> 　　臣闻宰宁国以礼，治乱邦以法。陛下不以臣不才，任臣以剧邑，谨为明君剪除凶猾。始杀一奸，余尚万数，若以臣不能穷残尽暴，肃清轨法者，敢不甘心鼎镬，以谢孤负。酷政之刑，臣实未敢受之。（《晋书》卷一百十四）

　　王猛说，以德治国，那是国家安宁时的策略，但治理混乱不堪的社会，只能强调法律的权威，清除害群之马，杀一个有什么了不得的，你既然让我治理这个难治的地儿，等着处理的奸人还有上万，怎能将施用酷刑的罪强加于我！一席话说得苻坚心服口服，不仅赦免其罪，还一年中数次升他的官——尚书左仆射、辅国将军、司隶校尉加骑都尉，掌握中央行政大权，又统宿卫之兵。这使王猛得以放开手脚，扭转前秦政治轨辙。

　　王猛采取的政治措施，主要是加强中央集权，抑制氐族部落贵族势力的无限制发展。如氐族酋豪樊世，有大功于苻氏，他对王猛由一介书生骤升至高位很不满，说："吾辈耕之，君食之邪？"王猛回答说："非徒使君耕之，又将使君炊之！"樊世大怒，说："要当悬汝头于长安城门；不然，吾不处世！"（《资治通鉴·晋穆帝升平二年》）苻坚支持王猛，杀掉樊世，群臣震肃。十六国时期局势动荡，变乱频仍，离心因素很多，王猛以法治国，加强中央集权，重振皇纲，因而有所作为，为十六国政治写下较清明的一页。

在苻坚支持下，王猛在十年之中，为前秦建立了完备的典章制度，整顿吏治，用人唯能唯贤，大力提倡儒学教育，兴修水利，奖励农耕，使关中地区呈现政治清明、社会安定、经济文化发展的局面。前秦因此凝聚起统一黄河流域的政治经济与军事势力。

当时，前秦在北方最强悍的对手，是在后赵灭亡后，占据黄河中下游地区的鲜卑慕容部前燕政权。

369年六月，桓温兴兵"北伐"前燕，前燕请求前秦救援，并答应割让虎牢以西作为回报。桓温败退后，前燕毁约，王猛、梁成、邓羌奉命率步骑三万伐前燕，迫降前燕洛阳守将慕容筑。次年十一月，苻坚派王猛督杨安等十将、步骑六万伐前燕。王猛攻克壶关，所过郡县，皆望风降附。前燕慕容评率军在都城邺城外拒敌。两军对峙，进攻之军利于速战速决，慕容评试图固守不战，以泄前秦军队士气。但慕容评过度贪婪，将驻地周围的泉水、山林管制起来，要麾下将士出钱买水买柴，以致士卒怨愤，毫无斗志。

王猛遣游击将军郭庆率骑五千，夜间抄小路插至慕容评军营之后，烧毁燕军辎重，前燕皇帝慕容㬵在邺城中都能见到燃起的大火，派侍中兰伊去责备慕容评，督促其与王猛决战。慕容评只得向王猛请战。王猛阵前誓师，言辞慷慨："王景略受国厚恩，任兼内外，今与诸君深入贼地，当竭力致死，有进无退，共立大功，以报国家；受爵明君之朝，称觞父母之室，不亦美乎！"（《资治通鉴·晋海西公太和五年》）秦军众皆踊跃，破釜弃粮，大呼竞进，终于破敌。秦兵长驱而东，一举灭掉前燕。

王猛平燕后，留镇关东，苻坚许其以六州之内无须汇报，随机处置。王猛简召英俊，以补关东守宰，将关东治理得井井有条。不久入为丞相、中书监、尚书令、太子太傅、司隶校尉、持节、常侍、将军、侯如故。又加都督中外诸军事，军国内外万机之务，事无巨细，莫不归之。

375年六月，王猛一病不起，临终上书苻坚："夫善作者不必善成，善始者不必善终，是以古先哲王，知功业之不易，战战兢兢，如临深谷。伏惟陛下，追踵前圣，天下幸甚。"一句话，希望苻坚能够效仿先代圣人，小心翼翼地治理国家，善始善终。

当苻坚亲自看望王猛时，五十一岁的王猛留下他的最后政治交代："晋虽僻陋吴越，乃正朔相承。亲仁善邻，国之宝也。臣没之后，愿不以晋为图。鲜卑、羌虏，我之仇也，终为人患，宜渐除之，以便社稷。"（《晋书》卷一百十四）在王猛看来，东晋虽然弱小，偏居江南，终究是华夏正宗，前秦应与之搞好关系，而不是自视强大主动进攻。对前秦来说，真正的敌人不是东晋，而是仍旧保持着强劲活力的鲜卑慕容部，以及曾与苻氏争夺关中的羌人，必须对他们加以处置。

国之云亡，哲人其萎！苻坚未能听从王猛的临终遗言，终于闹得个身死国灭的下场！

苻坚谋灭国而国灭

383年夏，苻坚下诏大举攻晋。八月初二，他派阳平公苻融督率张蚝、慕容垂等步骑二十五万做前锋。初八，他们从长安出发，共有戎卒六十多万，骑兵二十七万，旗鼓相望，前后千里，浩浩荡荡，杀向东晋。

十月十八日，苻融率军攻下寿阳。率部救援寿阳的东晋将领胡彬退保硖石，被前秦卫将军梁成率军在洛涧遏住退路，朝不保夕。胡彬粮食将尽，暗派使者求救于谢石，使者被俘。苻融知道军情后，派快马报告驻扎项城的苻坚。苻坚率八千轻骑倍道兼行抵达寿阳。苻坚让东晋降将朱序去劝降谢石，朱序反而劝谢石趁前秦军队未集中之机，败其前锋，夺敌士气。谢玄派刘牢之以五千精兵直渡洛涧，击溃梁成的军队。晋兵水陆继进，与前秦军队隔淝水对阵。苻坚想让晋兵渡过一半时再攻击，因而答应谢玄移阵稍退的请求。秦兵一退而不可复止，晋兵渡水直进，苻融略阵被挤倒，被晋兵杀死，秦军便彻底溃败，一路北逃，风声鹤唳，皆以为晋之追兵将至。淝水之战以东晋获胜，前秦惨败而告终。

前秦淝水战败，不过前锋失利，如内部稳定，重振军威，东晋未必可以再侥幸获胜，至少前秦不至于一蹶不振。但前秦后续大军不见了踪影，鲜卑慕容部掀起复国运动，一两年间，建立起后燕、西燕两个政权，羌族人也进攻并占据长安，建立国家，仍以"秦"为国号，史称后秦。前秦因淝水之败而土崩瓦解。苻坚未能听从王猛临终告诫，"愿不以晋为图"，执意灭晋，无疑是最大的失策。

那么，苻坚为什么执意要灭晋呢？从反对者的意见中，我们可以找到苻坚必须灭晋的理由。

王猛认为晋不可图的理由是："晋虽僻陋吴越，乃正朔相承。"也就是说，东晋是华夏正统政权，有其存在的理由。苻坚之弟苻融，也持相似的观点：

> 坚既有意荆扬，时慕容垂、姚苌等常说坚以平吴封禅之事，坚谓江东可平，寝不暇旦。融每谏曰："知足不辱，知止不殆，穷兵极武，未有不亡。且国家，戎族也，正朔会不归人。江东虽不绝如缕，然天之所相，终不可灭。"坚曰："帝王历数岂有常哉，惟德之所授耳。汝所以不如吾者，正病此不达变通大运。刘禅可非汉之遗祚？然终为中国之所并。吾将任汝以天下之事，奈何事事折吾，沮坏大谋。汝尚如此，况于众乎。"（《晋书》卷一百十四）

苻坚出自氐族，却又受华夏传统文化的浸润，受传统文化中的正闰之说影响甚深。所谓正闰，按现代的话说，就是合法政权与不合法政权。传统文化中，什么才是合法政权，并没有一定的说法。大体说来，有这样一些理据：一是传承有序，如光武帝刘秀，是汉皇室后代，天下大乱之后，由他来平天下当皇帝，就合法。三国时，蜀汉政权认为自己最合法，就是这个理由。二是统一天下。这个理由好说，既然没有了竞争对手，就不存在合不合法的问题了。三是德洽百姓，也就是其统治让百姓感受到统治者带来的好处，能够快乐地生活。如果一个统一天下的统治者，却极为残暴，民不聊生，也可能被视为不合法，如西汉时，人们曾长期认为秦朝就是非法的政权。

在这些理由中，对于出身氐族的苻坚来说，从传承上实在是找不出一点合法的依据。东晋之所以被王猛、苻融等视为合法政权，正因为传承于西晋。于是，消灭东晋，统一天下，德被苍生，便是他可能寻找的合法依据。所以他要反对东晋是"正朔"所在的说法，强调"帝王历数岂有常哉，惟德之所授耳"。

同时我们看到，也有人支持他对东晋发起进攻，那就是慕容垂与姚苌。

正是这两人，在前秦败亡后，分别建立起后燕与后秦。他们是恨不得苻坚伐晋失败，从而找到自行发展的机会。慕容垂还劝苻坚断自圣心，并举西晋灭吴时只有张华等两三个大臣赞成的例子，要苻坚不必广泛征询朝中大臣的意见。苻坚很高兴，夸慕容垂是唯一与他共定天下的人。

当然，具体的军事安排，也决定了苻坚失败的命运。

慕容垂举西晋灭吴的例子，实际上当时吴国因孙皓的残暴而众叛亲离，晋武帝图谋灭吴是做了十几年的认真准备的。而东晋是北方流民支持下建立的政权，他们并不知道苻坚所进行的统一战争，是要德治天下。面对北方少数民族政权的进攻，他们必然同仇敌忾，以自保身家。

从大举进攻前的一些小战役便可以看出，东晋军民面对北方军队的进攻，持坚决抵抗的态度。378年，苻坚派其子苻丕攻襄阳，集中了十万军队，晋将朱序以少数部队坚守了一年多，妇女儿童也都登城而守。同时前秦七万军队在淮河流域也对东晋展开了攻击行动，虽然开始获得一些胜利，但后来被晋将谢玄率军一一击破，占领的地区又被晋军夺回。381年十一月，前秦荆州刺史都贵派阁振、吴仲率军两万攻晋竟陵，被桓冲所派桓石民、桓石虔击败，阁振、吴仲被俘，死七千多人，一万多人被俘。383年五月，晋将桓冲率军十万反攻，派刘波攻沔北诸城，杨亮攻蜀，郭铨攻武当，虽未攻下襄阳即撤兵，但显示了相当的实力。

西晋灭吴，制胜关键即是王濬所率的经过长期训练的巴蜀水军。太元七年（382），苻坚派裴元略为巴西、梓橦二郡太守，让其秘密准备船舰。船舰是否准备好，不得而知，因为苻坚伐晋，根本未见顺流而下之兵。苻坚太相信自己人多，"投鞭入江，足断其流"，选择长江下游为主攻方向。步骑如何过江？以己之短攻敌之长，败局早定。

苻坚失败最致命的因素，是内部不稳。王猛临死告诫说："鲜卑、羌虏，我之仇也，终为人患，宜渐除之，以便社稷。"羌人早在姚弋仲时就想与苻洪争关中，因兵败而不得不放弃。姚襄在姚弋仲去世后率部归晋，后来殷浩北伐曾利用他，因驾驭不当而姚襄反叛。姚襄想图谋关中，在三原被苻坚、邓羌击败斩首，姚苌率诸弟不得已投降前秦。苻坚对姚苌很信任，历授显职。在攻晋之前，苻坚将不曾授人的龙骧将军都授给了姚苌，还让他担任益、梁二州的最高军事长官。

鲜卑人大都因前燕灭亡而被徙于关中。慕容垂父子是在国内受猜忌、无法立足的情况下投奔前秦的。慕容垂一直受苻坚信任，他一入秦即被授冠军将军称号、封侯。慕容垂在伐晋前担任非常重要的京兆尹（京城长安最高行政长官）。其所受信任由此可见。前燕被灭后，被迁到长安的慕容㫢父子及前燕大臣布列朝廷，执权履职，势倾旧勋。大臣多次因此进谏苻坚，苻坚说他正准备统一天下，要进谏者不要介意。

"视夷狄为赤子"，颇有后来唐太宗的口气。苻坚虽出身氐族，他自己心中已自视为华夏文化的继承者，天命所在。他尽量安抚、重用其他民族的首领，希望德行能感召天下，实现各民族和睦相处。但他个人短时期采取的这些办法，远不能消除其他民族的仇视之心，民族交融与认同还要有一个长期而痛苦的过程。

苻坚图谋消灭东晋，统一全国并没有错，希望德治天下没有错，要尽力实现民族和解也没有错。问题是他在错误的时间、错误的地点与错误的敌手打了一场后悔莫及的战争。

得关中姚苌为渔翁

　　姚苌，字景茂，是姚弋仲的第二十四个儿子。从小聪慧多智，受到诸兄的佩服。后赵灭亡后，被迁到黄河中下游地区的羌族人，在姚弋仲及其子姚襄的率领下，试图返回关中，据地称王，被氐族人苻洪、苻健击败。

　　姚苌曾参与其兄姚襄的军事活动，羌族争夺关中失利后，姚苌率领诸弟投降，因屡立战功，很受苻坚器重。苻坚发动攻晋战役，任命姚苌为龙骧将军，及梁、益二州最高军事长官，并对他说："我登上帝位前做过龙骧将军，所以'龙骧将军'这一军号未曾授给他人，现在特意授给你，秦岭以南的事全交给你了。"苻坚是要以此表明他对姚苌的重视，以及对姚苌率益州军队顺流而下协助攻晋的厚望。但当时有人认为这是苻坚的失言，成为后来姚苌得以登上帝位的预兆。

　　秦军兵败淝水后，前燕灭亡后被迁到关中的鲜卑族人，在鲜卑贵族率领下，纷纷倒戈。慕容泓在华阴聚众，准备率鲜卑人逃奔关东。苻坚派其子苻叡与姚苌一起率兵前去镇压。苻叡粗猛轻敌，想快速进军截击。姚苌谏阻说："鲜卑人都有思归之志，所以起来叛乱，应该顺势将他们驱赶出关，不可阻遏。抓住鼷鼠的尾巴，它都能反身咬你，逼他们太紧，他们走投无路，必然与我们死拼，万一失利，后悔莫及。我们只需排开架势，跟随其后，他们就会溃败逃窜，自顾不暇。"苻叡不听，战于华泽，兵败被杀。姚苌派龙骧将军长史赵都及参军姜协向苻坚请罪，苻坚发怒，将二人杀掉。姚苌见不受原谅，便逃到渭北，占据马场，受到天水尹纬、尹详，及南安庞演等羌族豪强拥戴，当起了羌人反秦的盟主。

其时，另一鲜卑族首领慕容冲，率领被前秦安置在长安周围的鲜卑人猛攻长安，声势浩大。姚苌想率部离开渭北，西进陇上羌人聚居地，招兵买马，又担心慕容冲阻拦。于是派使者到慕容冲处表示愿与他结成联盟，共同对付苻坚，并让儿子姚崇到慕容冲军中做人质。慕容冲自然喜出望外，姚苌因此顺利进驻北地，秣马厉兵，广积粮食，以观时变。北地、新平、安定的羌胡有十多万户前来投附，姚苌势力由此迅速强大。

势力强大起来，下一步该如何走，成为摆在姚苌面前的问题。他的部下都主张立即东进，占据咸阳，进而控制关中。姚苌不以为然，说：

> 燕因怀旧之士而起兵，若功成事捷，咸有东归之思，安能久固秦川！吾欲移兵岭北，广收资实，须秦弊燕回，然后垂拱取之。兵不血刃，坐定天下，此卞庄得二之义也。（《晋书》卷一百十六）

姚苌认为，慕容冲与率领的鲜卑人正与前秦围绕长安大打出手，此时不宜去蹚浑水。鲜卑人并不是要夺据长安，只是要复仇，他们终究会回到故土去。因此不如继续在陇右发展，扩展势力，让他们斗个两败俱伤，然后坐收其利。于是他留长子姚兴守北地，让宁业将军姚穆守同官川，自己亲自率军进攻新平。新平人在太守苟辅的率领下，对姚苌进行了英勇抗击。姚苌留将攻城，自己率军攻击安定，将岭北诸城全部降服。新平人因久战疲惫，外无救援，轻信了姚苌的话，开城出降，全被坑杀。

苻坚在长安固守孤城一年多，越来越失望，于是留下太子苻宏及一些守兵，自己带一些人马逃入接近陇右的五将山，试图招聚氐人，卷土重来。姚苌派其骁骑将军吴忠包围苻坚，将其抓获。姚苌听说苻坚拥有秦朝传下来的传国玺，向其索取，被苻坚痛骂一顿。姚苌又派人劝苻坚，希望他能将帝位"禅让"给自己，以便取得进取关中的合法性。又遭苻坚痛斥："禅代者，圣贤之事。姚苌叛贼，奈何拟之古人。"（《晋书》卷一百十四）于是姚苌让人将他绞杀于新平佛寺。

自称燕皇帝的慕容冲攻入长安，颇有些留恋。当初，前燕灭亡时，慕容冲的姐姐清河公主才十四岁，长得特别漂亮，迁入长安后，苻坚纳以为妃，

"宠冠后宫"。小两岁的慕容冲长得也很俊俏，苻坚也没放过，且颇有感情。慕容冲算是在长安前秦宫中长大的，留恋长安自然可以理解。再加上慕容垂已在河北拉起人马，以兴复燕国相号召，也使慕容冲惧怕东归。于是他下令耕地播种，修缮房舍，做出在长安待下来的准备。思归心切的鲜卑族众果然心生怨恨，其左将军韩延利用众人的不满情绪，发动政变，带人攻杀了慕容冲，立大将段随为燕王。386 年三月，慕容恒、慕容永又袭杀段随，率领鲜卑男女四十多万人口离开长安，东归故土。但慕容垂在中山（今河北定州）称帝建燕，使他们最终不能回到河北，于是慕容永便利用这些辗转流移鲜卑慕容部余众，在今山西占据一块地盘，也建立起燕国，史称慕容垂以河北为中心的燕为"后燕"，称慕容永在山西的燕为"西燕"。392 年，后燕灭掉西燕。

苻坚被杀，前秦名存实亡，鲜卑东去，关中一时成为政治真空，一股股小规模武装相互缠斗，在兵强马壮的姚苌面前，都不是对手，要么被消灭，要么降服。

386 年四月，姚苌在长安称帝，大赦，改元为建初，国号大秦，史称"后秦"。

此后八年间，前秦残余势力在关陇一带坚持了八年，给后秦造成了不小的麻烦，但最终被后秦扑灭。

慕容超坐失险地而亡国

前秦败于淝水，慕容垂以祭扫祖先坟墓为名，交出军队，回到河北，在河北世家大族的支持下，恢复燕国，定都中山，史称"后燕"。292年，后燕灭掉西燕。慕容垂率兵征讨漠北鲜卑拓跋部建立的代国，大败而回。396年，代王拓跋珪向后燕进攻，398年攻占河北，改国号为"魏"，史称"北魏"。

后燕灭亡之际，慕容鲜卑残余势力，一股回到原慕容部兴起的辽西地区，在当地建立政权，仍以燕为国号，史称"北燕"；另一股在慕容垂幼弟慕容德率领下南奔，因北魏一时无力进攻河南，南方的东晋内乱方兴，也顾不上北方局势，使慕容德得以在今山东建立政权，定都广固（今山东青州），史称"南燕"。

405年，慕容德病死，其侄慕容超继位。

慕容超是慕容德的哥哥慕容纳的儿子，前秦灭前燕后，迁徙慕容部人，慕容纳、慕容德兄弟及家眷，被安置到河西走廊上的张掖郡。苻坚举兵攻晋，慕容德受召从军，将一把金刀留给母亲公孙氏。后前秦兵败淝水，慕容德随慕容垂奔还河北，从事复兴燕国的活动，前秦张掖地方长官于是抓捕、处决慕容纳以及慕容德的家人，只有公孙氏因年老豁免、慕容纳的妻子段氏因有身孕而关押候斩。慕容德一位故人因感恩，找机会带着公孙氏、段氏逃亡，段氏生下慕容超。慕容超十岁时，祖母公孙氏临终将慕容德留下的金刀转交给他，并告诉他："若天下太平，汝得东归，可以此刀还汝叔也。"

此后，少年慕容超作为敌国后人，为逃避后秦的追捕，装疯卖傻，吃尽苦头。慕容德建立南燕后，辗转托人将其接到广固。有金刀证明其身份，加上慕容德的儿子早已被前秦杀害，于是将他认为己子，立为太子。

慕容超经历过艰难，但显然文化修养不足。他继位后，疏忌旧臣，宠信权幸，耽于游猎，又喜欢变更旧制，搞得朝野都不满意。他为了向后秦请要母亲和妻子，答应后秦的要求，将太乐伎一百二十人献给了后秦。后来他朝会群臣，感慨没有太乐，便发动攻晋战役，掠夺晋人以补乐人，与东晋成为仇敌，给东晋刘裕前来讨伐制造了借口。

东晋义熙五年（409）四月，已是东晋主要军政领导人的刘裕率兵讨伐南燕。五月，到达下邳，他留下船舰、辎重，步行进至琅玡，所经过的要害之地都修城筑垒，留兵防守。有人对刘裕说："燕人如果堵住大岘天险，或坚壁清野，大军深入，不只是无功，自身将不能返回，那怎么办？"刘裕说："我已仔细考虑过这个问题了。鲜卑人贪婪，不知深谋远虑，打仗只图抢掠财物，又舍不得长势正好的庄稼。他们以为我孤军深入，不能持久，顶多不过进据临朐，或死守广固，断然不会守险防御、坚壁清野。我敢与各位打一个赌。"

慕容超听说晋军来攻，召群臣商量对策。征虏将军公孙五楼说：

> 吴兵轻果，所利在战，初锋勇锐，不可争也。宜据大岘，使不得入，旷日延时，沮其锐气。后徐简精骑二千，循海而南，绝其粮运，别敕段晖率兖州之军，缘山东下，腹背击之，上策也。各命守宰，依险自固，校其资储之外，余悉焚荡，芟除粟苗，使敌无所资。坚壁清野，以待其衅，中策也。纵贼入岘，出城逆战，下策也。（《晋书》卷一百二十八）

刘裕部下所担心南燕军守大岘，公孙五楼提出的上策也是守大岘。大岘山在今山东临朐南，是从鲁南进入青州的必经之地，山势高峻，峡路蜿蜒，易守难攻。在冷兵器作战时代，为兵家必争之地。公孙五楼提出的中策便是坚壁清野，使远道而来又无后勤保障的晋军不战而退。慕容超居然就选定了公孙五楼的下策，他认为自己铁骑厉害，放敌军过大岘，等他们到了平原之地，便可以铁骑冲击、践踏他们，稳操胜券。这听起来也蛮有道理。

太尉慕容镇提出一个折中而稳妥的办法说："如果真像陛下所说的那样，必须在平地使用马才便于使用骑兵，也应该出岘迎敌，万一战而不胜，还可以退守。不应该纵敌入岘，将险要之地放弃。"慕容超仍是不听。慕容镇出朝后对人抱怨说："主上既不能迎战退敌，又不肯徙民清野，延敌入据腹心地带，坐等攻围，真酷似刘璋了。"慕容超听说此事后，将慕容镇逮捕下狱。

刘裕经过大岘，没有遇到燕兵阻击，他举手指天，意即天助我也，喜形于色。身边人员问道："您没有见到敌人而先高兴，为什么？"刘裕说："军队已经过了天险，士兵有必死之志，满地里是就要成熟的庄稼，我们不必担忧匮乏。敌人已入我掌中了。"

燕军屯守临朐。六月，晋军和南燕军在临朐城南摆开阵势。刘裕采纳参军胡藩的计策，派奇兵绕燕兵之后从小道袭取临朐城，声称援兵从海路到了。慕容超大惊，弃城单骑逃往正在城南酣战的段晖军中，刘裕见已攻下临朐，纵兵奋击，燕兵大败，段晖等大将十几人被杀，慕容超逃回广固。刘裕率军乘胜追击，攻克广固大城。慕容超退守防御坚固的小城，被刘裕团团包围。

慕容超派尚书郎张纲向后秦乞师，又从狱中请出慕容镇问计。慕容镇说："陛下的举动为百姓信心所在。现在陛下亲率六师，奔败而还，群臣离心，士民丧气。听说秦人自己也有内患，恐怕没有余力分兵救我。现今败散的士卒回来的尚有几万人，应该拿出全部财宝，作为赏赐之资，再与晋军决一死战。如果上天保佑，便能打败敌人；如果失败，死了也光荣，总比闭门等死要好！"慕容惠说："这哪成！晋兵乘胜，气势百倍，我们的败军之卒如何能够抵挡？秦虽然与赫连勃勃相斗，勃勃不足以对其构成祸患，而且他们与我们分据中原，势如唇齿，怎么能不来相救呢？但不派大臣就不能求得重兵，尚书令韩范向来受秦人尊重，应该派他去乞师。"慕容超听从了慕容惠的话。

后秦派使者吓唬刘裕说，声称将派十万铁骑屯驻洛阳，晋兵不回师就长驱直进，被刘裕识破这只是虚声恫吓，不为所动，加紧制造攻城器具。韩范勉强求得一万救兵，但行至途中，后秦被赫连勃勃打败，救兵又被追了回去。韩范只得向刘裕投降，刘裕带着他绕城宣示，南燕见无救兵，人心离散。次年二月，刘裕下令攻城，南燕尚书悦寿开门接纳晋军，广固城破，慕容超被俘，南燕灭亡。

晚唐诗人孙元晏以诗记其事："大岘才过喜可知，指空言已副心期。公孙计策嗟无用，天与南朝作霸基。"刘裕灭南燕，为他夺取帝位增添了一个成功的砝码，但他要彻底扫清登基路上的障碍，还有许多事情要做，清除异己便是重要的一环。

第
六
章

CHAPTER6

成败有因，兴亡以谋

东晋一代，门阀世家当权，皇权软弱无力。403 年十二月，桓玄攻入建康后，逼安帝司马德宗禅位于己，称帝建楚。但他当上皇帝后，"骄奢荒侈，游猎无度，以夜继昼"，完全一副及时享乐、谋不及远的姿态。以刘裕为首的北府旧将共谋发难，打倒桓玄，拥安帝复辟。本为白痴的安帝又成了刘裕等人的傀儡。刘裕消灭异己，又北灭南燕、后秦，终于篡晋建宋，开启中国历史上的南朝。在南朝历史上，有许多耐人寻味的政治、军事斗争，胜利者自有成功的秘诀，失败者亦有经验可以总结。

刘裕用计移晋鼎

刘裕，字德舆，小字寄奴，祖籍彭城县绥舆里，据说这支刘氏是汉高祖之弟的后人。永嘉之乱，裕祖父刘混过江，居晋陵郡丹徒县京口里。家贫，母亲生下他后便死去，其父刘翘将弃之，被叔母抚养长大。

东晋时，为了保卫建康，也为了防御北方，政府通过招募刘裕这样的北来流民或流民后代，组建了一支数万人的军队。这支军队的指挥机关设在京口（今江苏镇江），因京口在建康北面，被称为"北府"，这支军队也就被称作"北府兵"。北府兵最为显赫的战绩，是在淝水之战中击败了前秦军队。

淝水之战那年，刘裕已二十岁，他这时投军与否，即便投军，有无参加给北府兵带来光荣的淝水之战，已不可知。桓玄代晋建楚前，北府兵真正的指挥者正是兵渡淝水而破秦军的刘牢之，刘裕则是他的军事谋掾。当时一个叫孙恩的人在今浙江一带利用道教暴动，刘牢之奉命率军前往镇压，刘裕在平乱过程中，颇有战功，开始在北府兵中崭露头角。

桓玄率兵东下进攻建康时，刘牢之受命御敌，中途却受桓玄的收买倒戈，刘裕曾坚决谏阻。桓玄得志后，剥夺刘牢之的兵权。刘牢之愤而举兵反击，失败自杀。北府兵一时群龙无首，刘裕假称旧伤复发，与好友何无忌回到京口，暗中联络北府旧将，图谋消灭桓玄。

桓玄篡位称帝后，刘裕与弟刘道规及何无忌、刘毅、孟昶、诸葛长民等北府兵中级武官二十多人，在广陵举兵起义。刘裕等起兵后，桓玄很害怕，有人说："刘裕等人人少力弱，不会有什么作为，陛下何必那么多虑？"桓玄说："刘裕足为一世之雄，刘毅家里没几斗粮食，赌起来一百万也敢押上。

何无忌是刘牢之的外甥，酷似其舅，他们共举大事，何谓无成！"当刘裕等渡江而南，他便带着晋安帝沿江向桓氏老巢荆州逃窜。起义军进入建康后，刘裕被推为讨玄盟主，派刘毅等率军追击，直至江陵，击斩桓玄，迎回安帝。

安帝回建康后，任命刘裕为侍中、车骑将军、都督中外诸军事。刘裕坚决辞让，不肯接受，请求归藩。他回京口后，被授徐、兖二州刺史。

成功之后，曾共谋起义的领导者们，因权力开始钩心斗角。义熙四年（408）正月，刘毅等人不想让刘裕入朝辅政，便商量让中领军谢混任扬州刺史；或者让刘裕在丹徒兼任扬州刺史，朝廷政务由孟昶主管。然后派尚书右丞皮沈带着这两个意见去向刘裕咨询。

皮沈首先见到刘裕的首席秘书、记室录事参军刘穆之，详细告诉他京城中商量的意见。刘穆之假装上厕所，秘密写了个纸条告诉刘裕："皮沈始至，其言不可从。"刘裕见到皮沈后，令他暂时避开，叫来刘穆之问为什么不可听从。

刘穆之说："晋朝不能管理天下，已有很久，天命已经转移。您兴复皇祚，功勋卓著。有大功就得有大位，但有大功大位者很难长久安然无事。如今的形势，哪容得您这么谦虚下去，做一员方镇大将呢？刘毅、孟昶等人与您共举大事，当时推您为首，是总得推一个人管事，并非与您早有上下名分，真心服从于您。大家地位都差不多，迟早要相互吞噬。扬州刺史一职，坐镇京城，为国之根本，当初因王谧出生高门，让他来做，以便争取高门大族的支持，只是一时策略，绝不可长久这样下去。现在再让别人做扬州刺史，您就将受制于人，权力一旦放弃，就再也要不回来，而您又有大功，他们也找不到个地来安置您，便会既怕您又猜忌您，难免使出什么坏点子。事关将来安危，您可得想好了啊！现在朝廷有这样的意见，您理应表明态度，但直接说'我来做'，也不好说出口。您最好说：'扬州是国家的根本所系，宰相地位崇重，事关国家安危，应好好商量个适当人选。这事情很重要，不可以远相讨论，我打算到京城去一趟，与大家共同商量，将各种意见都听一听。'只要您到了京城，他们一定不敢再说让其他人做。"

刘裕听了刘穆之的话，到达建康，受任为侍中、车骑将军、开府仪同三司、扬州刺史、录尚书事，原徐、兖二州刺史如故。军政大权一把抓。

义熙五年（409）三月，刘裕率军讨伐南燕，第二年二月攻下广固，灭南燕。朝廷授予他太尉、中书监加黄钺。他接受黄钺，意味着拥有皇帝给予的特权，随机诛杀任何级别的官员、将军，威权更重。

与刘裕共同举事的刘毅自认为与刘裕同建兴复之义，功劳相等，对刘裕一枝独秀很是不服。而且刘毅文化水平比刘裕高得多，喜欢附庸风雅，高门大族对他颇有好感，如出身谢氏的谢混便与他深交。高门大族一直是东晋的支撑力量，在政治上举足轻重，这让有点大老粗的刘裕颇不好对付。

义熙八年（412）四月，刘毅被任命为卫将军、都督荆、宁、秦、雍四州诸军事、荆州刺史。他被派任荆州，很不乐意。东晋时期，荆州刺史往往手握重兵，要挟朝廷，形成所谓"荆扬之争"。刘毅既然要到荆州，便提出额外要求，如要求兼管交、广二州军事，要求将高门出生的丹杨尹将都僧施调派给自己等等。刘裕一一答应其要求。刘毅到京口辞墓时，宁远将军胡藩请刘裕趁会面之机除掉他，刘裕没答应。同年九月，刘毅到达江陵后，他擅自将豫州军府文武、江州兵力一万多人带到江陵，又将荆州多数太守、县令撤换。不久，他病重，都僧施怕他死后，依靠他的人都失去靠山，便劝他上书，请堂弟兖州刺史刘藩来荆州做自己的副手，刘裕假装答应。刘藩从广陵入朝后，刘裕便以诏书名义宣示刘毅的罪状，说其与刘藩、谢混共谋不轨，将谢混、刘藩逮捕，逼令自杀。

刘裕让朝廷任命司马休之代替刘毅为荆州刺史，命刘道怜为兖、青二州刺史，镇京口，让诸葛长民负责太尉府留守事宜。怕出意外，他又加刘穆之军号，设置佐吏，配给兵力以防备诸葛长民。迅速安排妥当后，刘裕率军从建康出发，让王镇恶带领一百艘船为前驱，西上讨伐刘毅。

王镇恶扬言刘藩前往荆州来上任，昼夜兼行已到达江陵。他安排很少兵力守船、击鼓，又派人将刘毅在江津的船舰烧毁，径袭城池，让军士谎称刘藩到了。刘毅的要将朱显之到江边，遇到王镇恶的军队，问刘藩所在，军士说在后。他到后边没见到刘藩，看到船舰被烧，鼓声很大，知道上当，便驰马入城，下令闭门，但为时已晚，刘毅斗败，夜投佛寺，寺僧不敢接纳，遂自杀。

诸葛长民见刘毅被杀，对亲信的人说："前年醢彭越，今年杀韩信，灾难临头了。"其弟诸葛黎民劝他举兵，诸葛长民犹豫不决，叹气说："贫贱时常想富贵，富贵了又提心吊胆。如今就是想要在丹徒重新做一个普通百姓，也不可以了啊！"他寄信给反桓玄时一同举义的刘敬宣，劝他与自己同心争取富贵。刘敬宣复信拒绝，并将来信呈报刘裕。

刘裕从荆州凯旋，向京城留守人员传达到达建康的时间，又不断地更改日期，然后自己乘坐快船秘密回京，夜间悄悄回到自己的扬州刺史府。第二天一早，诸葛长民得知刘裕已返，所有计划都已泡汤，大吃一惊，连忙跑去见刘裕。刘裕让壮士撕扯而杀之；又派人逮捕诸葛黎民，黎民骁勇，格斗而死。诸葛长民的小弟幼民、从弟秀之也都被杀。

接替刘毅的司马休之是东晋宗室子弟，在荆州治理有方，很得民心，刘裕感到了威胁，又找借口派兵讨伐。他派人招诱司马休之的机要秘书录事参军韩延之，韩延之严词拒绝，并斥责刘裕："甘言诒方伯，袭之以轻兵，遂使席上靡款怀之士，阃外无自信诸侯，以是为得算，良可耻也。"雍州刺史鲁宗之也怀疑自己不为刘裕所容，与儿子鲁轨起兵响应司马休之。刘裕费了很大劲才将他们打败。司马休之、鲁宗之等一大批心中拥护晋朝的人逃奔后秦。

至此，刘裕几乎清除了所有异己势力。朝廷便下诏让刘裕任太傅、扬州牧，剑履上殿，入朝不趋，参拜不名。也就是上殿见皇帝也可以带剑，不用如其他人一样要脱鞋子，也不用小步快跑着以示尊重，通报时呼其官爵，不叫名字。

司马休之等逃到后秦后，受到重用，常常率军侵扰边境，鼓动百姓，刘裕便决意讨伐后秦。义熙十二年（416）八月，他率军从建康出发，向北进入黄河，再西进直攻潼关。王镇恶受任为先锋，攻入长安。北伐途中，刘裕让人到建康暗示朝廷加自己"九锡"殊礼，可以享受皇帝一样的诸多排场。担当留守重任的刘穆之因自己未能首先想到这事儿，倒要让刘裕派人来提醒，既愧又惧，一病不起。朝廷封刘裕为宋公，备九锡之礼，刘裕假装辞让。刘穆之不久病死，刘裕担心京城有变，急忙留下长子刘义真及一些部队在长安，自己返回建康。

　　连灭南燕、后秦二国，功业无可复加，异己势力也被清除，刘裕称帝建国，已毫无障碍。但他相信谶言所说"昌明之后有二帝"，昌明即东晋孝武帝司马曜，他的字是昌明，他便让人将白痴晋安帝杀害，另立司马德文为帝。420年，刘裕暗示朝臣劝司马德文禅让，中书令傅亮领悟了刘裕的意思，写好禅让草稿，让晋恭帝司马德文抄到红纸上，司马德文倒也想得开，说："晋氏久已失之，今复何恨。"刘裕终于登上了梦寐以求的皇帝宝座，以"宋"为国号，史称"刘宋"，以与后来的宋朝相区别。

　　刘裕只做了两年皇帝便病死了，皇位由次子刘义符继承，刘义符很快便被大臣废掉，皇位由第三子刘义隆接替。刘义隆即宋文帝。

宋文帝开边失策引大祸

　　刘裕创宋，灭南燕、后秦之后，关中得而复失，刘宋初期之疆境，北以黄河与北魏为界，是东晋南朝几个政权中版图最大的。

　　422年五月，宋武帝刘裕去世。北魏明元帝拓跋嗣派军伐丧，越过黄河，夺占了刘宋河南大片土地，设置戍军。424年，宋文帝刘义隆被拥立登基后，首先除掉了朝中几个专擅的权臣，政权稳固后，他便想收复河南失地。元嘉七年（430）三月，他让到彦之统率王仲德、竺灵秀带水军北伐，又派段宏率八千精兵直指虎牢，刘德武率兵一万为其后继。到彦之所率为简选的五万精兵，长沙王刘义欣率兵三万监征讨诸军事。为了避免战事扩大，宋文帝甚至预先派使者田奇到魏，告诉北魏第三代皇帝拓跋焘说："黄河以南原本就是宋的疆土，后来被你们侵占，现在我们将修复旧境，不会到黄河以北。"拓跋焘说："我生下来头发还没干时就听说河南是我们的土地，怎么就是你们的呢！如果你们一定要进攻，那我们现在就暂时收兵相避，等到天寒地冻，河冰坚固时，我们再出兵夺回来就是了。"

　　北魏河南戍兵奉命撤回，刘宋军北进没遇到大的抵抗，很快各路人马即夺占设在河南的司州、兖州。众将领很是兴奋，只有王仲德表示担忧。他说魏军敛戍北归，是为了集中兵力，准备辎重。河冰冻合后，他们必然会再来。果然进入冬天，魏军大举反击，洛阳、虎牢、滑台相继失守，宋军死伤累累。到彦之、王仲德都下狱免官，竺灵秀因弃军自逃被杀。到彦之北伐时所率精兵及大量辎重，全都丢在了河南战场上，刘宋府藏、武库为之空虚。

　　此后十几年间，宋、魏使者往来不断，魏、宋军队在河南呈犬牙交错之势，暂时维持和平。刘义隆健康状况虽然不是很好，但却是南朝少有的勤政皇帝，从而使内部政治稳定。江南百姓获得了安居乐业的机会，积极发展生产，号称"元嘉之治"。但宋文帝对北魏占据河南大片土地，并有向山东扩张的势头仍耿耿于怀。

元嘉二十二年（445）冬，北魏两万骑兵，掠淮河、泗水以北，将青、徐二州的百姓迁徙到黄河以北。第二年，魏军又侵扰刘宋兖、青、冀三州，杀掠了很多人，致使宋东北边境出现骚动。宋文帝向群臣询问应对之策。何承天上表说："防备胡人的办法，不过两条路——武夫尽征伐之谋，儒生讲和亲之约。如果想学卫青、霍去病，就必须在淮河、泗水流域大规模地屯田，充实青、徐二州，使民有多余积蓄，野有积谷，然后发十万精兵，才可以一举荡平。如果只是派遣军队追击来扰敌军，他们必然轻骑奔逃，不肯交战，自己白白费力气，于敌却无多少伤害，而互相报复的战役将因此不停，这是最下之策。"

针对当时南北形势及当时北魏骑兵骚扰劫掠为主的作战特点，何承天提出四个办法：一为移远就近，将距城邑远而散居的民户，集中到城邑周边。二为多筑城邑，以居新徙之家，借给他们必需用品，使他们春夏耕种放牧，秋冬入城自保。一城千家，可以打仗的战士不少于两千人，老弱助威，足可抗敌三万。三为车牛集中使用。如城不可保，便以车牛载粮械，集体迁至险要地方，敌人没办法。如有大战发生，需要征调，也可以很快集中起来。四为计丁课仗，让每人都有自己的武器，刻上自己的名字，平时勤操练。几年之内，军备就可以完善起来。

这套办法就是在河南、山东实行全民皆兵的政策，利用城险拒击敌之骑兵。何承天还强调，这种办法因民所利，加以引导，兵虽强却不至于引起敌方的警惕，国富而民不疲劳，其好处远过屯军驻守。从后来局势发展看，何承天的建议，根本没有实施。

元嘉二十六年（449），宋文帝想经略中原，群臣争献计策来迎合取宠。王玄谟所言头头是道，宋文帝说："听了王玄谟的陈述，令人有封狼居胥的想法。"袁淑拍马屁说："陛下现在应当席卷赵、魏，检玉岱宗，我欣逢这千载难逢的机会，愿意上封禅书。"宋文帝万分高兴。

元嘉二十七年（450）春，魏军进攻宋黄河南岸重镇悬瓠，守将陈宪率不足千名战士，抗击了四十二天，直至魏军撤走。同年六月，宋文帝在徐湛之、江湛、王玄谟的鼓动下，决定北伐。沈庆之谏阻说："我步彼骑，其势不敌。檀道济再行无功，到彦之失利而返。今料王玄谟等，未逾两将，六军之盛，不过往时，恐重辱王师。"宋文帝说："我们两次失利，都有原因。檀道济养寇自资，到彦之在中途旧病复发。敌人所依恃的只有马，现在夏季水多，河道通畅，泛舟北上，碻磝之敌必然逃走，滑台小城，容易攻取。攻克这两城后，利用敌人贮备在那里的粮食，抚慰百姓，虎牢、洛阳之敌自然难以固守。等到初冬，各城连成一片，相互策应，敌人骑兵再过河南下，只能束手就擒。"沈庆之仍坚决说不行。宋文帝让徐湛之、江湛非难他。沈庆之说："治国譬如治家，耕当问奴，织当问婢。陛下今欲伐国，而与白面书生辈谋之，事何由济？"宋文帝大笑，仍坚持己见。

宋文帝派王玄谟统率沈庆之、申坦率水军北上，受萧斌指挥。臧质、王方回率军直指许昌、洛阳；其子刘骏、刘铄各率所部东西齐举，其弟江夏王刘义恭驻彭城，做各路人马的总统帅。当时上自王公，下至富民，都捐献财物助军；调发青、冀、徐、豫、二兖六州民丁，沿江五郡集中于广陵，沿淮三郡集中于盱眙。又招募有马、步、武力的人，加以厚赏。因军用不足，又下令向扬、南徐、兖、江四州富民资产满五十万者及僧尼满二十万者都四分借一，答应北伐结束即偿还。

刘宋这次出兵，声势浩大。王玄谟的士兵更是器械精良。王玄谟率军攻滑台，因其贪惏好杀，众心失望，攻城数月不下。到十月份，拓跋焘率步骑数十万渡过黄河，号称百万，军鼓之声震天动地。王玄谟害怕退走，被魏军追击，杀死了一万多人，丢弃的军资、器械堆积如山。魏军很快攻下悬瓠、项城，进至寿阳、彭城，两城都孤军自守，魏兵未能攻下。十二月十五日，拓跋焘率军到达长江北岸瓜步，扬言要渡江。建康城内百姓都将不多的家产装到担子上，随时准备逃跑。丹杨管辖范围内每户丁壮全部都被征发，王公以下子弟都入伍。从采石到暨阳六七百里，陈舰列营。宋文帝登上石头城，面带忧色，对江湛说："北伐之计，同议者少。今日士民劳怨，不得无惭，贻大夫之忧，予之过也！"太子刘劭说："北伐败辱，数州沦破，独有斩江湛、徐湛之可以谢天下。"宋文帝说北伐是自己的意思，为江、徐开脱。

魏兵这次南下，击破南兖、徐、兖、豫、青、冀六州，杀掠者不可胜计，老弱也不放过，所过之处房舍全都被烧，以至于次年春燕北归，找不到房屋，只得在树梢上筑巢。南宋辛弃疾在《永遇乐·京口北固亭怀古》一词中，抚今追昔，写道："斜阳草树，寻常巷陌，人道寄奴曾住。想当年，金戈铁马，气吞万里如虎。元嘉草草，封狼居胥，赢得仓皇北顾。"说的便是刘裕北伐南燕、后秦大获全胜，而刘义隆元嘉年间仓促北伐，结果大败。

客观上讲，如沈庆之所说，当时北魏作战以骑兵为主，刘宋是步兵，平原野战，刘宋一方根本不是对手，只能筑城坚守，进攻非所长。南方进攻，须利用夏天自然河道涨水之机，转运辎重，但战事一旦拖到冬天，粮运不继，城守不顽，面对北方骑兵的冲击，败则不可避免。主观上说，宋文帝每次命将出师，常常将作战计划都制定好，让将领依照执行，甚至交战的日子和时刻，也要等朝中的诏令，而这些计划与命令大都是他跟一帮"白面书生"制定的，将帅被束缚住了手脚，不能自己随机应变。此外，临时招募的江南未经训练的百姓上阵，轻进易退，战斗力低下，这也是刘宋难以抵敌北魏的重要原因。

宋文帝并没有意识到北伐失败带来的严重后果，也没有认真总结失败的原因。元嘉二十九年（452）二月，北魏皇帝拓跋焘被侍中宗爱杀害，内部政争，宋文帝又想借机北伐，众人劝谏无效。当时青州刺史刘兴祖劝文帝趁拓跋焘刚死，国内局势复杂，遣一支军队，轻装直进，渡河北上，入敌腹心，就地取粮。他认为即使不成功，也损失不大。但宋文帝虑不及此，他念念不忘的仍是河南。次月，他派萧思话统帅张永众军等向碻磝进军，鲁爽、鲁秀、程天祚率荆州甲士四万进攻许昌、洛阳，臧质统率所领人马向潼关进军。而且又派员外散骑侍郎徐爰跟随进向碻磝的军队，带着指令指挥诸将。

不用说，这次北伐仍劳而无功。

宋明帝举措失宜丢淮北

453 年二月，宋文帝在病中被太子刘劭杀害。刘劭没做成几天皇帝，就被其弟刘骏率军攻杀。464 年，宋孝武帝刘骏去世，太子刘子业即位，年仅十六岁。

刘子业当上皇帝后，变更旧制，喜怒无常，又残忍好杀。朝中大臣朝不保夕，纷纷求出。在朝中的老臣只有蔡兴宗以智得免。他疑忌叔父湘东王刘彧、建安王刘休仁、山阳王刘休祐，将他们拘留在宫殿内，装入竹笼，出宫则让人抬着跟随，无数次想杀掉他们。刘休仁聪明多智，虽被关押，总能说些笑话，奉承刘子业，逗他开心，才免遭杀身之祸。

刘子业的胡作非为当然要遭到大臣们的反抗，谋杀他的阴谋在暗中酝酿着。刘子业自恃有几名心腹在殿内能服众心，为其尽力，所以无所顾忌。刘彧暗中联络刘子业的近侍，寻找着下手的机会。管理刘子业衣服的寿寂之也知跟着这个混蛋皇帝不是长久之计，受到刘彧的收买，他们趁刘子业在华林园带领一群美女"射鬼"胡闹时，将其杀死。

刘彧被推上了帝位，即刘宋明帝。但江州刺史、晋安王刘子勋因在兄弟中排行第三，而宋文帝刘义隆、孝武帝刘骏在兄弟中都排行老三而荣登宝座，这种偶然巧合，被刘子勋当成自己也应当上皇帝的预兆，在当时颇能蛊惑人心。刘子勋的长史邓琬，最初全力设法保护刘子勋不被刘子业杀害，转而坚信拥立刘子勋一定会成功。他在江州竖起大旗，召集军队，驰檄远近，劝刘子勋即大位，进而拥刘子勋在寻阳称帝。

一时间，刘宋出现两个皇帝。当时郢州、徐州、冀州、益州等州，会稽、吴郡、吴兴、义兴、晋陵等郡都响应刘子勋，各地财税都送往寻阳，刘骏的朝廷所保有的只有丹杨、淮南几个郡，其中还有些县响应刘子勋。对明帝刘彧来说，真可谓"普天同叛"。在此形势下，刘彧听从蔡兴宗的话，故作镇定，以诚待人，合理安排，利用中央禁军，逐个击破。首先平定建康东部晋陵、吴兴、吴郡、会稽四郡，然后进军寻阳。刘子勋人多势众，中央军费尽周折，终于将其击败，平定了郢州、江州、湘州、雍州。

刘子勋争当皇帝失败后，原表示支持刘子勋的徐州刺史薛安都、兖州刺史毕众敬、汝南太守常珍奇等淮北守将，也都派使者向刘彧投诚。但取得成功的刘彧，志得意满，想趁机耀威淮北。

薛安都，河东人。北魏时，河东薛氏是当地著名的土豪，威震一方，北魏政权也不得不利用这个家族管理当地。宋文帝时，薛安都因事南逃刘宋，因作战勇敢，屡立战功，当时人以为关羽、张飞不过如此。明帝刘彧时，薛安都官至徐州刺史，坐镇彭城（今江苏徐州），统北防重任。刘彧、刘子勋争当皇帝，薛安都与青州刺史沈文秀、冀州刺史崔道固等淮北将领都选择支持刘子勋，他们不过随大流，站队以图自保而已，并没有特别的政治主张。

薛安都在刘彧击败刘子勋后，转而表示效忠刘彧。刘彧却想趁平定之威，派大军前往淮北，一来确保薛安都等不敢异动，二来新即位，以此向北魏显示力量，使其不敢小视自己。蔡兴宗劝阻说："薛安都归顺，肯定是出于诚心，不会有假，只需派一名使者带上一封信，事情就可解决。现在以重兵前往，虽名为迎接，他必然心生疑惧，万一他招引北魏，便可能造成巨大的灾难。如果说他有反叛重罪，不可饶恕，此前所赦免的也有不少了。况且薛安都外据大镇，靠近边陲，地险兵强，攻围难克，为国家大计考虑，尤其应该加以安抚。如果他外投北魏，朝廷恐怕就难处理了。"萧道成也说："薛安都狡猾有余，现在用兵逼迫他，恐怕于国家不是好事。"宋明帝很自信地说："我各路大军勇猛精锐，无往不胜，不必多说。"

泰始二年（466）十月，宋镇军将军张永、中领军沈攸之率领甲士十五万前出淮北，迎接薛安都。薛安都听说大军北上，认为必定是进攻自己，便派人与北魏联系，表示降附，并将儿子送到北魏做人质。常珍奇、沈文秀、崔道固等也都心不自安，纷纷向北魏投诚。北魏派尉元等率大军接援薛安都。魏军所到之地，夺据州城邑，安置北魏的行政长官，使投诚者即使有心反悔，也无力反抗。

张永、沈攸之北进"迎接"之军，转眼就变成了进攻部队，他们逼近彭城，攻南门不克。尉元让部将李璨与薛安都守城，亲自率军反击，击败宋军。次年正月，张永等人见粮道断绝，率众南逃，逢天降大雪，泗水结冰，无法行船，他们只好弃船步行，士卒冻死者甚多。尉元截击于前，薛安都进攻于后，在泗水入淮不远处的吕城东大败张永等，宋军死者不计其数。六十余里间，到处是尸体，丢弃的军资、器械不可胜计。张永的脚趾也掉了，他与沈攸之仅得自身逃脱。与此同时，北魏派将军慕容白曜率军进入青齐，攻占了沈文秀、崔道固等原来镇守的地盘。刘宋的疆境自此从宋初的黄河以南，退缩至淮河一线。

南朝梁时，史学家裴子野在记录此事之后，有一段评论，大意说：

从前齐桓公在葵丘之会时，因态度傲慢而导致九国背叛，曹操对张松失礼而有天下三分。这真可谓"失之毫厘，谬以千里"！宋明帝刚即位时，政令所及，不满百里，士卒有离散之心，朝士无坚定态度，因他能诚心待人，因而无不感恩服德，致命效死，所以能挫败强大敌手，坐稳宝座。当六军献捷，方镇束手后，"欲贾其余威，师出无名，长淮以北，倏忽为戎。惜乎！若以向之虚怀，不骄不伐，则三叛奚为而起哉？高祖虮虱生甲胄，经启疆场，后之子孙，日蹙百里。播获堂构，岂云易哉。"（《资治通鉴·宋明帝泰始三年》）

后来宋明帝又强派沈攸之率军攻彭城，再次被北魏军队击败，沈攸之受了重伤，龙骧将军姜彦之战死。军人鉴于前败，士气低落，一夜溃败，丢弃军资、器械数以万计。从此，在南北朝对峙中，北强南弱的态势已不可逆转。

杀宗王刘宋丧国

与东晋主弱臣强、门阀大族轮流执政不同，刘宋创立者刘裕起兵讨灭桓玄，并灭南燕、后秦二国，组建起强大的中央禁军，皇权虽然仍不能不尊门阀大族如琅玡王氏、陈郡谢氏享有的崇高社会地位，以及政治、经济特权，但已可以在政治上驾驭他们，使之越来越成为政权的点缀。

皇权伸张后，便一改东晋宗室衰弱的旧貌。皇弟子弟封王，出将入相，出任地方重要州镇的军镇长官，成为常态，一如西晋之时所为。这本身也是皇权伸张的重要表现。但宗室诸王强大，逐渐演化为皇位争夺，以太子继立形式正常上台的皇帝，往往干不下去，而通过武力等非正常方式杀入建康替而当上皇帝者，常采取杀戮非本系宗王甚至叔伯、亲兄弟的方法，以保证自己或自己的太子不被篡夺。宗室残杀愈演愈烈。

宋武帝刘裕有七个儿子，老大刘义符被立为太子。刘义符当上皇帝后，"居处所为多过失"，被辅政大臣徐羡之、傅亮、谢晦等以其难承大统，奉皇太后之令将其废杀。次子刘义真过于聪明，且有心上位，对徐羡之不恭敬。徐羡之等将他同时废杀，迎立老三荆州刺史、宜都王刘义隆为帝，即宋文帝。

宋文帝位子坐稳后，便拿徐羡之、谢晦等开刀，将他们清除，强化皇权，同时笼络王、谢等高门大族，巩固刘宋的政治基础。宋文帝体弱多病，政务又不敢交与旁人，便重用弟弟彭城王刘义康，让他总管朝政。刘义康虽尽心为国，但权力所在，天长日久，刘义康的宰相府俨然成了朝廷，大小官员、州镇长官奔走其门，似不知有皇宫，文帝越来越不可忍。结果刘义康的亲信几乎都被处死，刘义康也被迁置于豫章。后来，孔熙先、范晔、谢综等人图谋发动政变，拥立刘义康。事情败露，范晔等被杀，刘义康及其子女都被免为庶人，断绝皇室户籍，迁徙到赣南安成郡。因其姊会稽公主为刘义康请命，文帝指着蒋山神庙发誓不会杀他，会稽公主在时，刘义康得以无恙。到元嘉二十八年（451），北魏军队打到瓜步，人心惶恐。文帝怕有人再奉刘义康作乱，便派人将其赐死，开了皇帝诛杀宗室王的先例。

宋文帝一共有十九个儿子。太子刘劭弑杀文帝后，因先前矛盾，诬陷祖父刘裕的兄弟的后人，将长沙王刘瑾、瑾弟楷、临川王刘烨、桂阳侯刘觊、新渝侯刘玠全部杀掉。沈庆之拥其弟、文帝第三子武陵王刘骏起兵，文帝之弟、江夏王刘义恭投奔刘骏。刘劭便将他在建康的十二个儿子全部杀死。刘劭失败后，其本人被枭首、暴尸，其妃殷氏及他的所有女儿、姜媵，都赐死于狱。殷氏临死前对狱丞江恪说："你们家骨肉相残，为什么要枉杀无罪的人？"江恪说她错就错在当了刘劭的皇后。刘骏的弟弟南平王刘铄一向自恃才能，瞧不起刘骏，又曾受刘劭委任，出降最晚，刘骏暗中派人将其毒死。

在刘骏起兵讨伐刘劭的过程中，他的叔叔、文帝弟南郡王刘义宣也在荆州刺史任上起兵相助。刘骏当上皇帝，刘义宣论功第一，便专权自行其是。后受人摆布，以诛君侧之恶的名义发动叛乱，兵败被杀，他的十六个儿子全都遇害。

孝武帝刘骏有乱伦恶名，刘氏女性及宗王嫔妃，不管亲疏、尊卑，往往遭其性侵，朝野皆知。他生性猜忌，王公大臣都重足屏息，不敢随便交往。他的弟弟竟陵王刘诞宽厚有礼，又在消灭刘劭、刘义宣时立下大功，所以为人心所向。刘骏不想让刘诞在朝中，先派他出镇京口，因京口为刘宋发迹之地，觉得不妥，又让他改镇广陵。刘诞知道自己受到猜忌，所以也多聚才力之士，储藏精甲利兵，有伺机夺权的想法。刘骏派兖州刺史垣阆以上任路过为名，与给事中戴明宝袭杀刘诞。消息走漏，刘诞杀掉垣阆，在广陵起兵。因刘诞发布檄文，公开刘骏乱伦丑闻，刘骏将刘诞住在建康的左右心腹与亲属全部杀掉，死了几千人。广陵城被攻破后，刘骏命令将城中士民不论大小全杀掉，沈庆之请求年纪较小的就不要杀了，这样也杀了三千多人。

刘骏死后，他的叔叔江夏王刘义恭等人大松了一口气，相互祝贺说：

"今天终于免去一死。"与大臣柳元景、颜师伯等欢乐酣饮，不分昼夜。哪知刘骏的太子刘子业继位后，早看他不顺眼，亲自率兵杀掉刘义恭及其四子。刘子业又因其弟新安王刘子鸾曾受到刘骏宠爱，让其自杀，还杀掉了他的母弟南海王刘子师。

刘子业还担心刘骏的弟弟，即他的叔叔们于己不利，便将他们聚在建康，拘留在殿内，经常殴打凌辱他们。湘东王刘彧、建安王刘休仁、山阳王刘休祐都长得肥壮，刘子业让人用竹笼装着他们，称刘彧为"猪王"、刘休仁为"杀王"、刘休祐为"贼王"；东海王刘祎天生愚笨，被称为"驴王"。他的叔叔中只有桂阳王刘休范、巴陵王刘休若因年纪小而未受惩罚。

刘彧谋杀刘子业后，以刘子业之弟刘子勋为中心的反刘彧活动遍及刘宋全国。宋明帝刘彧获胜后，刘子勋被杀，刘彧对待刘骏诸子，也就是他的侄子仍如平日。对刘子业深怀怨愤的刘休仁说："松滋侯兄弟还在，将来不是国家的好事，应该早做处置。"由此，刘彧将松滋侯刘子房、永嘉王刘子仁、始安王刘子真等人全都赐死。刘骏的二十八个儿子，全被杀得干干净净。

刘彧据说没有生育能力，但皇帝不能没有儿子，于是诸王嫔妃姬有怀孕的，他将其接到宫中，若生下的是男孩，便杀掉其母，让自己的宠姬养育，视为己子。当他病重时，因太子刘昱幼弱，他担心自己的弟弟会对刘昱不利，先后杀死了刘休祐、刘休若、刘休仁。宋文帝仍在的儿子中，只有刘休范因人太愚蠢，不被猜忌，得以保全。刘休仁临死前骂刘彧："上得天下，谁之力邪？孝武以诛锄兄弟，子孙灭绝。今复为尔，宋祚其得久乎！"

当时刘宋百姓以歌谣的方式，对朝廷中宗室残杀的行为进行嘲讽说："遥望建康城，小江逆流萦，前见子杀父，后见弟杀兄。"

宋皇室骨肉相残，都是皇权惹的祸。子杀父、弟杀兄的结果，便是刘姓天下的覆灭。明帝刘彧临死前，召淮南地方的军政长官萧道成入朝，主管东宫卫队，以保太子继位。亲信们都劝他不要到建康去，萧道成说："你们太看不透时局。皇上自认为太子幼弱，剪除诸弟，与他人有什么关系？现在只应该快速起程，迟疑顾望，一定会被怀疑。而且骨肉相残，必然国祚不会长久，祸难将会爆发，我正准备与你们一起奋战呢！"

刘昱十岁即位为皇帝，萧道成辅政，并掌握禁军。数年之间便将刘氏天下变成了萧家天下。479 年，萧道成受禅建齐，史称"南齐"，亦称"萧齐"，以与稍后北方的"北齐"或"高齐"相区别。

不过，政治格局未变，南齐仍免不了宗氏残杀的悲剧，二十多年便被梁朝取代。

置典签宗王束手

　　本来，诸州府讨论军政事务，参与议事的人都要在记录上签上名字，在记录了注明的日期之后，还要再写上参与官员的官职，名曰"谨签"，以保证所议之事不被篡改。对这一程序，有专人管理，掌管此事者被称为典签。这本是一个极低的职务，担任者皆是不入流的出身低微之人。刘宋初，典签的地位有所提升，但仍只是勉强算得上是个官府的办事员。

　　刘宋中叶以后，出任州镇长官的皇子年龄幼小，皇帝派身边亲信人员去做他们的典签。中央下达的机要文书，首先经过典签，而地方要务，典签要随时上报，典签权力开始加重。宋孝武帝刘骏为了加强对地方的控制，无论宗王、异姓，年长还是年幼，都派身边人员去做典签，加以监督。明帝刘彧相沿不改。

　　典签由皇帝所派，代表皇帝。出任典签的人，虽社会地位仍旧不高，但权力越来越大。他们一年中要在藩镇与都城之间往返数次，皇帝向他们询问地方上的情况，所以宗王、刺史在地方做事的好坏，由典签说了算。刺史、宗王无不放下架子，讨好典签，生怕得罪他们。于是，他们威行州郡，权力搞得仿佛比当地最高长官还大。刘宋时，皇帝利用典签诛杀异己的事情已偶有发生。

　　齐高帝萧道成夺得政权后，也为宗室诸王王府安置典签，一方的事情，全部委任典签负责。齐武帝萧赜也沿用此法，典签的权力已急剧扩大。如萧道成之子武陵王萧晔任江州刺史，刚烈正直，不可违忤，典签赵渥之说："我这次回京城定要换掉刺史。"等他回京汇报情况，便向武帝诬告萧晔，武帝便将萧晔免职召回。齐武帝子南海王萧子罕为南兰陵太守，想短时出游，典签姜秀不答应，他只好作罢。后来他回京对母亲哭诉："我想移动五步都不能，和囚犯有什么两样！"当时宗室诸王言行举动，不能自主，穿一件好衣，做一顿好菜，也必须求得典签允许。

齐永明年间，吴修之在荆州刺史、巴东王萧子响府中做典签，和荆州长史刘寅联名密告萧子响的一些秘密，萧子响将刘寅、吴修之杀掉，在江陵起兵。齐武帝对群臣说："萧子响造反了。"大臣戴僧静大声嚷嚷："诸王都应当造反，岂止巴东王！"武帝问他为什么，他说："诸侯王想取一捆藕、一杯浆，都要征得典签同意。典签若不在，就需一整天忍受饥渴。各州只听说有签帅，而不听说有刺史，怎么能不造反？"竟陵王萧子良曾问手下人："士大夫为什么要巴结典签？"参军范云说："巴结长史以下都无好处，巴结典签立即会有加倍的回报，为什么不巴结呢！"

齐武帝的堂弟萧鸾专权后想篡位，感觉齐高帝萧道成、齐武帝萧赜子弟是个威胁，便诛杀高帝、武帝的子孙。他让典签去下手，诸王束手就戮，竟无一人敢抵抗。萧鸾让典签帮助自己完成诛除诸宗室王，扫清称帝道路上的障碍后，便开始处理典签权重带来的弊端。他下诏说："自今诸州有急事，当密以奏闻，勿复遣典签入都。"从此以后，典签的职权渐渐变弱。

典签制度是南朝特有的一个现象，是皇权上升后、通过制度以强化集权而滋生的一个怪胎。君主为了加强集权，必然尽力控制地方，尤其是重镇、要地，最方便的便是依靠自己的子弟。当皇位更替，老皇帝倚重的宗王便成了新皇帝的威胁。原本微不足道的典签逐渐由皇帝派去的亲信取代。这些皇帝的身边人员口含天宪，副署州郡呈送中央的文书，往来于地方、中央之间，地方长官的好坏由其褒贬、毁誉，因而权力大到重于藩君的地步。他们能有如此地位、权力，完全是因他们是皇帝的代表、皇帝的使者，是皇权在地方的象征。

诸王设置典签开始于刘宋，这本身就说明皇权的加强，东晋那种"王与马，共天下"——大族高门与司马氏皇权共同执政的局面一去不复返了。世家大族虽然仍占据朝廷中枢，仍"平流进取，坐致公卿"，但他们已要么成为皇权的拥护者，依附皇权；要么成为王朝中的点缀，仅得禄养而无实权。

典签一类"小人"得势，与皇权的加强，世家大族的势力渐趋衰落的历史过程一致，构成史家所称南朝"寒人掌机要"的重要部分。世家大族不好使唤，出身卑微的人易于调动，为名利所驱动，出身低的人也愿意为皇帝效劳。

宗王束手就戮于典签，典签成了宋、齐宗室中骨肉相残的工具。这也使得使用典签的皇帝领悟到，骨肉相残，宗枝陨落，他人因缘得利，王朝命运不长。所以萧鸾便开始削弱典签的权力，回收权力。这一旨在加强集权的措施，终因副作用太大而苦果自吞，渐趋消失。

萧衍空函定荆州

永泰元年（498）七月，齐明帝萧鸾去世，其子萧宝卷继位。萧宝卷是一个嬉戏无度、不好学习的人，喜欢亲近奉承自己的小人。萧鸾特意让萧遥光、徐孝嗣、江祏、萧坦之、江祀、刘暄六人辅政，他们六人轮流值班，处理政务。

当时任雍州刺史、坐镇襄阳的萧衍见朝政如此安排，对堂舅张弘策说："一国三公尚且不可，何况六贵同朝，势必相图，变乱就要发生。避祸图福，没有比得上本州的。只是诸弟在京城，怕是要遭遇灾难，应当再与任益州刺史的哥哥商量此事。"于是他和张弘策秘密加强军备，使他人不得预谋。

当时襄阳为军事重镇，已取代东晋以来荆州在长江中游的地位，兵力本就强大。萧衍又招聚骁勇之士上万人，砍伐大量的木材、竹子，沉到檀溪中，聚积如山的茅草，都备而不用。吕僧珍感觉到了萧衍的意图，也私下准备了桨橹几百张。萧衍的哥哥萧懿从益州刺史卸任，仍代理治所在今武汉的郢州。

萧衍让张弘策去游说萧懿说："现在六贵比肩，人自画敕，一旦有小怨气，便会互相图灭。皇上在当太子时就名声不好，亲狎左右，轻佻暴虐，怎么肯委政诸公，做傀儡皇帝呢？猜忌久了，必将大行诛戮。始安王萧遥光想做赵王司马伦，形迹已见，但他性格多疑，度量狭小，只会引发祸端。萧坦之生性刻薄，盛气凌人。徐孝嗣不过让人牵着鼻子走，毫无主见。江祏不能决断大事，刘暄昏庸懦弱。一旦灾祸爆发，朝廷内外就会土崩瓦解。我们兄弟两个有幸在外镇守一方，应该为自身考虑。趁现在朝廷对我们还没有猜疑，而加防备，应当把各位弟弟全都招来，不然的话，恐怕变乱发生，想走也走不掉了。郢州控制荆州、湘州，与荆江、湘水相连，雍州士马精锐，世道太平我们就竭诚为朝廷效劳，世道混乱，我们就足以匡救国家，建立霸业。随着世道变化而进退取舍，此乃万全之策。如不早做打算，后悔莫及。"张弘策还劝萧懿说："凭借您兄弟俩的英明武略，天下无敌，占据郢、雍二州，为民请命，废昏立明，易如反掌，这是齐桓、文帝青史留名的事业，不要被小人欺骗，取笑后人。雍州刺史考虑此事早已成熟，希望您也好好考虑一下。"萧懿不听。

果然不出萧衍所料，萧宝卷先后杀掉了江祀、江祏兄弟，镇压了萧遥光的叛乱，杀掉萧坦之、刘暄、徐孝嗣、沈昭略、曹虎等，将朝政收于自己之手。萧宝卷谨记其父萧鸾的遗训"做事不可在人后"，所以和身边亲信小人谋诛大臣，想起就干，搞得大臣人人不能自保。太尉陈显达、豫州刺史裴叔业都被迫造反。崔慧景受命率兵进攻裴叔业，也中途倒戈，还围台城。他们都失败被杀。

萧懿在入援京城、平定崔慧景叛乱中立下汗马功劳，被任命为尚书令，他弟弟萧畅为卫尉，负责宫城防御。有人劝他趁东昏侯外出，闭诸城门，举兵废立，被他拒绝。不久，他的忠诚获得的赏赐是萧宝卷派人送来的一杯毒酒。萧懿临死前还说："家弟在雍州，我非常替朝廷担心。"

萧衍听到萧懿的死讯后，夜里召集张弘策、吕僧珍、王茂、刘庆远、吉士瞻等，决议起兵。500年十一月初九，萧衍召集州府官吏，宣布了这一决定，建旗集军，取出檀溪中的竹木组装战舰，很快办好。吕僧珍也拿出私藏的桨橹，发给众人。

这时，南康王萧宝融任荆州刺史，西中郎长史萧颖胄代理府州事务，东昏侯派辅国将军、巴西、梓潼二郡太守刘山阳带兵三千到上任，暗中指示他到荆州时，与萧颖胄一起袭击襄阳。萧衍知道了这一阴谋，他派遣参军王天虎到江陵，给荆州和西中郎府的官员每人一封信，信中声称："刘山阳率军逆江西进，是要同时袭击荆州、雍州。"萧衍对将佐们分析形势说："荆州向来畏惧襄阳人，加上唇亡齿寒，怎么能不暗中与我们同心呢！荆州、雍州一旦联合，大张旗鼓，顺流而下，即使韩信、白起复生，也无法替建康谋划，何况君主所能驱使的只是一帮无赖小人呢!"

萧颖胄等得到萧衍的书信,疑虑满腹,无法决断。刘山阳到达巴陵后,萧衍又命令王天虎带信给萧颖胄和其同在南康王府中任职的弟弟萧颖达。王天虎走后,萧衍对张弘策说:"用兵之道,攻心为上。不久前派王天虎去荆州,每人都给一封信。现在又派王天虎乘坐驿车前往,显得事情很紧急,但只带信给萧颖胄、萧颖达兄弟,信中啥也没写,只说'王天虎详细传达'。等问到王天虎时,他又说不出个所以然来,王天虎本来就是萧颖胄信任的人,荆州必然认为萧颖胄和王天虎一同隐瞒了什么事,这样荆州就会人人生疑。刘山阳被众口所言迷惑,就会怀疑萧颖胄是首鼠两端,那么萧颖胄就会进退两难,无法表明自己的清白,必然落入我的圈套。这是快送两封空信而平定一州。"

果然,刘山阳在江安徘徊了十几天,不知荆州人的态度,不敢进入江陵。萧颖胄万分恐惧,计无所出,于是召集亲信席阐文、柳忱,闭门商议,权衡得失,决定杀掉刘山阳,与萧衍一起举兵。萧颖达也劝萧颖胄听从席阐文等人的计策。

第二天早晨,萧颖胄对王天虎说:"您与刘辅国将军相识,现在不得不借您的项上人头一用。"便斩掉王天虎,送首给刘山阳,又调发百姓的车牛,扬言"起步兵征讨襄阳"。刘山阳见萧颖胄杀了萧衍的使者,以为萧颖胄当真下定与雍州一战的决心,便身穿便服,带了身边人员几十名来见萧颖胄,被萧颖胄所设伏兵斩杀。刘山阳的副手李元履率其余将士投降。萧颖胄也在荆州竖起了反萧宝卷的大旗。他与夏侯详移檄建康百官及州郡牧守,列出萧宝卷及其宠信的梅虫儿、茹法珍的罪恶。

荆、雍联起手来,东昏侯的末日便不远了。此后,萧颖胄负责留守,萧衍负责指挥联军东下,在屯军二百余日攻下郢城后,顺流直下,打到建康。东昏侯被手下人杀死,萧衍执掌朝政。不久,萧衍接受齐和帝萧宝融的禅让,登上了皇帝宝座,建立了梁朝。

可以说,萧衍的成功,一直有荆州方面不可磨灭的功劳,而荆州方面肯与雍州联手,就因萧衍的两封空函,将萧颖胄逼上了梁山。这正是"萧衍空函定荆州"。

北魏崔浩的制胜之策

北魏是鲜卑拓跋部创立的一个政权。316年，拓跋部就在今天内蒙古和林格尔一带仿照中原政权的模式建立了一个叫"代"的政权。376年，其被定都长安的氐族前秦政权消灭。383年，前秦军队在淝水之战中被东晋击溃，前秦统一黄河流域不到十年便因此土崩瓦解，北方又呈现各族政权并立对峙的状态，鲜卑拓跋部的代国亦借机复兴。398年，代国挟其游牧骑兵的威力，消灭统治今河北、山西一带由鲜卑慕容部建立的后燕政权，定都平城（今山西大同），定国号为"魏"，后人为了将其与三国魏政权相区别，称之为"北魏"或"后魏"。

北魏建立之初，对华北的控制极不稳定，蒙古草原上新兴的被称为"柔然"的游牧民族又不断南进，对其生存构成严重威胁。同时，今陕、甘一带有羌族建立的后秦；陕西北部、内蒙古河套地区及宁夏一带有匈奴族后裔建立的夏政权；在河西走廊上，各种地方势力相互倾轧，争夺这块连接西域财富通道的宝地；鲜卑慕容部的余众及一批中原汉族大族，分别在今辽宁西部及山东半岛建立起北燕和南燕政权。所有这些政权都是北魏公开的或潜在的敌人。在江南，继东晋建立的刘宋政权为遏止北魏向黄河以南发展，联络上述北方各政权及柔然，形成联合战线，使北魏处于被包围的境地。但北魏最终击败了柔然，并于439年彻底击败黄河流域各政权，统一北方，实现了对中原的稳定统治，为北魏的继续发展及鲜卑族的历史进步打下了坚实的基础。这一成就固然与北魏所拥有的精锐骑兵有关系，但作为协助北魏太武帝拓跋焘实现这一成就的谋臣崔浩，也功不可没。

崔浩为清河郡东武城（今河北武城）人，他在北魏初便随父亲崔宏入仕于北魏朝廷，年仅二十岁。崔浩学问渊博，"少好文学，博览经史，玄象阴阳，百家之言，无不关综，研精义理，时人莫及"。广博的知识为他日后为北魏政权出谋划策做了识见上的准备。在当时满朝喜欢穿着羊皮衣裤征战射猎的鲜卑武将面前，崔浩显得极不相称。他"纤妍洁白，如美妇人"，他本人也称自己"禀性劣弱，力不及健妇人"，但他"才艺通博，政事筹策，时莫之二"，自比为汉代的创业谋臣张良。北魏明元帝拓跋嗣及拓跋焘父子对他的谋略"言听计从"，终于"宁廓区夏"。

对于崔浩的谋略功勋，当时皇帝拓跋焘已有过评价。拓跋焘曾当着数百被俘降的敌将夸赞崔浩说："你们看看这位，他身材弱小无力，双手拉不开弓箭，舞不动长矛，但他胸中所藏的东西，比兵甲还厉害。我当初虽有出兵的想法，但下不了决心，数次打胜仗，都是因为这个人指导我，使我获得成功。"拓跋焘还特地命宫廷乐师作辞赞美功臣，其中有一句为"智如崔浩"，崔浩无疑被视为当时谋臣中的第一人。下面我们将详述崔浩使北魏走向强盛与稳定的几个重要谋略。

谏阻迁都，以安社稷

北魏在定都平城的同时，以拓跋部为首的鲜卑各部落也从塞北草原地区迁至平城一带，北魏政权还从中原及其征服的地区强行迁徙数十万人到平城附近，大同盆地一下子涌入大量人口，生活资源的供给顿显紧张。尽管北魏统治者在平城四方五百里的范围内推行"计口授田"，积极发展农耕，但时常发生的旱灾仍不断困扰着聚集于平城的人们。

北魏虽然可以从当时农业经济最为繁荣的河北一带收取租赋，但收到的粮食必须翻越太行山险才能运抵平城，这是一项艰难而难收实效的工作。415年，平城一带又经历了一场严重的旱灾，秋天几乎颗粒未收，太史令王亮、苏垣因此向拓跋嗣建议，将都城迁往邺城（今河北磁县），声称迁都不仅可以解燃眉之急，还可使北魏政权享受长达五十年的大好时光。

这时担任博士祭酒的崔浩对迁都的提议表示反对，他认为只要坚持到来年春天，青草滋生，牲畜产乳，加上蔬菜水果，便可以接上秋粮，只要来秋不再歉收，危机自会消失。针对勉强糊口充饥也不能拖到来秋的严酷事实，崔浩主张将部分极贫穷的人家遣送至河北平原"就食"，来秋如仍旧歉收，可以再想办法，只是不能迁都。

应该说迁都邺城是将政治中心与河北平原这一经济中心区结合在一起的最好选择，直到493年孝文帝将都城迁至洛阳以前，平城的北魏统治者因为政治中心城市与经济中心区域的分离，长期为解决平城地区日益增加的人口的吃饭问题而绞尽脑汁，有时甚至在平城的大街上还出现饿死者的尸体。

而从政治上考虑，崔浩当时谏阻迁都有足够的理由。他说：

"假如国家迁都到邺城，只可以度过今年的饥荒，却不是长久之计。京师东面各州的百姓，常以为国家拥有广袤的草原，人口和牲畜不计其数，多如牛毛。如今要留下部分人守旧都，再分出一部分南迁新都，恐怕不能遍布于各州。而且将南迁的人分散于郡县，安家于林间野地，不服水土，疾病死伤，这种事如果发生，百姓便会丧气，邻国也会因此轻视欺侮我国。西边的赫连勃勃和北方的柔然必定会联合进攻我们，云中及平城一带就相当危险。邺城与平城相距千里之遥，加上恒山、代地道路险峻，即便想援救，进军也非常困难。这样一来，我国的声望和实力都将受到损害。现在我们定都于北边，假如恒山以东的地方发生事变，便可轻骑南下，驰骋于平原之中，有谁弄得清楚究竟有多少兵马？百姓们看见骑兵扬起的尘土，也会恐惧而臣服。这才是我国用武力制服中原的最佳策略。"

崔浩这段话主要谈到当时北魏两大政治难题：一是柔然和匈奴夏政权的军事威胁，一是如何稳定对河北平原的统治。柔然和夏政权都拥有骑兵作战的优势，而且都与北魏毗邻，它们从北方和西方可以迅速地进军至云中（今内蒙古和林格尔）和平城一带，如迁都邺城，将使北魏无力保护其政治军事所依托的这一中心区域。

北魏当时还主要依靠鲜卑族人组成的军队，平城地区居住的鲜卑族人最大限度只能组建十五万人的部队。北魏据有河北后，沿太行山麓有不少少数民族部落经常起兵反抗，河北平原上的汉族群众对这个新政权犹存敌意，北魏在邺城、中山（今河北定州）驻军镇压，但全部驻军不过一万人，控制河北所倚仗的正是不时从平城南下的骑兵。在崔浩看来，将为数不多的鲜卑人，再分出一部分随迁邺城，北魏军队的神秘性将会减退，难以控制整个河北地区。

实际上，崔浩否定迁都还有更充分的理由，只是他没有明说。迁都建议是由王亮、苏垣提出的，从他们的姓氏与所担任的太史令一职看，应属汉人。对于在后燕灭亡后被迫从河北迁到平城的汉族人来说，平城实在是一个让他们难以忍受的地方。有一首题为《悲平城》的诗歌说："悲平城，驱马入云中。阴山常晦雪，荒松无罢风。"（《魏书·祖莹传》）这大致反映了平城地区汉族人的心态，习惯于阴山南北草原生活的鲜卑人对此是难以理解的。

后来孝文帝迁都，不少鲜卑贵族畏惧南边的"暑热"，自愿待在北边，甚至密谋武装反叛。如果明元帝拓跋嗣贸然迁都邺城，鲜卑族人势必会起而阻挠。他们作为当时北魏政权的政治基础，不可能没有生活上的保障，也体会不到从河北迁入平城的汉族群众的饥饿之苦，他们不久前才从云中、阴山南北迁到平城附近，现在又要让他们向更南的邺城迁徙，反叛的规模必然会比孝文帝迁都所遇到的要大得多。

总之，迁都意味着北魏将面临危亡和政治动荡。拓跋嗣赞同崔浩的观点，否定了迁都之议。次年，平城地区获得大丰收，饥荒亦因而缓解，崔浩因此得到皇帝御衣一件及绢五十匹、绵五十斤的赏赐。

劝立太子，监国统军

　　两汉魏晋，历代皇帝沿袭先秦传统，皇帝在世时总是将选立太子作为重要的政治活动，皇太子即"储君"，即便他只是襁褓中的一个婴孩，或者是一个不知寒暑的傻瓜，其身份在正常情况下也不容许有任何怀疑。皇帝一旦"驾崩"，皇太子自然而然地便成了新皇帝，所谓"丧君有君"，国家不会因为最高统治者的突然缺位而面临危机。

　　北魏是一个由游牧部落创立的政权，虽然定都平城后，以拓跋部为首的一些部落在平城周围定居下来，开始适应农耕生活，但部落联盟时代的旧俗仍强烈地影响着北魏的政权结构。草原上的游牧民族，需要长途迁徙，需要抵御其他部落或部落联盟的攻击，还需要不时抢掠农耕地区以获得必要的衣、食资源。这些活动都要求有一位强悍的首领，他可以率领其部落民众纵横驰骋，保护本部落或部落联盟不受侵扰。找一个孩童或低能儿来当首领，这是令人难以想象的事。

　　一般来说，草原部落最初习惯于推举一位强壮勇敢又处事公正的人为首领，并不太计较他的出身。当某位首领强大到足以影响继承人的选择并确立起血缘继承关系后，其继承人也很可能是他的年长的弟弟而不是其儿子。除非他有幸在征战中获得高寿，他的儿子业已变得像他一样强壮勇敢，选择他的儿子做继承人才不会有非议。但无论如何，部落联盟或部落的首领总是要等旧首领死亡之后才能议定，而不是事先便确定一位新君。一旦新首领才能不够，他不是被本部落或本部落联盟的竞争者取代，就是因不能领导本部落成员抵御其他部落的进攻，使自己的部落或部落联盟遭受灭顶之灾。

　　作为北魏政权的创立者，拓跋珪虽以皇帝自封，不再像他以前的部落联盟首领那样称"可汗"，但他却没有立太子作为法定继承人。最高统治者的继承人不定，便引发了一系列争夺权力的阴谋，拓跋珪本人也死于非命。

　　拓跋嗣当上皇帝后不久，身体老有病痛，遂深为身后大事忧虑，命崔浩为他"设图后之计"。崔浩根据汉族政权置立皇太子的传统，向他献计："国家创立以来，不注意安排继承人，所以陛下即位之际，国家曾面临危亡的厄运。现在应趁早确定继承人，选朝廷大臣中忠于陛下又有才干的人辅佐他，选陛下信任的人跟随他，让他预先掌管朝廷大政，有军事行动便让他领军出征，使他得以全权处理军政大事。陛下便可以放心地治病，疗养身体。万一陛下不讳，国家有现成的领导人，老百姓便知道该拥戴谁，那些包藏祸心的人便会放弃非分之想，这是国家永葆安定、杜绝祸乱的好办法。如果非要等到陛下诸子成年的时候再做选择，有违天伦，且不免有小人乘机捣乱。选择继承人应首先考虑陛下的长子，这是杜绝其他人起奸心的手段。古往今来，多少政权都因争夺权位而灭亡，陛下可要深思。"

　　拓跋嗣采纳了崔浩的建议，将自己年仅十二岁的长子拓跋焘册封为"副主"，选六位大臣作为他的"左辅"和"右弼"，协助他处理军国大政，崔浩亦为三"右弼"之一。

　　四年后，拓跋嗣病死，十六岁的拓跋焘顺利地登上帝位。经过几年的磨炼，年轻的拓跋焘已颇具政治家的风采。在随后短短的十多年中，击败北魏北方强敌柔然，消灭北燕、夏、北凉等政权，使北魏成为整个黄河流域的统治者。

改革道教，服务政治

　　崔浩受到拓跋嗣的重托，引起鲜卑贵族的不满，在他们的强烈要求下，崔浩被逐出朝廷，居家赋闲。作为汉族文人在北魏朝廷中的代表，崔浩力图有朝一日复出，并希望通过自己的活动使北魏胡人建立的政权接受周孔儒教，实现自己的政治理想。他意识到，要让没有多少文化的鲜卑统治者接受儒学极其困难，只有利用他们迷信神灵的心理，让神灵代自己宣传，才能达到目的。于是，崔浩拉拢道教领袖寇谦之，改革道教，为现实政治服务。

　　汉代即已出现的道教，在民间很有影响，但由于东汉末张角兄弟利用道教进行反政府活动被镇压后，道教长期受到统治者的防范，只能在民间秘密传播。魏晋时，外来的佛教日益盛行，十六国时期一些少数民族政权的统治者因认为佛教是外来宗教，与自己从边地进入中原相类似，大力提倡，更使佛教压倒道教，成为社会各阶层广泛信仰的宗教。

　　一些汉族文人则认为道教是本土宗教，虽与儒学不合，但毕竟是华夏文明的产物。也因为这一心理与认识的原因，宗教的竞争在当时民族矛盾尖锐的社会背景下，具有文化抗争的意味。崔浩本人也极其反对佛教，称佛教徒信奉的佛为"胡神"，即"异族的神灵"，甚至斥之为"胡妖鬼"。他还认为西晋灭亡后北方大乱、少数民族政权统治、儒教衰微，都是佛教的过错。这种心理也促使他决心改革道教，使道教从秘密状态中走出来，为统治者所接受，对抗佛教，恢复儒教应有的地位。

　　423年十一月，拓跋焘登上帝位。次年，崔浩向拓跋焘献上他与寇谦之杜撰的《录图真经》六十卷。他称这是上年十月由太上老君玄孙李谱文降临嵩山亲手赐给寇谦之的，还说李谱文在汉武帝时得道成仙，原来他居住在平城附近的桑干河边，成仙后任"牧土宫主"。"牧土宫主"之所以赐给寇谦之《录图真经》，是要他"辅佐北方太平真君"，还说这位"太平真君"将"兴复儒教，继千年之绝统"，而且说只要他按《录图真经》中所说的那样建立道坛，祭拜如仪，便能成为"真仙"。

崔浩与寇谦之编造的这个神话，目的很明确，那就是促使当时的皇帝拓跋焘崇信道教。他们声称神仙李谱文在拓跋焘即帝位的前一月授予他们《录图真经》，要他们辅佐北方的"太平真君"，而拓跋焘即位前的封爵正好是"太平王"。授予他们《录图真经》的李谱文在平城桑干河边得道成仙，任"牧土宫主"，又与定都平城且前身为游牧民族的拓跋鲜卑攀上了亲戚关系。

当时朝廷大臣对上述显然为伪造的神话半信半疑。崔浩又上书拓跋焘，竭力鼓吹。他说："我听说过圣王出世，上天便会降下种种符瑞。据说帝尧、大禹时曾有大龟从黄河、洛水中浮出水面，背上呈现八卦纹路，但这只不过是用兽类的纹饰昭示世人。陛下即帝位，神仙降下亲手写成的《录图真经》，里边的文句深奥精妙，古代的圣王哪能与此相比。这确实是陛下与黄帝并驾齐驱为一代圣主的符应，怎能将其视为世俗常谈呢！"

有人这样吹捧，拓跋焘当然龙颜大悦，他立即派人带上丰盛的礼品去祭祀嵩山，迎回山中的道士，尊寇谦之为"天师"，让他宣传"新法"，并将此事向全国公布。不久，拓跋焘让人在平城筑起高耸的"静轮天宫"，即道坛，带上朝廷公卿到此跪拜，表明自己承受天命为"太平真君"。此后，北魏每位皇帝即位都要到道坛去受"符箓"，道教便在北魏具有国教的地位。

其实，崔浩本人并不是狂热的道教徒，而是一个头脑清醒、以复兴儒教为己任的知识分子。道教徒尊奉《老子》为圣经、视老子为教主，崔浩却宣称《老子》一书尽是胡言乱语，与圣人教化相违背，便充分表明他对道教的真实态度。当他与寇谦之接上关系后，却尊寇谦之为师，对他表现得极其恭敬，以至于招来旁人的讥讽。拓跋焘信道后，崔浩再次受到重用，进入北魏高层决策机构，从而得以发挥自己的才干，实现自己的政治理想。这却是讥讽他的人所不明白的。

崔浩只是将道教作为他复兴儒教的手段，"太平真君"的使命是继周公、孔子以来的儒教"绝统"，在这一方面，崔浩与唐代以儒教正统的继承人自居的韩愈颇有相似之处。在他与寇谦之合作的《录图真经》中，对原始道教中一些被上层统治者鄙夷的东西进行批判，加以剔除，使其为统治者所接受。他们吸取儒教关于礼仪制度的说法，为所谓的"道教"制定出一系列礼拜仪式。他们设计的道坛在外观上竟然与儒者所说的帝王宣布教化的场所"明堂"没有两样。当北魏皇帝穿上他们新创的道服到道坛去祭拜的时候，实际上已是在按儒教的那一套行事。

就这样，通过改革道教，崔浩巧妙地将北魏鲜卑族统治者陌生的儒教引进了北魏朝廷，并为促使拓跋焘宣布废除佛教、完全接纳儒教打下了基础。

选准时机，击败强敌柔然

北魏占有河北、定都平城不久，长城以北的草原地区兴起一个强大的游牧民族国家——柔然汗国，这是秦汉时匈奴汗国解体后又一个势力强大的草原帝国。

柔然原本是拓跋鲜卑部落联盟内的一个小部落，当拓跋珪积极向中原地区发展并创建北魏政权的时候，柔然首领社崘却率部落迁到蒙古大草原上，按照拓跋珪的办法，组建起一支自己直接率领的军队，很快征服了草原上各自为政的各游牧部落，自称"可汗"，统治着从今东北腹地到阿尔泰山的广大草原地区，与北魏为敌。

柔然像先前的匈奴及后来的突厥等游牧民建立的国家一样，每当春夏之交，天气转暖、青草生长的时候，各部落便在草原上分散放牧，逐水草而居。到了深秋，在西伯利亚逐渐强劲的寒风的驱赶下，他们又逐渐聚拢，从草原深处向南移动，到今内蒙古大青山南北的冬季牧场躲避严寒。在冬天，他们往往利用人员集中又不能放牧的时机，组织起来骚扰南方的农耕居民，抢劫粮食等生活必需品。

从北魏建立到拓跋焘当上皇帝的二十年中，柔然几乎每年冬天都要向南进犯，使北魏政权疲于应付，根本不可能全力经营新占领的河北地区，也不可能进一步向当时与北魏并立的其他北方政权发起进攻，扩大疆土。

423年十一月，十六岁的拓跋焘刚当上皇帝，柔然南犯之众便攻占盛乐，践踏这个北魏王朝发迹之地。拓跋焘率骑兵火速奔援，急驰三天两夜到达之后，却被柔然可汗大檀率领的骑兵团团围住，因北魏兵士射杀大檀的勇将于陟斤，大檀才解围而去。年轻气盛的拓跋焘立志要打败柔然这个强敌，解决北魏继续发展的后顾之忧。次年十二月，拓跋焘亲自指挥五路大军进入草原，却连柔然人的影子也没见到，无功而返。

428 年初，拓跋焘又一次策划对柔然实施大规模的军事行动，朝廷大臣都加以劝阻，只有崔浩积极支持，并运用渊博的知识与准确的形势判断，驳倒反对者，使拓跋焘下定决心。

反对者首先推出太史张渊、徐辩二人，声称当年干支为己巳年，属"三阴之岁"，举兵必败。崔浩驳斥说："阴代表刑杀，而帝王用刑，有大有小，战争便是惩罚罪人的大刑。'三阴'之年正是帝王动用大刑的时候，大举出兵有何不可？"

反对者又宣称："即便打败柔然也没什么好处，其地不可耕种，其人不可役使，何必要劳苦将士去干这无益之事呢？"崔浩反驳说："这一意见是汉代那些反对打击匈奴人的余唾，汉代一直仰仗农耕，而我们国家现在却重视畜牧。漠北草原干燥凉爽，水草丰美，而且没有叮咬牲畜的蚊虫，打败柔然后，夏天我们便可以到那里放牧，何必要仿效汉代，因为漠北不适于农耕就随意放弃呢？打败柔然后，我们可以将他们编入军队，为我们效力，又哪能说'其人不可役使'呢？前代的人不主张出兵漠北草原，是因为他们多用步兵，难以与草原上的骑士对阵，可我们现在军队以骑兵为主，可以在草原上与敌人追逐，容易制服他们。时代不同，办法也就不同，怎能拿汉代的言论来论证今天的形势，这显然不合时宜。"

当时江南刘宋政权正积极地扩大军队，似有进攻北魏的意图，这也成为反对出击柔然的人又一个有力的借口。针对这一点，崔浩指出："刘宋创立者刘裕曾率数万精兵消灭建都长安的羌族后秦政权，结果却未能守住，全军覆没，他们现在不会有勇气来进攻我国。之所以虚张声势地调动军队，只不过想阻止我们向其发起攻击罢了。柔然老是来骚扰边境，弄得人心惶惶，假使刘宋真的要来侵犯我国，我们不首先击败柔然，又怎能抵御南方的敌人呢？"

北魏军队以骑兵为主，骑兵作战最忌暑热，因而以前出击柔然总是选择深秋及严冬进行，但这时柔然的马群经过春夏的放牧而骠肥马壮，柔然各部落也聚集在一起，可以从容地对付北魏的进攻，使北魏占不到什么便宜。针对这种情况，崔浩主张在初夏发兵，出其不意，攻其不备。因为初夏柔然各部四散放牧，经过一个冬天的消耗，游牧者的马匹也瘦削不堪，战斗力减弱。这个时候，他们突然面对北魏强大的攻击，必然会惊骇奔逃，可是其畜群移动不便，公马护群，母马恋驹，很难收拾，几天不得水草，便撑不下去，这时可以一举将其消灭，决不能错过时机。崔浩称之为一劳永逸解决柔然的"旷世奇谋"。

拓跋焘按计而行，于四月分兵两路运动到沙漠南沿，然后舍弃辎重，每名骑士只带一匹轮换骑乘的副马和干粮、饮水，深入草原。柔然可汗大檀猝不及防，率部下奔逃，不知去向，北魏大军在"东西五千里、南北三千里"的草原上纵横驰骋，如入无人之境。那些分散放牧的草原部落纷纷丢下畜群到山谷中躲藏。北魏取得辉煌的胜利，俘虏的柔然人及原附从于柔然的敕勒人近一百万，马、牛、羊等畜产达两百万匹（头、只）。北魏将俘获者安置在今内蒙古草原地区，或屯垦，或游牧，并派驻大军镇守监护。

经过这一战役，北魏不仅击败了北方强敌，而且获得大量的人力物力，为其统一黄河流域创造了条件。

分辨轻重缓急，促成北方统一

拓跋焘当上北魏皇帝时，北魏疆域仍限于今内蒙古、山西、河北三省，今陕西、甘肃及内蒙古河套地区被匈奴族后裔建立的夏政权统治着。夏与北魏疆域相接，其境内有为数众多的游牧及半游牧半农耕的少数民族部落，但其创立者赫连勃勃以中国历史上第一个国家夏王朝的后裔自居，在今内蒙古河套地区修筑起名叫"统万"的都城，东、西、南、北四门分别叫"招魏门""服凉门""朝宋门""平朔门"，毫不掩饰自己将吞并北魏及其他政权而"统一万方"的野心。

北魏建立后，今甘肃河西走廊以及青海、新疆二省的部分地区先后有氐族、鲜卑族、汉族以及匈奴族后裔建立的四个以"凉"为国号的政权，相互争夺。拓跋焘时，匈奴沮渠氏建立的北凉逐渐占据上风，成为上述地区的统治者，与北魏为敌，阻断北魏与西域间的商道。与此同时，今辽宁中西部及其毗邻的内蒙古、天津二区、市部分地区，有鲜卑慕容部建立的北燕政权，对北魏也抱有仇视的态度。

黄河以南包括江、淮流域及今福建、两广、云、贵等广大地区，则受建立于420年的刘宋政权统治。因其与后来的南宋易于相混，后来人们因其皇室姓刘，称之为刘宋。刘宋为了遏止北魏向黄河以南地区发展，积极拉拢夏、北凉、北燕及蒙古草原上的柔然，形成一个针对北魏的松散的同盟，也对北魏构成严重的威胁。

在拓跋焘打败对北魏生死存亡关系最大的柔然以前，北魏对刘宋在黄河中下游南岸地区采取的军事行动不得不采取退让的政策，其在河北的驻军只能自保，无力进攻，要从平城调大军南下，又担心骑马的柔然人长驱而入。于是，北魏招纳重用从南方北逃的原东晋的官员，利用他们对刘宋取代东晋的仇恨心理及他们在南方的影响，自行招募部下，骚扰刘宋边境，牵制刘宋对北魏的军事进攻。

428年，拓跋焘采纳崔浩的计策一举击败柔然后，便开始筹划北魏下一步的军事计划，确定行动的主要方向。这时河北的守将报告刘宋又在大规模地召集军队，准备进犯，夺回已被北魏攻占的河南洛阳一带地区，请求朝廷派大军增援，先敌而动。北魏朝廷又得到消息，说刘宋与夏准备采取联合行动消灭北魏，并且已预先对北魏疆域做出了如何瓜分的计划。一时间，刘宋成为北魏首选的立即攻击的对象。可是崔浩却坚决主张先消灭夏政权。

崔浩指出，眼下正是盛夏，南方暑热不堪，雨水很多，草木繁茂，又是疫疾多发季节，不适宜展开大规模的军事行动。对于北魏以骑兵为主的军队来说，向南进攻应选择深秋以后季节行动，那时战马肥壮、天气凉爽，草木凋零，易于发现敌军，也可以夺取敌方秋粮作为军粮，"因敌取食"，这才是克敌制胜的"万全之计"。现在敌方既然已预先做好军事行动的准备，我军前往进攻，他们一定会据城固守。南方人以步兵为主，擅长守城，我们的骑兵只能望城兴叹。如果出现这种情况，我们屯军于坚城之下，强行进攻，必然会旷日持久，军粮便会短缺；如将军队分散，逐捕敌方平民，收罗军饷，又难以防范敌人的攻击。当务之急是坚固防守，避敌不战，避其锐气，使其懈惰，然后"徐往击之"。

主张立即进攻刘宋的鲜卑贵族力主在黄河支流漳河上造船，在南境进行军事戒严，另遣东晋皇室后裔司马楚之等前往"诱引边民"。这样至少可以吓唬刘宋，使其不敢贸然进军。崔浩却指责这是招敌速至的坏主意。他指出，如我方虚张声势，又派司马楚之前往，刘宋必然会因担心东晋残余势力发动骚乱而出现亡国之祸，定会倾全国精锐，防守北境。结果发现我方并无什么准备，将利用其已聚集起来的军队，向河北进攻，那样的话，我河北少数守军难以应敌，"虚声而召实害，此之谓也"。拓跋焘拗不过公卿们，按他们的意见办。刘宋果真派大军北上，分兵防守黄河南岸，西达潼关。

这时，崔浩仍主张首先进攻夏政权。北魏朝廷中的高级官员群起反对，他们认为进攻夏政权不一定能取得成功，如刘宋乘虚北进，河北地区便可能丢失。崔浩认为：刘宋与夏虽有同时举兵进攻北魏的盟约，但并没有诚心。刘宋希望夏国率先进攻，自己乘机得利，夏国也试图让刘宋先行动，它们就像两只连在一起的鸡，"不得俱飞，无能为害"。刘宋如真有进攻河北的意图，就应当集中兵力为两路，向河北腹心地带的邺城（今河北磁县）、中山（今河北定州）两个重镇挺进，但事实上其军队却布置在黄河沿线，"东西列兵，径两千里，一处不过数千，形分势弱"，这表明刘宋只希望凭黄河自保而已，不会向北进击。而夏国力量较弱，容易摧毁，将其消灭之后，我军从潼关席卷东下南击，刘宋军必将望风而逃。

战争结果如崔浩所料，北魏军队弃黄河南岸虎视眈眈的刘宋军队于不顾，全力西进，攻克统万，俘获夏国皇帝，威震北凉，刘宋军队不但没有向北进攻，反而向南撤退。因此，拓跋焘称崔浩为"常胜之家"，称赞他"才略之美，当今无比"。

消灭夏国后，拓跋焘按崔浩的意见，避免过早与势力较强的刘宋政权正面冲突，全力经营北方。436 年，消灭北燕；439 年，进军河西走廊，消灭北凉。北魏终于打破各政权联合攻魏的计划，实现北方统一，与刘宋南北对峙，中国历史上的南北朝局面因而形成。

礼聘世族人士，稳定北魏统治

北魏是一个少数民族建立的政权，对于这个拥有骑兵优势的政权来说，稳定地统治黄河流域比用武力攻占这一地区更为困难。民族间的隔阂、文化上的差异以及鲜卑族统治者统治方式上的幼稚，使北魏最初三四十年中只能以武力维持对河北地区的控制，不能实施汉魏政权那样有秩序的统治。

反抗情绪最激烈的是汉族中的世家大族阶层。世家大族是魏晋南北朝时期汉族社会中最有影响的社会阶层，他们在魏晋时被称为士族，享有当官的优先权。西晋灭亡后，少数民族政权相继建立，使他们失去了原有的政治地位，但在汉族社会中的影响反而得到加强。他们相互间以通婚，形成一个个排他性的婚姻圈，绝大多数仍恪守传统的儒家礼教，在战乱不断的环境中仍传习着儒家经典，并相信"异族"的统治只是暂时的，华夏文明绝不会被消灭，而且将自己视为恢复传统与秩序的天然承担者。他们即便与少数民族统治者合作，也念念不忘用自己的政治理想和文化理念去影响少数民族统治者，促使少数民族政权向汉魏政权的传统模式转变。

北魏占有河北地区的最初十几年间，河北地区的世家大族经常掀起反抗北魏统治的地区性暴动。北魏曾试图强行将他们迁往平城，消除他们在地方上的影响，却因担心会引起更大规模的骚乱而不能付诸行动。世家大族人士大都不愿与北魏合作，拒绝离开乡里到平城去担任官职，这使北魏政权对接受官职的少数汉族人士也心存戒意，经常有汉族官员因莫须有的罪名被贬黜甚至处死。相互间的不信任使北魏在河北地区的统治不能稳定下来，这也是崔浩谏阻北魏迁都到邺城的重要原因。

　　崔浩是世家大族在北魏朝廷的代表，他在为北魏扩大疆土出谋策划的同时，也希望从文化上改造北魏政权，弘扬儒教。出于这样的目的，他才积极鼓动拓跋焘接受"太平真君"这一称号，希望他能在北魏"兴复儒教"。要完成这一任务，必须使大多数世家大族人士改变他们对北魏的态度，与北魏合作。

　　在崔浩的积极劝说下，拓跋焘决定一改以前北魏政权对世家大族实行的强行迁徙政策，礼聘世族人士。崔浩以司徒的身份确定了一份被聘请者的名单，其中包括范阳卢玄、博陵崔绰、赵郡李灵、河间邢颖、渤海高允等四十多人，由朝廷直接下聘书，命令地方行政机构"以礼发遣"。拓跋焘在礼聘诏书中宣称自己将"偃武修文，遵太平之化"，希望被聘请的"贤俊之胄"不要拒绝，到朝廷接受官职，"共臻邕熙之美"。

　　聘书虽然下达，但世族人士感到转变得太突然，不知应聘到平城究竟是祸还是福。崔浩的老友眭夸虽然勉强到了平城，却坚决不接受崔浩要他接受官职的劝告，找机会又偷偷地逃过重重关卡，返回家乡。地方长官多是鲜卑族人，他们见世族人士竟不接受朝廷的聘请，不顾朝廷"以礼发遣"的命令，自作主张，像以前一样加以"逼遣"。在崔浩的坚持下，拓跋焘又下诏给各地方长官，指责地方官没有领会自己"虚心求贤"的意图，他们那样干反而给自己的形象抹黑，要求地方官对被聘请者以礼相待，诚心劝慰，"任其进退"，接受聘请者都将被委以重任，不接受聘请，只要不再敌视朝廷，也有利于统治。

　　当北魏朝廷的政策彻底改变后，世族人士终于完全放心，有数百人接受聘请到达平城，使这个边远之地一时间人才济济，成为文化中心，北魏也因此迈出了巩固其在河北地区统治的第一步。

　　被聘进入平城的汉族世家大族人士，大量地被任命为中书博士，负责主持北魏最高教育机构中书学的教学工作，教育鲜卑贵族子弟学习文化，儒家经典自然是最主要的教学内容。崔浩为此还重新注释《尚书》《春秋》《周礼》《乐经》《易经》五部儒学元典等，阐释自己的政治主张，作为中书学的指定教本。他还在平城西郊树立石碑，刻写自己注释的《五经》。

　　马克思说过："野蛮的征服者最终反而会被征服地区的较高的文明所同

化，这是一个历史规律。"崔浩不自觉地以其谋略实践着这一历史规律，礼聘世族人士不仅稳定了北魏在河北的统治，也使鲜卑族走上了全面接受汉族文化的道路。

刻石铸玺，收抚人心

444 年二月，北魏疆域内的河西走廊某地上奏朝廷，称当地山谷中有三块石头呈马形，石马背上居然有图像和文字，而且文字内容与北魏皇室有关。北魏朝廷立即派人前往抄录。

不久，使臣将石马上的文字、图像依样抄录回报。其文字称北魏创立者拓跋珪的祖父什翼犍"继世四六，天法平，天下大安"；拓跋珪"应王，载记千岁"；拓跋珪之子、拓跋焘的父亲拓跋嗣"长子二百二十年"；后又记"太平天王继世主治"；最后还称当时为皇太子的拓跋晃"昌封泰山"。与拓跋嗣有关的那段文字后，有一幅老者手牵一小儿的图像。

这一奇事发生不久，邺城又上奏朝廷，称在捣毁的佛塔下面挖出两块玉玺，玺上的铭文均作"受命于天，既寿永昌"，其中一块玉玺旁还刻有"魏所受汉传国玺"的字样。

这两件怪事的主谋均是崔浩，这样做的目的是证明拓跋焘皇位的合法性，以及其皇太子拓跋晃日后继承皇位的合法性，证明北魏政权统治北方的合法性，收抚人心。

事情起因于鲜卑贵族一场失败的政治阴谋。拓跋焘信任崔浩，引用汉族文人，试图改武力征服政策为文化建设，实施有秩序的统治，并整顿吏治，打击鲜卑贵族日益严重的腐败行为，引起鲜卑贵族对拓跋焘的不满及对崔浩的仇视。他们试图另找人当皇帝，取拓跋焘而代之。拓跋焘的弟弟拓跋丕、拓跋范、拓跋崇及他们的叔父拓跋辰因都有机会自己当皇帝，便积极参与贵族们的密谋。鲜卑贵族、尚书令刘洁一方面支持以拓跋丕取代"太平真君"

拓跋焘，一方面又试图自己当皇帝。

443年九月，拓跋焘决定再一次出兵打击漠北草原上的柔然人，并让拓跋丕、拓跋范、拓跋崇、拓跋辰各领一军，与自己亲自率领的中军分头进入草原，约定按期到柔然可汗驻跸的鹿浑海（今贝加尔湖南边）会合，再向柔然发起总攻。而拓跋丕、刘洁等人便选择趁这个机会向拓跋焘发难。拓跋焘率中军进入鹿浑海附近地区后，其他几路大军却不见踪影，拓跋丕等人没有按约定时间率部到达，希望借柔然之手干掉拓跋焘。拓跋焘的部下因得不到补给，兵士大部分都饿死在草原上，随中军行动的刘洁趁机宣扬是崔浩破坏的结果，并劝拓跋焘弃下军士，独自逃还。拓跋焘与崔浩识破刘洁等人的阴谋，于年底成功地从草原退军而回，并将刘洁、拓跋丕、拓跋范、拓跋辰及他们的扈从者处死。

拓跋焘虽然处死了觊觎皇位的人，但深感自己的地位及自己儿子的继承权受到挑战，他需要向臣民证明自己及拓跋晃都受到上天的庇护，让他们知道自己的权力不容怀疑，从而防范再有人步刘洁、拓跋丕的后尘。于是，便出现了前述的石刻图像与文字。

石马上的文字明明白白地指出：自什翼犍至拓跋晃，都是上天指定的真命天子，且肯定了拓跋焘"太平天王"的地位，并宣称其太子拓跋晃将是一位能够完成统一天下、到泰山"封禅"的圣明君主。至于那幅画，朝廷公卿们一看就明白：拓跋焘喜爱皇孙亦即拓跋晃的儿子拓跋濬，称他为"世嫡皇孙""提携卧起，不离左右"，这无疑表明拓跋濬也将上承天命当皇帝。这种做法在今天的人们看来，可能会觉得荒唐可笑，但在当时人们普遍相信天意的迷信环境中，却收到意想不到的效果。公卿大臣为此纷纷上书，颂扬拓跋焘"德合乾坤，明并日月，固天纵圣，应运挺生"，称石刻图像文字乃"上灵降命，国家无穷之征"。

在偏远的河西走廊上一个山谷中去搞这一套，也有其原因。当初西晋创立者晋武帝司马炎将取代曹氏的皇位时，这个山谷中也有石马出现，背上有"大讨曹"三字，晋武帝遂将其作为自己取曹氏而代之的吉祥之物。当然这也是司马氏党羽所为。现在又在同一个地方出现，表明北魏皇帝乃"天授"的真命天子，还可证明当时与北魏对峙的刘宋皇帝乃是"伪主"，是"僭窃"，必将灭亡。所以说拓跋晃将完成统一的任务，像以前统一时代的君主一样，到泰山（当时在刘宋境内）去举行封禅大典。邺城"挖出"的那两方玉玺，其目的正在于此。

熟悉《三国演义》的读者也许还记得，该书第六回"焚金阙董卓行凶，匿玉玺孙坚背约"，讲述孙坚在东汉末大乱之际进入洛阳，于空井中获得一枚玉玺：方圆四寸，上镌五龙交纽；旁缺一角，以黄金镶之，上有篆文八字云："受命于天，既寿永昌。"书中又借孙坚部将程普之口道出这方玉玺了不得的来历：秦始皇用卞和进献给楚文王的那块玉琢成此玺，后为刘邦、刘秀相继拥有，都当上了皇帝，"今天授主公，必有登九五之分"。这一段文字有一定的历史依据，秦始皇统一天下后用美玉雕刻的这方玉玺，称为"传国玺"，汉代视之为国宝，当成政权合法的历史根据。魏晋南北朝时期，这方玉玺遂成为各个政权争夺的对象，有的政权为证明自己合法，干脆根据文献上记录的形制，伪造传国玉玺，向臣民做宣传。

据史书记载，真正的传国玉玺由魏晋相传，后为东晋南朝相继拥有，"秦皇玉玺"也成为东晋南朝自认为华夏正统的一个根据。十六国前燕占有河北后，伪造了一枚传国玉玺，后来这枚玉玺也被东晋夺得，东晋南朝称之为"神玺"。也就是说，与北魏为敌的刘宋政权当时拥有两方传国玉玺，北魏为了斥刘宋为伪政权，宣扬自己是负有统一重任的正统政权，也必须拥有两方传国玉玺。

历史传统就是这样无时不在地影响着当时各政权的政治行为。

第
八
章

CHAPTER8

北魏孝文帝的改革图谋

北魏孝文帝元宏（471—499）是中国历史上著名的改革家，他的活动使一个民族彻底放弃了自己的落后习俗，大步迈入文明之途；使十六国北朝前期黄河流域尖锐的民族矛盾趋于缓和，开辟了各族交融、共同进步的新时代。孝文帝改革的过程，实际上也是政治谋略的策划与实施过程。改革的成功，也是谋略的成功。人们对孝文帝改革的具体内容往往能略知一二，甚至有较详细的了解，但对孝文帝为实现改革目标所采取的策略，或无详细了解。本章我们将详尽揭示孝文帝在改革过程中的谋略运用，以加深对孝文帝改革及孝文帝的了解。

　　471年，年仅五岁的元宏被立为北魏的皇帝，但政权一直被与他并没有血缘关系的祖母——太皇太后冯氏所控制。490年，冯氏病逝，元宏才真正享有皇帝的权力。他将行使什么样的政策，又会将北魏政权的统治民族鲜卑族引向何方，使成了各种政治势力所关注的问题。孝文帝巧妙地通过一系列策略，宣布了他改革的主张及将鲜卑族引向文明之路的目标，又通过一系列巧妙而隐蔽的策略将他的主张付诸实践，实现了这一目标。

借丧葬礼仪宣布文治意图

执掌北魏朝政近二十年的太皇太后冯氏去世，不仅意味着北魏各种政治势力面临着重大的调整，也意味着冯氏执政时开始的一系列文化改革活动受到严重的威胁。

冯氏是一个汉人，年幼的时候，因她的父亲犯罪，她被充配进后宫做奴婢。碰巧当时她的姑姑是皇帝拓跋焘的妃子，对她加以保护、教育，生性聪明的冯氏因而学了不少文化知识。452 年，拓跋焘的孙子拓跋濬当上皇帝，十四岁的冯氏有幸被选为贵人，摆脱了婢女的身份。拓跋濬另一贵人李氏不久生下一个儿子，取名拓跋弘，被立为皇太子，李氏却按祖宗遗制被处死，冯氏遂被册封为皇后。十二年后，拓跋濬死，拓跋弘当上皇帝，鲜卑贵族乙浑借皇帝年幼，诛杀朝臣，谋取帝位。身为皇太后的冯氏联络部分禁军将领，杀死乙浑，临朝听政，第一次走上北魏政治的前台。

一年后，不到十四岁的拓跋弘喜得贵子，这便是后来的孝文帝元宏。冯氏突然决定还政于拓跋弘，亲自在宫中抚养这个与她没有血缘关系的孙子。冯氏这一举动颇令后世的史学家迷惑不解，甚至有人怀疑孝文帝是冯氏的私生子，她分娩之后，一时无力掌管朝政，才决定不理政务。无论事实如何，冯氏并没有放弃对朝政的干预，并公开与情人李弈同居。愤怒的拓跋弘将李弈处死，造成与冯氏的公开对抗。471 年，她逼不到十八岁的拓跋弘以"太上皇"的身份退位，将五岁的元宏立为皇帝，自己以太皇太后的身份再次临朝听政。过了五年，她干脆将"太上皇"杀害。

冯氏在随后的近二十年中，牢牢地将朝政控制在自己手中，并极大地改变了北魏的政治面貌。先前，北魏皇帝受鲜卑族昔日游牧生活习俗的影响，经常率鲜卑部落民众组成的军队到处巡游，特别是到北方草原上游牧、射猎乃至抢掠人口和牲畜财物。冯氏作为女性，不敢轻易离开她得以控制朝政的皇宫，以宦官及她宠幸的人控制中央各部门、担任关键地方的行政长官，使以前在北魏政治中居于独占性地位的鲜卑贵族失势。

原来由游牧、射猎以及抢劫支持的国家财产无法再继续维持，冯氏遂主持对经济进行全方位的改革，推行三长制、均田制，清查户口，规定全国每户小农必须耕种的土地数量，并承担固定的赋税，用这种正常的财政收入给官吏发放俸禄，改变以前官吏靠皇帝不定期的赏赐而生活的旧习。

出身汉族的冯氏还大量引用以高允、高闾、李冲等为首的汉族文人，让他们制定法令，采纳汉魏以来中原政权按儒教古训而创定发展的那一套礼仪制度，改革鲜卑旧制。

冯氏与元宏的关系并不十分融洽。史称："自太后临朝专政，孝文雅性孝谨，不欲参决，事无巨细，一禀于太后。太后多智，猜忍，能行大事，杀戮赏罚，决之俄顷，多有不关帝者。是以威福并作，震动内外。"（《魏书·文明太皇太后冯氏传》）冯氏还派人严密监视孝文帝的活动，竟曾因一个宦官说了孝文帝的坏话，冯氏大怒，痛杖孝文帝几十棍。冯氏还因为孝文帝聪颖，担心他于己不利，打算废掉他的帝位，另择一个容易驾驭的人来当皇帝，遂于寒冬腊月让孝文帝穿单衣，将他禁闭起来，三天都不给饮食，因人劝阻才作罢。如果这些史实确定无疑，足可以否定关于孝文帝是冯太后私生子的怀疑。

冯氏死后，在她执政时受压制的鲜卑贵族希望孝文帝能一反冯氏的做法，像先前的皇帝那样，骑上马、穿上羊皮衣裤和马靴四处奔走，射猎、抢掠，不必再穿冯氏下令制定的宽袍大袖的礼服，并重新恢复鲜卑贵族原有的政治地位。可是，经过冯氏的严格教育与熏陶，这位年轻的鲜卑族人业已成为华夏文明衷心的热爱者。史称他"雅好读书，手不释卷"，深得儒家经典的精髓，历史书与诸子百家，"无不该涉"，不仅读了，而且颇有心得。他"才藻富赡，好为文章"，各种文体都可以"任兴而作"，遇到有重要文件发布，他"马上口授，及其成也，不改一字"。（《魏书·高祖纪下》）对汉族文明的熟悉与热爱，使他消除了对冯氏的仇恨，并决心更大规模地推行"文治"。于是，他将冯氏丧礼变成昭示自己政治主张的手段，利用死者为活人服务。

在此以前，北魏皇帝、皇后、皇太后去世，总是要将灵柩送至鲜卑拓跋部发迹之地云中金陵秘密安葬，不立坟堆，且下葬之后，鲜卑族人便穿上艳丽的服装，驰骋作乐，饮酒吃肉，无须尽孝守丧。

冯氏在世时，已在平城附近的方山之上为自己修建起豪华的坟墓，并预先留下遗嘱，不要将自己葬到金陵。她去世后，孝文帝不仅遵从冯氏遗训，将她安葬在方山，称为"永固陵"，而且表示要按儒家的主张，断绝酒肉，穿粗麻布衣服，为冯氏守孝三年。皇帝这样做，朝廷大臣势必也要如此这般。这引起大臣们的激烈争论，汉族大臣高闾、李冲等因担心朝政无人管理而加以阻止，鲜卑贵族元丕等却要求孝文帝遵循祖先旧俗，反对守孝三年。

针对鲜卑贵族引"先朝成式"反对儒教古礼，孝文帝在与他们的争论中反复强调祖宗"情专武略，未修文教"，只热衷于骑马打仗，未能进行文化建设，而自己接受了"圣母"太皇太后冯氏的教诲，"庶习古道，论时比事，又与先世不同"，不能"引末朝因循之则"作为当前的准则。他称颂冯氏执政后，"君臣协和，天下缉穆""诸夏清泰，礼乐日新，政和民悦"，功绩超过有史以来任何一位太后。他将冯氏的谥号定为"文明"，表明冯氏执政时期，北魏已经摆脱祖先"锐意武功，未修文德"的一贯做法，步入了文明之途。他宣称自己将"稽参古式，宪章旧典""仰遵明轨，庶无愆违"，使"四海移风，要荒革俗"。

总之，孝文帝于冯氏丧礼的主张只不过表明一种姿态，即他将按照儒家经典的说教及汉魏以来中原政权的做法，继承冯氏的遗志，抛弃鲜卑旧俗，推行更为全面的汉化改革。

当自己的目的达到后，孝文帝并没有一意孤行地放开政务，去为冯氏当三年孝孙，而是很快脱掉孝服，进行雄心勃勃的改革活动。不过，在随后的三年中，孝文帝坚持不喝酒、不吃肉，不与皇后嫔妃同居，以此向冯氏尽孝。每至冯氏祭日，他都要带上朝臣到冯氏陵前哀悼祭祀，谴责自己有违冯氏教诲，没有让北魏政权更为"文明"。使已经死去的冯氏在他的改革活动中发挥着持续不断的影响，给朝臣以心灵上的刺激，为自己进行的改革活动寻求一种精神上的慰藉。

定行次确定北魏地位

　　孝文帝亲自执政并试图进行大规模的汉化改革时，面临的却是一种尴尬的处境：北魏作为一个北方草原民族创立的政权，一直被江南东晋及宋、齐政权视为"虏"，将其与十六国时期在黄河流域建立的各少数民族政权同等对待，认为只有自己才是华夏文明正统的延续者。他们所持的依据是：曹魏代汉、西晋代魏，都是在"禅让"的形式下进行的，东晋是西晋的合法继承者，而宋代晋、齐代宋又都是"禅让"的结果，十六国时期北方的政权及北魏是窃据者，是僭伪，不合法。孝文帝要进行文治，使北魏成为人们认可的华夏文明的合法继承者，便必须在历史传统中去另寻依据。

　　491年，孝文帝下令让臣下展开讨论，确定北魏在"五行"中的次序，便是出于上述背景。

　　所谓"五行"，即金、木、水、火、土。根据战国时期阴阳学派所阐释的一套政治哲学，五行相生相克，每一个政权都占有某一"行"，亦称"德"，每一"行"或"德"又都有相应的颜色、数字、方位、政令与之相配，占有某一"德"的政权应据以行事。如水德颜色为黑，所代表的数字为六，方位为西，政令尚诛杀。秦朝统一全国后，即在政权建设中采用了这一说法，定秦为水德，官员礼服为黑色，崇尚法制，度量以六或六的倍数为标准。

　　阴阳五行学说还宣称：五行中任何一行不可能永远处于强盛的状态，势必要被另一行所取代。从"相生"的角度看，金生水、水生木、木生火、火生土、土生金；从"相克"的角度看，金克木、木克土、土克水、水克火、火克金。五行相生相克，决定着政权的辗转更替。魏、晋均以"禅让"的方式建立政权，相生的说法占了上风，人们认为汉得火德，所以往往又称两汉政权为"炎刘"。代汉的曹魏依火生土，为土德；西晋代魏，依土生金，为金德。孝文帝正是要从阴阳五行学说中为北魏政权找到继承魏晋的合法依据，并以此否定与之抗衡的南方政权的合法性。

在讨论中，形成两种有代表性的意见。一种意见认为：西晋灭亡后，十六国中的羯族后赵、鲜卑族前燕、氐族前秦三个政权相继统治中原，属于合法的正统政权，北魏在前秦灭亡之后逐步发展起来并据有中原，夏、商、周、秦、汉以及魏、晋都建都于北方，统治全国，北魏与之相似，无疑也是正统政权，而东晋南朝政权在南方"蛮夷"之地建国，只能是偏霸、僭伪，不合法。这一种意见还认为，后赵继西晋得水德，前燕承后赵得木德，前秦承前燕为火德，北魏"宜从尚黄，定为土德"。这种意见以中书监高闾为代表。

另一种意见认为：北魏应直接承西晋金德为水德，服色尚黑。以秘书监李彪为首的一批人认为后赵、前燕、前秦等政权皆"世业促编，纲纪弗立"，乃"僭窃""强狡"，北魏不能引它们为同类。他们还从北魏早期的历史中找出种种足以证明北魏继承西晋为正统的根据。

尽管西晋灭亡后八十年北魏才据有中原，尽管李彪等提出的根据明显牵强附会，但当两种意见摆在孝文帝面前要他做出决定时，孝文帝还是采纳了李彪等人的意见。他既要否定东晋南朝政权的合法地位，也不容许北魏像后赵等政权那样，"纲纪弗立"，文化上无建树，存在不久便灭亡。他要通过历行文治，使北魏文明强盛，在中国历史中占有它应有的地位。

确定北魏为西晋合法继承者之后，李彪在奉命编撰的当代史中，致力于阐述这一官方意见，进一步向全国上下宣传。这部史书按纪传体编成，以北魏为主体，将十六国政权及东晋南朝政权作为北魏的附庸编入列传，而且称十六国政权为伪政权，称东晋为"僭晋"，称南朝宋、齐为"岛夷"。

这样，在北魏臣民的心目中，北魏俨然是华夏文明的代表，虽然这还只不过是孝文帝奋斗的目标。

改祖宗庙号，夺贵族特权

　　任何一场改革都要依托某一政治势力，还会使改革前享有特权的旧的政治势力丧失原有的地位。在某些情况下，不排除在原有政治格局获得巨大利益的那一股政治势力的影响，改革便不可能进行。孝文帝试图推行文治，改变祖宗旧制，必须极力否定鲜卑贵族的政治特权，为改革创造条件。

　　北魏的前身是以鲜卑拓跋部为核心的部落联盟，北魏建立后，部落联盟体制瓦解，昔日各部落的首领摇身一变成为北魏的贵族，他们享有世袭担任同一官职及统领军队的特权，还世袭性地拥有王、公、侯、伯等标明贵族身份的爵位，这与秦汉以后汉族政权官员由行政机构选拔任命、据政绩升迁贬黜大不一样。而且汉代以后，非皇帝叔伯兄弟或子孙不得拥有"王"这一爵号，皇室之外的"异姓"被封为王，往往是政权将易姓换主的先兆，北魏异姓亦可以封王，本身也悖于传统。

　　鲜卑贵族的特权还表现在皇帝即位时的仪式上。孝文帝及其以前数代皇帝即位，都在平城西郊进行，在贵族中选择七个人代表部落联盟时代的七个核心部落，在他们身上蒙上一块黑色的毡毯，新皇帝站在毡毯上面向西方拜天，其皇位才算合法。这实际上是部落联盟时代各部落共同推举联盟首领仪式的遗存，皇帝仍表现为贵族们认可的首领，不具有秦汉以来汉族传统政权中皇帝那种唯我独尊的权力。因此，鲜卑贵族在朝政及礼仪中享有发言权而不论他的官职大小如何，政府各部门在他们的特权面前显得软弱无力。

　　冯氏执政时，通过重用宦官、恩幸使鲜卑贵族受到压制，汉族文人也大量进入中央各个机构担任长官，但并没有从制度上取消鲜卑贵族的特权，而汉族文人官吏也未能形成足以与鲜卑贵族抗衡的政治势力。孝文帝亲政后，立志文治，并在官僚机构的日常工作中明确体现出来，冯氏时高居政治要津的宦官、恩幸对文治并不感兴趣，孝文帝对正常政治秩序的追求及他们所表现出来的政治态度，都使得孝文帝不可能继续宠任宦官、恩幸来达到压制鲜卑贵族及实现文治的目的。汉族文人是他竭力扶持的对象，而要引用汉族文人，首先必须否定鲜卑贵族的特权。于是，491 年，孝文帝下令重新确定祖先的庙号。

汉魏及其以后的历代政权，按西周制度，皇帝置庙宇供奉七位对于本政权建立有重大功绩的先祖，即"天子七庙"制度。一般情况下，政权的创立者被尊为太祖或高祖，以后则为太宗、世祖、世宗等等，这便是庙号。尽管一个政权可能连续有七个以上的皇帝，但庙中只能供奉七位祖宗，那些没有功绩的皇帝便不得有专享祭奠他的殿宇，后来某位皇帝功业卓著，也可以取代原受祭祀的某位祖宗的地位。进太庙供奉者的后裔在本朝享有一定的政治特权。

北魏建立时，拓跋珪尊奉草原时第一个部落联盟首领拓跋力微为始祖神元皇帝，另一位部落联盟首领拓跋郁律为太祖平文皇帝，尊自己的祖父什翼犍为高祖昭成皇帝。在拓跋鲜卑历史上首次称皇帝的拓跋珪，死后则被追奉为烈祖道武皇帝。部落联盟时代的首领为北魏政权太庙中供奉的祖宗，同时也肯定了部落首领后裔鲜卑贵族在北魏政权中的地位。

孝文帝宣称：原为烈祖的拓跋珪创建了北魏，太武帝拓跋焘统一北方开疆拓土，"宜为祖宗，百世不迁"，定拓跋珪的庙号为太祖，拓跋焘的庙号为世祖，将拓跋力微、拓跋郁律等的神位请出太庙。可是，算来算去，即便加上并没有真正当上皇帝的拓跋焘之子即孝文帝的曾祖父拓跋晃、太祖拓跋珪以后，孝文帝以前的皇帝只有六人，按"天子七庙"之制还差一个。孝文帝为了使庙号改革彻底实现，不理会鲜卑贵族"依先尊祀"的请求，竟在太庙中为自己虚设一个灵位充数。他解释说："人生来总有一死，这是常理。我这无德之人得以继承祖先开创的大业，若祖宗保佑，安然而死，且能被祭奠于太庙，我也就满足了。如果我没资格被供奉于太庙，可预先做出明文规定，让后代将我的灵位搬出太庙便是。"

改祖宗庙号只是一种手段，随之而来的行动才显示了孝文帝这一行动的真正目的。492年正月，孝文帝下令：

> 诸远属非太祖子孙及异姓为王，皆降为公，公为侯，侯为伯，子、男仍旧，皆除将军之号。(《魏书·高祖纪下》)

也就是说，按新定的庙号，如果不是太祖拓跋珪的嫡系后裔而拥有王、公、侯、伯几种爵位者，都必须递降一级，子爵、男爵可以不动，爵位降低，当然也意味着政治地位的下降，"子、男仍旧"表明孝文帝主要目标在于剥夺上层贵族的特权，因为他们在政治上的影响更大。"皆除将军之号"根据《魏书·官氏志》，是剥夺鲜卑贵族世袭的将军名号，使他们不再有天然的率领军队的特权，尽管有可能只是名义上的特权。孝文帝从此可以任命他信得过的人去当各级将军，使军队由改革潜在的阻力转而为改革的保障，事情的发展也确实如此。

"非太祖子孙及异姓"王公的政治地位被贬低后，拓跋珪的嫡系后代即北魏皇室子弟的政治地位相应地得到提高。此后，孝文帝便像两汉、西晋以及东晋南朝政权一样，用皇室子弟入掌朝政、出统军队、担任重要州镇的长官，从上到下掌握实权。因庙号改革而获益的皇室子弟遂成为孝文帝进行文治改革的积极支持者，他们与汉族文人一道，成为孝文帝改革倚仗的政治基础。

总之，孝文帝改定祖宗庙号，进而吸取汉高祖刘邦"非刘氏而王者，天下共诛之"的历史经验，降低皇室子孙以外高级爵位拥有者的爵位等级，既剥夺了一大批鲜卑贵族的特权，又使他的改革获得强有力的支持力量。庙号改革确定率领鲜卑族人走进中原创立北魏的拓跋珪为太祖，还割断了北魏政权与部落联盟时代的联系，为新的发展卸下了沉重的历史包袱。

在"南伐"旗号下实现迁都

　　493 年农历八月，孝文帝率三十万大军离开平城向南进发，前往洛阳，与奉命从各地汇聚到那里的几十万地方部队会合。这次军事行动在数月以前即已向全国公开，孝文帝宣布要进行"南伐"，即对江南的南齐政权发起全面进攻。北魏的使臣早已将措辞严厉的讨伐檄文送达南齐境内，孝文帝为此进行了军事总动员，并发布了全国戒严令。

　　一般来说，向敌国发起进攻，总是越机密越好，突然袭击总比预先让敌方知道自己的意图成功率要高。孝文帝这样公开自己的行动，还没出兵便弄得沸沸扬扬，似乎一点儿也不懂军事。

　　尽管如此，跟随孝文帝出发的鲜卑贵族及鲜卑族骑兵最初仍是兴高采烈的，他们已有好久没在皇帝亲自率领下打仗了，南方的美女珍宝深深地吸引着他们。他们中有的人开始自责，因为他们不久前还对孝文帝的"文治"政策充满了怨恨乃至仇视，因为在这一政策下设置起来的各机构大都让汉族文人担任职务，让他们中的不少人不能再像先前那样父死子继，占据政治要津。他们还曾以"北人何以知书"的说法反对孝文帝强令他们学习儒家经典。这些都因孝文帝宣布大举"南伐"而变得无足轻重了。

　　可是，离开平城不久，天上下起连绵不断的秋雨，他们身上的羊皮裤从未干过，他们的坐骑在泥泞中踯躅而行，根本不能享受纵骑驰骋的乐趣，弄得他们苦不堪言。他们中不少人又不知不觉埋怨起孝文帝：干吗不像以前出兵打仗那样在秋后进行，而要选择这样一个鬼天气呢？

　　当到达洛阳后，还来不及修整，孝文帝就全副武装，骑马站立于雨中，命令部队继续向南开拔。被雨搞得精疲力竭的鲜卑武士们已完全失去了战斗的激情，一批鲜卑贵族齐刷刷地跪倒在孝文帝马前，请求他停止"南伐"。孝文帝说："这样大规模的军事行动哪能当成儿戏，说走就走，说停就停。你们如果实在不愿继续前进，那就必须同意将都城从平城迁到洛阳来，何去何从，请做出选择。"不愿继续行军的鲜卑贵族们来不及深想，答应下来，有的试图反对迁都，但迫于形势，也不得不勉强同意。他们并不知道，这一结果早在孝文帝的算计之中，孝文帝"南伐"的真正意图便是迁都于洛阳，孝文帝违反军事常规的举动以及进军时间的选择，都是为了"迁都"这一目的而做出的巧妙安排。

孝文帝亲政后，大张旗鼓地进行汉化改革活动，严重地损害了鲜卑贵族旧有的政治特权。特别是孝文帝进行官制改革，强调官僚机构的权威，并大量引用汉族文人充实各部门，为其"文治"政策服务，引起只善于骑马打仗的鲜卑贵族们的强烈反对，这使改革面临中途夭折的危险。孝文帝深深感到，要在鲜卑贵族的势力盘根错节的平城进行他们不能理解的文化变革，基本上是不可能的。要使改革成功，必须从根本上消除他们的影响。于是他决定迁都洛阳。熟悉儒家经典的孝文帝，无疑是从《尚书·盘庚》所述盘庚迁都于殷"安定厥邦"的活动中得到启发。

迁都洛阳，在政治及文化上本身亦具有不可低估的影响。洛阳号称周公创始，东汉、三国魏及西晋连续以为都城。西晋灭亡后，黄河流域出现的十几个政权，没有哪一个敢贸然定都于此，而东晋则先后三次派军"收复"洛阳，并视之为恢复全国统一的重大行动。北魏建立后，定都平城，这虽然使北魏免于其他政权的进攻，并以此为中心实现黄河流域的统一，但平城从严格意义上说不属于中原，因而北魏政权仍被南朝人视为"戎狄"之邦，即不开化民族的政权，北魏境内不少恪守儒教传统的汉族人士也因此总是和北魏政权保持着一定的距离，不能心悦诚服地为之尽力。迁都于洛阳，使北魏得以超越十六国各族政权，以汉晋文明继承者的姿态出现，从而改变自己文化上的形象，与孝文帝积极推行的"文治"政策相符，还可以增强北方汉族人士对北魏政权的认同感，赢得他们的诚心拥戴，可谓一举两得。

尽管在孝文帝看来，迁都有如此多的益处，但如果公开宣布迁都到洛阳去搞"文治",无异于火上浇油,将激起鲜卑贵族的公开反抗。因此迁都在秘密状态下,由孝文帝及其亲信的皇室子弟、汉族文臣商量、策划,最终决定以"南伐"南齐政权为名付诸行动。当政治活动受到挫折时发起举国动员的军事行动,本就是政治家们转移人们的注意力、缓和国内政治危机的常用办法,而孝文帝采用这一办法,还有更现实的意义。

首先,迁都意味着要将平城地区聚居的鲜卑族人迁到洛阳一带,这非常困难。平城地理位置偏北,气候上适宜喜欢穿毛皮服装的鲜卑人,平城以北不远便是草原地区,适于喜欢畜牧射猎的鲜卑人居住。且不说鲜卑人迁居平城已近一百年,他们中不少人在这里置办产业、聚积财富,迁移意味着他们将丧失已有的一切。因而要让他们自觉自愿地迁到黄河南岸他们不熟悉的洛阳,迁到这个一百多年来历经战火、荒芜不堪的地方,根本上是不可能的。"南伐"则可以调动喜欢在战争中抢掠财富的鲜卑武士的热情,让他们兴高采烈地朝南方开拔。

其次,全国规模的军事行动,意味着要大规模地调集军队,安排军队将领。孝文帝正是通过这一办法,对从平城出发的军队的指挥人员进行了重大改组,尽量安排自己的亲属、汉族文臣担任军队指挥人员,从京城以外应征赴洛阳的数十万部队的指挥人员也做了同样的精心安排,将军队置于自己的绝对控制之下。这使他在洛阳公开宣布迁都时,措手不及的鲜卑贵族毫无反抗能力,留守北方的鲜卑贵族迫于孝文帝数十万大军的威胁,暂时也不敢有所行动,纷纷同意迁都。

结果证明,在"南伐"的名义下实施的迁都计划,极为成功。孝文帝在洛阳命鲜卑族人改说汉语,改穿汉族服装,分给他们土地耕种,让他们采用汉族人的姓氏,均未受到严重阻力。

促成胡汉联姻，缓和民族矛盾

孝文帝亲政后不久，规定皇室诸王王妃必须以鲜卑贵族及汉族世家大族人家的姑娘充任。他的弟弟咸阳王元禧却不听命令，让一个婢女做自己的王妃。为此，孝文帝下了一道措辞严厉的诏令，指出：

"婚姻自古以来都受到人们的重视，它可以使两个不同姓氏的家族结为亲戚和好关系，只有选择合适的家族通婚，才能使政治安定，忠孝礼义复兴。自我朝创立以来，不讲究婚姻的门当户对，宗王婚娶太过随便，违背了先代圣王的制度，有害于社会风俗，必须加以改革。"

于是，孝文帝命令元禧等将以前娶的妻子降为妾或婢女，规定元禧娶陇西李辅女为王妃、二弟河南王元干娶鲜卑贵族穆明乐女为妃、三弟广陵王元羽娶荥阳郑平城女、四弟颍川王元雍娶范阳卢神宝女、五弟始平王元勰娶陇西李冲女、幼弟北海王元详娶荥阳郑懿女。通过朝廷命令为诸王纳妃，其实质是促进鲜卑贵族与汉族世家大族联姻。通过婚姻这一政治上的润滑剂，缓和二者之间的矛盾，稳定北魏的统治。

北魏前期，鲜卑族与汉族之间的民族矛盾相当尖锐，而鲜卑贵族与汉族世家大族之间的矛盾，在一定程度上又是民族矛盾最集中的体现。当时世家大族虽然没有在政治上享有多少地位，但他们在汉族社会中却有不可低估的影响。他们各自选择与自己地位相当的家族联姻，按儒教古礼规定的婚姻程序举办婚礼，形成一个个排他性的婚姻圈，维持一种社会上普遍景仰的较高的社会地位。

鲜卑贵族在政治上享有独占性的地位，但由于民族习俗，对婚姻所具有的社会意义并不重视，十多岁便找一个伙伴同居，不太在意对方的年龄或社会身份，也不管汉族视为"礼之大端"的婚礼程序，这受到汉族世家大族的鄙视。在孝文帝以前，北魏朝廷便曾发布过鼓励鲜卑贵族与世家大族通婚的命令，但鲜卑贵族仍习惯旧时的做法，世家大族不愿将自己的姑娘嫁给一个鲜卑贵族，也不愿自己的儿子娶一个骄横跋扈的鲜卑族女子，因而成效不大。

　　通过孝文帝强制性的措施及士族门阀制度的推行，北魏后期鲜卑贵族与世家大族通婚现象越来越普遍，他们之间的民族矛盾也日渐消泯，北魏政权由此受到汉族世家大族的诚心拥戴。

耀兵沔北、巩固洛阳

孝文帝迁都洛阳后，相继三次发起对南齐的军事进攻，似乎并没有将主要精力放在文治政策上，引起后世的批评，当代的研究者也往往指责孝文帝破坏了南北政权之间业已出现的和平交往，是政策上的失误。在孝文帝时，其军事行动也受到大臣们的阻挠。

494 年，南齐执政萧鸾废掉皇帝萧昭业，自己当皇帝，南齐雍州刺史、镇守襄阳的曹虎一度打算背叛南齐，向北魏投诚。孝文帝决定亲自率军前往接应，而他最信任的两位大臣元澄、李冲则坚决反对。元澄等认为：刚刚迁都，从平城迁来的百姓还未能在洛阳安顿下来，没房屋住居，无粮食储备，在这种情况下征发他们去打仗，毫无士气可言；襄阳投诚者只派来一位使节通音讯，使节回去后，再无新的消息，情况不明。"无劳远涉，空为往返，恐挫损天威，更成贼胆"，反于自己不利。

孝文帝承认他们的看法有道理，但同时也指出：如果敌将投诚属实，就应乘机发军，即便不能就势消灭南齐，也可以寻机将北魏疆域推进到长江以北；如果敌将投诚不实，也可以就此巡抚边民，"使彼土苍生，知君德之所在"，安定边疆。(《魏书·元澄传》)孝文帝最终还是不顾大臣的阻拦，发兵进攻汉水以北地区，同时派军向淮河流域发起攻击。

事实上，孝文帝对南齐连续采取军事行动，是迁都洛阳后的必然选择。从地理位置上讲，洛阳并不适宜做分裂时代的都城，因为该地处于平原中，无自然的山脉河流可供军事防御，容易受到威胁。就北魏定都洛阳之初的形势看，南齐据有淮河流域及其以西的大别山区、汉水流域及桐柏山区，今河南西南部的南阳、信阳也在南齐的控制之下，河南西部的商洛地区基本上由南齐统治。北魏迁都洛阳，使南方政权感受到前所未有的政治军事压力，更积极地强化对上述地区的控制，使洛阳随时面临攻击。如果洛阳出现不稳的局势，孝文帝迁都及汉化政策亦将无法付诸实现。

孝文帝本人对这种严峻的形势有清醒的认识。针对李冲请求他不要亲自率军出征的意见，他指出："朕之所虑，乃有社稷之忧，然咫尺寇戎，无宜自安。""取南之计决矣，朕行之谋必矣。"（《魏书·李冲传》）

通过一系列战争，北魏终于彻底将南齐的军事活动区域死死地限制在淮河以南地区，并夺得信阳、南阳等城，使洛阳周边防御体系得以完成，洛阳得到巩固。499 年正月，南齐大将陈显达率军进攻沔北，孝文帝当时已身患重病，仍坚决亲自率军前往迎敌，最后病死于行军途中。

在战争过程中，孝文帝不再像北魏前代皇帝那样，将俘虏的敌方兵士及掳掠的平民赏赐给将士做奴隶，也坚决禁止军队在进入敌境后的掠夺行为。进入敌境后，如因军事需要必须砍伐百姓的树木，也要留下丝绢作为报偿。孝文帝还亲自接见新占有地区的老年人，给他们提供生活保障。这些行动也赢得边境地区百姓的好感，使他们心向北魏。

由于孝文帝的军事行动和收纳民心的举动，短短数年之间，洛阳周边地区便被完全稳定地置于北魏统治之下，"京师天固，与昔不同"（《魏书·世宗纪》）。所以当他死后，其子宣武帝元恪将北魏官府机构全部从河北邺城迁到洛阳，使洛阳真正成为北魏完全意义上的都城。

宇文泰的一统洪猷

528 年夏天，一支一千人组成的部队奉北魏执政者尔朱荣之命，在尔朱荣之侄尔朱天光的统领下，从洛阳出发，去"讨伐"侵扰关陇一带已经四五年的叛乱者。叛乱者是由昔日北魏地方部队为主体组成的，他们的首领几经变换，这时的首领万俟丑奴已自称皇帝，与北魏朝廷分庭抗礼。在此以前，北魏已多次派军前往镇压，均被起义者击败，起义者此时已将他们控制的地区扩展到潼关附近。与声势浩大的起义者相比，尔朱天光率领的这一支小部队，实在有些微不足道，大家不免忧心忡忡。

但这支队伍中却有许多了不起的人物，虽然当时他们还名不见经传，而且对前途不抱太大的希望。这些人包括西魏北周政权的开创者宇文泰、隋朝开国皇帝杨坚的父亲杨忠、唐代开国皇帝李渊的祖父李虎。

他们和这支小部队的其他大多数将士一样，不久前还是北魏北方重镇之一的武川镇（今内蒙古武川西）驻军中的武官或当地部落首领，北镇镇兵的哗变迫使他们逃离家园，聚于尔朱荣麾下，向着一个不太熟悉的地区开赴。我们有理由如史学家陈寅恪先生那样，称之为"武川军团"。

这支部队后来获得了两千人的补充，他们一路收罗老百姓的马匹以补充战马，不断向小股起义者发起攻击，招降纳叛，扩大兵源，竟然在两三年中成功地镇压了叛乱者。最初从军的一批人在战斗中成长为中高级将领，宇文泰便是他们的杰出代表。

设计据关陇

两晋之际，有一个名叫宇文的部落，与鲜卑慕容部争逐于辽河流域，宇文部失败，余众逃至草原。北魏初，宇文部降附北魏，被安置在武川镇，为武川镇豪族之一。史书中称宇文部是鲜卑部之一，有学者考证，宇文其实是匈奴人的一支。可能与当时匈奴、鲜卑在草原上相互交融有关。

据称宇文泰的母亲怀上他后，曾做梦抱子升天，快到天上又停下来，这或许是后来人们根据他位极人臣而又未做皇帝的经历虚构的故事。史书说他额角宽阔，身材高大，须髯飘逸，手长过膝，面带紫光，且背上有许多黑痣构成一个蜷曲的龙形，具有"君人之表"。但真正使他走上政治前台并创立不世功业的，还是他自己的才识和谋略。

宇文泰生长于边塞，地理环境及骑马民族的家族背景都使他显示了突出的游牧族勇士的特征。他本人有一个我们今天已本意不明的鲜卑语名字——黑獭，他后来给他的几个儿子取名，几乎都带有一个"突"字，如统万突、祢罗突，"突"字在北方草原民族语言中指"勇士"。

但如果仅能骑马射箭，最多不过使他日后成为一名骁勇的将军，他与其同出武川镇的伙伴所不同的是对汉族文化异常热爱，以至于当北魏末武川镇动乱，他被迫在河北一带辗转流亡时，还聘请一位汉族老师给他的几个侄儿讲授儒家经典，在日后戎马倥偬的生涯中，他还督促身边人员白天办公，夜间学习文化。他"少有大度，不事家人生业，轻财好施，以交结贤士大夫"。（《周书·文帝纪》，后文史料未注出处者同此）。交结"贤士大夫"及爱好文化，正是他超越侪辈而以智勇开创西魏北周政权、创隋唐统一基业的主要原因。

尔朱天光入关时，宇文泰作为尔朱天光副将贺拔岳下面的一个小军官，年龄只有二十来岁。宇文泰随军来到秦汉曾赖以统治全国的关中，在"平叛"战争中，他发挥其勇猛善战的才干，因功勋卓著而被任命为征西将军、代理原州（今宁夏固原）刺史。宇文泰在原州又表现出不凡的政治能力。

530年，尔朱荣被不满其干预朝政的北魏孝庄帝元子攸所杀，尔朱荣子侄辈尔朱兆等攻陷洛阳，杀死元子攸，另立皇帝。河北世家大族在为元子攸复仇的旗号下推高欢为首，在邺城（今河北磁县）拥戴北魏宗室元朗为皇帝，与尔朱氏集团夹黄河对垒。北魏一时出现两个中央政府，而关陇部队在尔朱天光的指挥下，自然支持洛阳那个中央政府。

531年，尔朱氏兄弟酝酿与高欢的军队展开决战，尔朱天光东返，留自己的弟弟尔朱显寿坐镇长安，关陇这支势力逐渐上升的部队究竟何去何从，极为引人注目。这时，关陇部队实际上一分为二，一部分由贺拔岳率领，一部分由侯莫陈悦率领。作为尔朱天光的副手，这两人也都出生于武川镇，属于宇文泰的长辈。

贺拔岳打算与尔朱氏决裂，又担心侯莫陈悦死心塌地跟随尔朱氏，"计无所出"。这时侯莫陈悦应尔朱天光之召，率部从秦州（今甘肃天水）赴洛阳，宇文泰趁机向贺拔岳献计说："侯莫陈悦虽名为一军之帅，但控制不了他的部下，如果先说动其部下，使他们拒绝奔赴洛阳，侯莫陈悦即便强行进军，也赶不上尔朱天光限定的时间，按兵不动又怕部下哗变。到这时候再劝说他与您一起干，哪有办不成的事！"贺拔岳遂派宇文泰到侯莫陈悦军中活动，果真取得成功。侯莫陈悦被迫与贺拔岳联军进击长安，擒杀尔朱显寿。

尔朱氏兄弟在河北战场上全军覆没，高欢率军进入洛阳，立元修为皇帝，贺拔岳被任命为关西大行台，宇文泰作为其府中首僚，"事无巨细，皆委决焉"。在风云变幻的政局动荡中，关陇军队站对了立场，没有作为尔朱氏的党羽受到攻击，宇文泰功不可没，他也因此脱颖而出，进入这支军队的最高领导层。

与尔朱氏决裂只是武川军团立足关陇的第一步。高欢击败尔朱氏，完全掌握北魏朝廷并据有黄河南北后，武川军团又一次面临何去何从的选择。在高欢与皇帝元修的矛盾日益激化时，宇文泰奉贺拔岳之命前往拜见高欢，观察形势。回到长安后，宇文泰向贺拔岳提出了一个决定武川军团命运的计策。他认为高欢必将篡位自立，贺拔岳如想"立大功，匡社稷"，必须"因地势，总英雄"。宇文泰认为，就当时关陇的几股势力来看，侯莫陈悦乃一"庸才"，不难对付，而陇上由原北魏官府牧场牧奴聚合成的一万多骑兵以及处于独立自保状态的夏州刺史斛拔弥俄突、灵州刺史曹泥、河西走廊上以纥豆陵伊利为首的流民武装，均可以争取。贺拔岳只要率部向陇右靠近，据守要地，"示之以威，服之以德"，便可"收其士马，以实吾军"，然后"西辑氐羌，北抚沙塞，还军长安，匡辅魏室，此桓、文之举也"。

贺拔岳按计而行，挥军至平凉（今陕甘交界地区），斛拔弥俄突及纥豆陵伊利果真归附，宇文泰被派驻原州，处理善后事宜，搜罗在当地活动的各游牧部落。当贺拔岳率军进攻不附的灵州刺史曹泥时，秦州刺史侯莫陈悦趁宴请之机杀死贺拔岳，贺拔岳的部下散回平凉。众将因都督寇洛年龄最大，欲推以为首，为遇难的统帅复仇。寇洛本人却竭力推举晚辈宇文泰，认为他"英姿不世，雄谟冠时，远迩归心，士卒用命"，且"法令齐肃，赏罚严明"，若推以为主，必能临危受命，成就大事。

宇文泰终于以他业已显示出来的政治军事才干及超乎常人的谋略，成为武川军团的一号首领，从而有机会亲自实施他曾向贺拔岳提出的那一套计划。

这时，诸将中"有识量，略窥经史，尤好《孙子兵法》"的于谨向宇文泰建议说："魏祚陵迟，权臣擅命，群盗蜂起，黔首嗷然，明公仗超世之姿，怀济时之略，四方远近，咸所归心。愿早建良图，以副众望。"并讲述了具体的办法：

"关右曾经是秦汉建都的地方，古代称这里为'天府'。民风勇悍，土地肥沃，西南有巴蜀经济繁荣之区，北方有游牧民的马匹和羊群可以利用。若据有战略要地，招纳英才，训练士卒，发展农耕，足以在乱中自保并相机而动。而且皇帝在洛阳受到权臣的胁迫，您若向朝廷表明诚心，晓以利害。请求建都关右，皇帝肯定会嘉奖您的忠诚，西向迁都。然后挟天子以令诸侯，奉王命以讨暴乱，是建立齐桓公、晋文公那样的霸业的千载难逢之机。"

于谨所说，不过是宇文泰向贺拔岳建议的进一步发挥。对于刚刚被推为一军主帅的宇文泰来说，仅凭个人还不太高的威望聚合关陇各种政治势力，进而与据有黄河中下游地区的高欢集团抗衡，几乎是不可能的。于是，宇文泰积极迎合皇帝元修，虽然婉言谢绝了朝廷要他率部到洛阳的命令，却又与诸将一道同元修派来的特使"刑牲盟誓"，发誓齐心拥戴朝廷，反抗高欢。元修任命宇文泰为大都督，继贺拔岳统领诸将，宇文泰从而得以名正言顺地在关陇展开行动。

534年四月，在贺拔岳遇害两个月后，宇文泰经过周密的策划，率部袭击一直提防着的侯莫陈悦，将其擒杀，实现了全军将士复仇的愿望，将侯莫陈悦搜集的堆积如山的财宝全都赏赐给部下。他的随从悄悄地为他藏起一个银罐，宇文泰知道后，将这个随从治罪，打碎银罐分给将士。这位年轻的统帅终于以其指挥才能和公正赢得全军上下的诚心拥护。

随着皇帝元修与高欢矛盾加剧，各自聚集部队，夹黄河对峙。这年六月，宇文泰向全国各地散发檄文，指责高欢为"贼臣"，公开与高欢决裂。七月，高欢从河北率大军渡黄河进逼洛阳，皇帝元修率残部向关中逃窜，宇文泰率部自潼关将他迎至长安，"披草莱，立朝廷"，在长安重新建立起中央政府。高欢另立皇帝，迁都邺城。黄河流域因而出现两个均称为"魏"的对立的政权，史称东魏、西魏。

武川军团终于在宇文泰一步步的引导下，成长为西魏政权的军事支柱，宇文泰也因而执掌"军国大政"，成为西魏实际上的最高领导人。

运智破强敌

西魏的建立，是宇文泰政治上的成功，但西魏建立之初，宇文泰大约只有四五万人的军队，关陇一带经北魏末长期战乱，经济萧条。东魏执政者高欢趁势发起两次大规模的进攻，试图扼杀立足未稳的西魏，消灭这个同样以北魏合法继承者自居的新生政权，统一黄河流域，清除高氏代魏称帝的一切政治障碍。

宇文泰几乎没有喘息的时间来安定内部。当时，关陇还有不少武装势力对这个新建立的政权抱观望态度，陇上氐、羌不断发动骚乱，"所在蜂起""南岐至于瓜鄯，跨州据郡者，不可胜数"，宇文泰不得不从自己本就不多的军队中分出一大部分去镇压、抚慰。西魏建立的次年，长期动乱酝酿的经济危机终于爆发，关陇发生严重的饥荒，"幽夏荒阻，千里无烟""关中大饥，死者十七八"。而东魏辖有黄河中下游大平原，经济富庶，兵源充足。在敌强我弱、悬殊极大的情况下，宇文泰运用军事策略，取得潼关之战和沙苑之战的胜利，使西魏摆脱了覆亡的噩运。

537年正月，东魏军队向西魏发起全面进攻。高欢率主力到达战略要地蒲坂（今山西永济附近的黄河渡口），在黄河上搭起三座浮桥，摆出渡河进攻长安的架势。同时，东魏三万精兵在高欢亲信大将窦泰的率领下直赴潼关，东魏猛将高敖曹率一路兵马攻占洛州，准备由蓝田关长驱直入。西魏上下气氛骤然紧张。

面对三路来犯之军，宇文泰召集部将，冷静地分析局势。他说：

"高欢现在以三路大军向我做出掎角进攻之势，又在黄河上造桥，大张声势，做出驻军渡河的姿态，是想将我军牵制在黄河一线，好让窦泰那一路能够顺利进入潼关。如果我军受其摆布，与高欢的大军相持不决，那将大事不妙。自从高欢起兵以来，窦泰总是担任前锋，所率领的都是精锐部队，但他因老打胜仗，骄横不可一世。如果我们出其不意，突然袭击，一定能消灭窦泰这一路来犯之军。只要消灭了窦泰，高欢将不战而退。"

众部将仍主张阻击高欢，防止他渡河，认为高欢这一路军队距长安最近，如放开他去奔袭潼关外的窦泰，假如高欢真的跨过黄河，进围长安，后悔都来不及。对此，宇文泰进一步分析说：

"此前高欢已两次率军进攻潼关，我军大部都没有远离长安前去与他决战。这一次他大举进犯，我军又只驻扎在长安郊外，这会使他认为我们只不过想固守长安罢了，不会有出兵迎敌的打算。而且敌军因占尽优势而松懈，有轻视我军的心理，我们乘机发动突然袭击，哪有不成功的道理！高欢虽在黄河上架桥，不可能贸然让大军渡河。我们只需要争取到五天时间，便可以击败窦泰一军，大家不必有什么顾虑。"

深刻地分析敌我形势以至于心理状态，在多路来犯之敌中，选择敌方最精锐的一支，利用敌将骄傲轻敌的心理，突施打击，断敌一指，先声夺人，宇文泰可谓得《孙子兵法》之三昧。

在统一思想后，宇文泰率精锐骑兵六千人从长安郊外的营地大张旗鼓地回到长安城中，宣称要放弃长安，退保陇右，以麻痹敌军。实际上他已马不停蹄地率军出城，长途奔袭窦泰。两天后的凌晨，当太阳刚刚露出地平线时，宇文泰已率部到达潼关左侧的小关。毫无防备的窦泰听说宇文泰亲自率军来战，惊恐万状，下令部下在山冈上摆开阵势迎敌。阵势还未排定，宇文泰便令部下出击，于乱军中击斩窦泰，将其部众全部俘虏。这时高敖曹已准备从洛州向蓝田关进发，听说窦泰在潼关全军覆没，一把火烧掉全部辎重，放弃洛州，逃回洛阳。高欢见另两路奇兵失利，也只好下令撤掉已搭好的浮桥，退兵而回。

宇文泰运用出其不意、集中优势兵力破敌一部的策略，击退三路大军的围攻后，稍事休整，于同年八月率军出潼关，第一次主动出击，攻占弘农（今河南三门峡），以确保潼关的安全。弘农以东、洛阳以西的地方武装纷纷倒戈，背东魏而向西魏投诚，河南骚动，反而对东魏构成严重的威胁。高欢于是命令高敖曹率三万人从洛阳出发向弘农、潼关一线进击，自己领兵三万，从蒲坂渡过黄河，弃西魏猛将王罴固守的华州（今陕西大荔）不攻，进入渭河以北平原，兵锋直指渭河南岸的长安。

宇文泰在弘农得到高欢大军进入渭北的消息，匆忙率不足一万人的部队由潼关退回到渭河南岸，同时派人四处调集散在各州镇的部队。援军还未到达，高欢已在渭北做出了渡渭河进攻长安的准备。

面对十倍于己的敌人，宇文泰决定立即出击。将领们都认为敌众我寡，战无成算，请求暂不行动，视高欢进攻的方向再作打算。宇文泰告诉部下："高欢如果率军到达咸阳，长安城中便会人心浮动，局面将难收拾。我们只有利用其在关中立足未稳的时机，主动求战，方可解决危机。"但宇文泰并不是试图一赌胜负。他一面命人在渭河上架浮桥，命部下只带三日干粮，进入渭河北岸，向西悄悄接近高欢的大军；一面命人驱辎重沿渭河南岸大摇大摆地向东进发，掩盖自己已渡过渭河的真相。

两天后，宇文泰率部抵达沙苑，这是一片芦苇丛生的低洼地带，距高欢大军的营地只有六十里。高欢得到侦察报告，率部向沙苑进发。第二天早晨，宇文泰接受部将李弼的建议，避免与高欢在开阔地带正面作战，率军退至沙苑东面十余里的渭河河湾处，将军队分为三部分，一部分以李弼为主将，一部分以赵贵为主将，各自在茂密的芦苇丛中埋伏，自己则率一小部分在赵贵军埋伏处暴露在敌军视线下以诱敌。

傍晚时分，夕阳在天，高欢大军终于尾随到达。他们见宇文泰身边人少，根本顾不得排什么阵势，驱马直进，奋勇争先，乱哄哄挤成一团。宇文泰擂响战鼓，埋伏中的兵士一涌而起，与高欢军乱战，李弼率领的全副铠甲的精锐骑兵有如天降，人马所披的铠甲在夕阳照射下金光四射，将高欢大军拦腰冲成两部分。当暮色四合时，高欢身边只剩下六千多惊慌失措的士卒。摸不清底细的高欢借夜色率残卒仓皇逃遁，宇文泰率众奋起余勇，猛追穷寇，一直追到黄河边。

沙苑之战是关系到西魏生死存亡的关键一战，宇文泰成为这次中国古代战争史上不太被人注意的以少胜多战例的杰出指挥者。这次战役中，西魏不足一万人的军队俘获了七万多俘虏，宇文泰留下两万精锐补充部队，其余的遣回东魏，没有像古代及他同时代的将军那样杀死俘虏以使敌方闻而胆惧，这也充分显示出他作为政治家的气魄。沙苑之战后，宇文泰命部下在战场上每人种一棵树，以纪念他军事生涯中这一得意之作。

经过潼关之战和沙苑之战，西魏政权终于在关陇站住了脚。此后东、西魏多次在洛阳附近发生大战，互有胜败，但对西魏政权的安危已无多大的影响。

结强援以疲敌国

东魏与西魏政权的出现，使黄河流域出现两个对峙的政权，与长江流域的梁朝鼎足而三。东魏辖有黄河中下游平原，力量最为强大。史称东魏"控带遐阻，西苞汾、晋，南极江、淮，东尽海隅，北渐沙漠。六国之地，我获其五；九州之境，彼分其四。料兵甲之众寡，校帑藏之虚实，折冲千里之将，帷幄六奇之士，比二方之优劣，无等级以寄言"。（《北齐书·后主纪》唐人魏征总论）

在上述三个政权中，西魏最为弱小，在积极进行政治经济建设以加强国力的同时，宇文泰竭力寻求足以牵制东魏的强大外援。他遣人到西域活动，鼓励西域各小国的商人到长安经商，使丝绸之路豁然贯通，西魏及继西魏的北周在这种国际性的通商活动中大获其利。在政治上，长江流域的梁朝理应是很好的同盟，但其统治者梁武帝萧衍却热衷于文化与宗教活动，不愿意在东、西魏之间过分地偏向任何一方。宇文泰遂将目标转向北方草原上的柔然。

柔然在北魏前期曾与北魏反复交战，最终被北魏太武帝拓跋焘击败，在北魏中后期长期处于北魏臣属地位。北魏末年长期动乱，边防体系土崩瓦解，给柔然的复兴创造了良机。西魏与东魏对峙之初，柔然可汗阿那瑰又控制了整个蒙古草原，势力南及长城一线，东、西魏均争相与之结好，以消灭对方。

"和亲"，即通婚（伴随大量财物的无偿赠予），是西汉以来中原政权与草原民族缔结相对和好关系的一贯策略。北朝时期，"和亲"具有不同的形式，中原政权不仅沿袭前代惯例，将皇室姑娘作为皇帝的公主出嫁给草原部落首领，而且皇帝或执政者也娶草原部落首领的女儿为皇后或妻子。西魏初，由执政的宇文泰做主，派使者赴柔然与阿那瓌结盟，将一个姓元的姑娘作为皇帝元宝炬的女儿，封为化政公主，嫁给阿那瓌的弟弟塔寒，又让元宝炬娶阿那瓌十四岁的女儿郁久闾氏为皇后。

皇帝元宝炬早已立自己的结发妻子乙弗氏为皇后，夫妻间极为恩爱，但为了遵从宇文泰与柔然结盟的策略，不得不让乙弗氏离开皇宫去当尼姑，夫妻俩抱头痛哭、洒泪而别，为政治而割舍良缘。538年，元宝炬将郁久闾氏迎进宫中做皇后。

宇文泰结好柔然的策略不久便遭到挫折。元宝炬虽迫于形势将乙弗氏逐出皇宫，但一直对她念念不忘，暗中让乙弗氏不要削发，希望有朝一日，能让她重返宫中。年轻的新皇后，这位在草原长大的郁久闾氏，性格孤傲任性，实在不能引起他的好感。更坏的是，539年初，郁久闾氏死于难产，高欢早就想拆散西魏与柔然盟好关系，借此大造舆论，派人到柔然宣扬郁久闾氏是宇文泰与元宝炬合谋杀害的，揭露嫁给塔寒的化政公主也名不副实。阿那瓌大为恼火，派兵进攻西魏，越黄河进入河套地区，大肆抢掠人口与财产，元宝炬被迫含泪令乙弗氏自杀，才勉强使柔然退军。

这一变故使柔然转而支持东魏。高欢请求阿那瓌将另一个女儿嫁给自己的儿子高澄，阿那瓌则要求高欢自己迎娶。高欢急于与柔然结盟，遂于次年让与自己生有九男二女的妻子娄氏离开他的渤海王府第，将阿那瓌的女儿迎立为王妃，称为"无忧公主"。阿那瓌派自己的弟弟秃突佳护送女儿前往完婚，并告诫秃突佳："待见外孙，然后返国。"目的是使这个女儿不再像大女儿那样惨死，而且意在让女儿与高欢生个儿子，将来继承高欢的地位，从而操纵东魏朝政。因此，已过不惑之年的高欢偶有疾病，或体力不支，不能与无忧公主同寝，秃突佳便大怒，高欢只好抱病前往。

针对东魏与柔然结盟，宇文泰进而与草原上的突厥联络，以削弱柔然，从而瓦解柔然与东魏的军事同盟。

突厥族是北魏后期在金山（今阿尔泰山）一带兴起的一个游牧民族，他们以草原上凶猛的狼作为图腾，自己的旗帜上画有一个面目狰狞的狼头。突厥本来臣服于柔然，但这时他们开始在漠北草原上施加自己的影响。545年，宇文泰派人前往与之联络。不久，突厥首领土门要求阿那瑰将女儿嫁给自己，遭到阿那瑰的辱骂，土门遂决计与西魏和亲，与柔然公开对抗。

551年，西魏皇帝的女儿长乐公主远行漠北，嫁与土门。次年，土门率领突厥骑兵到大漠以南进攻阿那瑰的营帐，阿那瑰兵败自杀，土门自称伊利可汗，成为大漠草原的新霸主。随后几年，突厥人彻底击败了柔然人，宇文泰寻求强援的计策最终取得成功。

当高欢、宇文泰两人先后死去后，他们的儿子纷纷抛弃"魏"这个父辈用以发展势力的旗号，分别建立起"齐"和"周"政权，史称北齐、北周。北齐与北周之间的对峙形势一如东魏、西魏，北周也继续遵循宇文泰结好突厥的政策，使北齐政权不敢轻举妄动，赢得了长期和平发展的条件。

当然，宇文泰结好突厥、支持突厥消灭柔然以削弱东魏的策略，也有其负面的影响。突厥真正强大起来后，不再平等地对待北周政权，北周每年都要奉送大量的丝织品、财物与粮食给突厥。突厥常年有一千多人住在长安，胡作非为，还受到北周政权的优待。北齐为了暂时减轻突厥的骚扰，也不惜拿空国库的财物去讨好突厥贵族，这不仅加重了中原各族人民的负担，也助长了突厥贵族的骄横及对中原财富的觊觎。突厥他钵可汗便宣称："但使我在南的两个儿孝顺，何忧无物邪！"

这使在西魏、北周政权基础上发展起来的隋唐统一政权的统治者，不得不重新调整与突厥的关系，隋及唐初都将打击突厥作为保护统一和中原农耕地区的国策，这是后话。我们这里所强调的是，宇文泰与突厥结盟的成功，对西魏、北周稳步发展并最终消灭北齐统一黄河流域，确实起了重要的作用。

树傀儡而定江汉

西魏初建时，疆域局促于关陇一隅，而当 557 年宇文泰去世时，西魏已将今西南三省及江汉平原纳入自己的版图，疆域增加了一倍有多，为北周及继北周的隋政权统一北方并最后统一全国奠定了基础。这是西魏执政者宇文泰根据形势相机而动取得的成就。就将汉水中下游即今湖北地区纳入西魏统治之下这一事来说，宇文泰使用的计策是树立傀儡。

树立傀儡以削弱对方，自己不费多大兵力便获取大块地盘或对敌国政局施加影响，是南北朝后期南北各政权惯用的手法。由于当时南北政权都不时发生政局动荡，一些在政治斗争中失意的皇室人物往往投附他国，接纳投附者的一方便将其封为与出逃国国名相同的王甚至皇帝，利用其在出逃国的影响牟取在战场上获取不到的利益。梁武帝萧衍便是这一办法的获益者和受害者。

528 年，尔朱荣控制了北魏朝政，北魏宗室北海王元颢投奔江南，梁武帝立他为北魏皇帝，命陈庆之率七千兵士护送元颢北上。由于北魏内部有许多人对尔朱荣滥杀无辜不满，陈庆之得以"击溃"阻击他的三十多万军队，进入洛阳。南方的军队进入一百多年来从未到达过的洛阳，足足让梁武帝高兴了一些时日。两个月后，尔朱荣便又召集军队夺回洛阳，元颢被杀，陈庆之装成和尚才得以只身逃回江南。

547 年，机会似乎又一次光顾了已老迈昏庸却又念念不忘"统一"的梁武帝。这年，东魏执政者高欢病死，其子高澄继掌大权。高欢昔日伙伴，这时总掌黄河以南、淮河以北军政大权的侯景，瞧不起高澄这个排挤父辈勋贵的黄毛小儿，便闹起独立。当东魏大军来攻时，侯景又发现支撑不住，向西魏投诚。宇文泰接受其归附，条件是侯景所辖地区由西魏军队接管，侯景见无利可图，转而向梁朝抛出投诚的橄榄枝。梁武帝以为是实现统一的良机，不顾臣下的反对，断绝与东魏的和好关系，封侯景为河南王，派十万部队去协助他抵御东魏的进攻。当派出的部队全军覆没后，梁武帝又试图出卖已无利用价值的侯景，与东魏重新媾和。狡诈的侯景与梁武帝之孙、企图夺取帝位的萧正德相勾结，收罗一支军队，渡过长江，围攻梁都建康（今江苏南京）。梁武帝最后活活饿死，侯景控制了建康。551 年，侯景自己在建康当上了皇帝，国名"汉"。

在侯景围攻建康、控制长江下游的时候，梁武帝那些镇守上游各地的子孙们，对建康的安危与梁武帝的生死漠不关心，相互争夺，扩张地盘，准备自己当皇帝。其中，他的第七子萧绎干得最有成效，于 552 年在其镇守之地江陵（今湖北江陵）称帝，即梁元帝。萧绎的弟弟、辖有今西南三省的益州刺史萧纪从成都率兵东下，在三峡一带与萧绎的军队展开激战，萧绎不顾"兄弟阋于墙，外御其侮"的古训，求援于西魏。密切注视南方局势的宇文泰趁机派军越剑阁进驻空虚的成都，毫不费力地将他梦寐以求的巴蜀富饶之地划入西魏的版图。

萧绎的侄儿、镇守襄阳的萧詧早先也受到萧绎的进攻，萧詧向西魏称臣，被封为梁王。宇文泰又派杨忠进驻襄阳，使西魏的影响扩大到汉水中下游地区。

宇文泰并不甘心仅在襄阳驻一支军队，他的目标是将江汉地区完全置于西魏的控制之下。554 年，地位已稳的萧绎要求按梁朝旧境与西魏划定疆界，同时又暗中与北齐联络，试图将西魏的势力逐出江汉地区。宇文泰大为恼火，于十月派素以计谋见长的老将于谨进攻江陵。

于谨奉命进军，在他看来，萧绎有三种对策可供选择：上策为虚张声势应敌，实际上全军退往建康，控制长江下游经济富庶地区，与西魏长期对抗；中策为将城外居民移到江陵城中，加固城防，等待援军；下策为在江陵城郊与西魏军对阵。于谨估计萧绎"必用下策"，因为萧绎儒弱无能，"多疑少断"，会以为西魏因北齐这一后顾之忧不至于大军远出，在那些不愿迁家的老百姓的请求下，会在城外居民区与西魏军会战（当时江陵城墙内为军事区，居民区在城墙外）。

萧绎真的如于谨所料，采用了下策。十一月，西魏军队攻占江陵，将十几万江陵居民迁至长安，除了极少数人以外，都被赏赐给参战将士当奴婢。萧绎一辈子喜欢读书并因此一目失明，便认为是书害了他，在城破之时，将他长期聚集起来的七万多卷图书付之一炬，造成文化史上的严重损失。

西魏军队攻下江陵后，差一点在胜利后又遭灭顶之灾。萧詧曾派军与于谨一道进攻他的叔父。事后，其部将尹德毅劝他以慰劳为名，宴请于谨、杨忠等西魏将领，将他们于座中一网打尽，分军解除其部下的武装，以使西魏精锐葬身于江汉，一时半会来不及遣军再来进攻。"然后朝服济江，入践皇极，缵尧复禹，万世一时。晷刻之间，大功可立"。（《周书·萧詧传》）而萧詧以为萧绎一死，自己可以安然地在西魏庇护下当梁皇帝，拒绝接受这一奇谋。

宇文泰自然不会将胜利成果毫无保留地转让给萧詧，他将萧詧赶出襄阳这个军事重镇，将他安排到被劫掠一空的江陵城中去当他的"皇帝"，而且还要按时到长安朝拜。西魏军队在以襄阳为中心的汉水中下游地区布防，江陵城西也进驻西魏军队，"外示助詧备御，内实兼防詧也"。（《周书·萧詧传》）

宇文泰趁梁朝内乱，玩梁武帝子孙于股掌之中，使西魏牢固地控制了江汉地区，对西魏及随后北周的发展意义重大。江汉一带不仅是一个经济繁荣的地区，而且是一个战略要地，向东北可以进窥北齐河南地区，使北齐面临两线作战的处境，更无力向关陇发起攻击；向南随时可以渡过长江，进入江南腹地，使继梁朝之后的陈朝在长江中游一带无险可守，被动挨打。江汉地区在北周消灭北齐及隋朝灭陈的战略部署中，都起了举足轻重的作用。

创府兵以强化军权

创立西魏政权，击退东魏的进攻，扩大西魏的疆域，是宇文泰政治军事谋略的成功，而创立府兵制，在西魏内部形成一个以自己为中心的强有力的统治集团，不仅是西魏、北周稳步发展的基础，也是宇文泰留给隋及唐代前期的一份珍贵遗产。

西魏建立后，宇文泰面临着如何扩大军队的问题。宇文泰当时只有几万人的军队，其骨干是最初随贺拔岳入关的武川镇豪族子弟及其扈从者，兵士多是在关陇一带组织起来的。他们中有汉人，也有氐人、羌人及各民族交融过程中混血后裔。在与东魏多次作战中，这支不大的部队消耗很大，如强行征发关陇居民当兵，一来会使劳动人手减少，加剧经济的困境，二来会引起社会的骚乱。因为北魏曾在关陇各族中抽调一部分人口为"城民"，隶属于州镇军府管理，他们世代当兵，平时还要农耕，身份地位低贱，北魏末关陇地区发生的大规模动乱就是由他们发起的，现在又要他们当兵，势必引起骚动。

在军事上，宇文泰还面临构建一个完整的军队指挥系统的问题。西魏建立后，宇文泰指挥的军队有三个来源：一为原贺拔岳的部下，其主要将领有赵贵、于谨、寇洛、侯莫陈崇、达奚武等；一为随皇帝从洛阳来到长安的军队，其主要将领有贺拔胜、独孤信、杨忠、李虎、念贤、王思政等；一为原侯莫陈悦部下归附者，其主要将领有李弼、豆卢宁等人。这些从各方面汇聚在关陇的军队，最初虽都听执政者宇文泰的指挥，但上述各将领与他们长期指挥的部属关系密切，许多人早先是宇文泰的同僚或前辈，有的与宇文泰并没有多深的关系。如何将他们凝聚成一个整体，便于指挥，是宇文泰不得不考虑的问题。

上述一切问题最终都因府兵制的创立而得到解决。543 年，宇文泰"广募关陇豪右以增军旅"，以解决兵员匮乏的危机。当时，关陇各地存在不少豪族私人武装，他们中不少在宇文泰创立西魏的过程中，已率部参加宇文泰的军事行动，但仍保持其独立性。这些私人武装在一定的情况下还可能对西魏政权构成威胁。通过招募豪族私人武装，将其纳入西魏政权的军队系统，中央军队一下子获得了大量训练有素的兵员，豪族武装由潜在的不安定因素，变成了西魏将其统治触角伸向各个地区的有力工具，可谓一箭双雕。

随着兵员的增加，至 550 年，军队指挥系统也最终形成。军队的最高武官为八个柱国大将军，其中六人实际统领军队，他们是李弼、李虎、独孤信、赵贵、于谨、侯莫陈崇，充分照顾了最初构成西魏军队的三个方面的利益。另外两个柱国大将军为西魏皇室元欣及宇文泰本人，元欣只不过是皇室在军队中的代表而已，宇文泰虽没有直接统领军队，但他还有一个"都督中外诸军事"即统领全国军队的头衔，可以指挥其他六位实际统领军队的柱国大将军，从而使他成为军队的最高统帅。

六柱国大将军各统两个大将军，关陇地方应募入军的豪族成为大将军之下的各级都督。为了提高兵士的地位，增强他们与高级将领的亲近感，所有兵士都改姓他们的将军的姓氏。一定数量的兵士组建成一"府"，兵士与其家庭住在一起，由"府"管理，不再受郡、县行政系统管辖。兵士平时操练，战时应召跟随他们的将军作战，每位大将军之下都有相近数目的"府"。这就是府兵制。

府兵制提高了军队的战斗力。在府兵制确立的同时，宇文泰下令恢复鲜卑族部落名号，柱国大将军及大将军原非鲜卑族人者，也被赐予一个鲜卑姓氏，如李虎改姓"大野氏"、李弼改姓"徒何氏"、赵贵改姓"乙弗氏"、杨忠改为"普六茹氏"、王雄改为"可频氏"。在鲜卑部落时代，酋长即父兄，任将领；部众即子弟，为兵士，皆有血缘关系，荣辱相关，利害与共，故作战勇敢，战斗力极强。

通过高级将领改姓鲜卑原来的部落名号，其下兵士跟他们同姓，宇文泰虚拟出一套部落联盟体制，兵士与将领之间忽然间成了血缘近亲，有了并肩作战的认同感。通过改姓，还抹去了他们原有的姓氏，从而消除了姓氏所标识的民族渊源，有利于消除兵士间心理上的隔阂。

宇文泰通过创立府兵制，培育出一个军事贵族集团。府兵最初的六个柱国大将军及十二个大将军的后代，在隋朝及唐代前期长期保持着较高的政治地位，属于统治阶层的核心，史学大师陈寅恪率先称他们为"关陇集团"。这些军事贵族通过联姻极大程度地巩固了自己的政治地位。如柱国大将军之一的李虎的儿子李昺娶了独孤信的女儿，唐高祖李渊便是这一联姻的产儿；独孤信的另一女儿嫁给十二大将军之一的杨忠之子杨坚，杨坚后来创立了隋朝。

隋、唐虽是两个政权，但他们的祖先都是西魏、北周时代的军事领导人，而且还有血缘关系。"关陇集团"之所以在北周、隋及唐三个时代都能发挥其政治影响，西魏、北周、隋及唐前期皇室不断变化但政治上长期保持延续性，都与宇文泰创立的府兵军事系统有关。

行《周礼》以改革政治

宇文泰执掌西魏朝政后，命汉族人士苏绰、卢辩仿《周礼》制定西魏的政权机构，557 年，正式加以推行。同年十月，宇文泰病死，年五十二岁，其子宇文觉于次年正月自称皇帝，遵行宇文泰根据《周礼》创定的制度，以"周"为国号，史称"北周"。"周"这一国号与其政治制度仿效《周礼》有关。后来，史家称赞宇文泰这一做法说："摈落魏晋，宪章古昔，修六官之废典，成一代之鸿规。"（《周书·文帝纪下》）

宇文泰抛弃魏、晋以来不断发展成熟且更适应现实的政治制度，向业已过时的据称多少反映了西周古制的《周礼》寻找本政权的制度渊源，并不是盲目仿古，而是出于两个方面的目的。其一，创立一套健康有效的政权机构；其二，在文化上独树一帜，寻求西魏政权与东魏、北齐及梁、陈政权在文化上的抗衡。

魏晋以后，中央机构逐渐由秦汉的三公九卿向三省六部制发展，尚书省、中书省、门下省三省作为中央三个最高权力机构，各司其职，相互配合，又相互牵制。尚书省作为最高行政机构，下分五部或六部，分掌全国政务。而原来的"三公""九卿"并没废除，"三公"成为优宠朝廷老臣的职位，不干实事而地位尊崇；"九卿"及其机构成为尚书省各部之下的负责具体事务的分支机构。这种将新发展的机构与旧有的机构搅和在一起的办法，造成机构重叠及官员众多的局面，所以宇文泰"以汉魏官繁，思革前弊"。

宇文泰等按《周礼》，中央设天、地、春、夏、秋、冬六个机构，分掌政府各方面的职能，即所谓"六官"，天官大冢宰作为"六官"或"六卿"

之一，又有总管其他五官的权力。这样，机构简化，职责分明，有利于提高行政效率，而且宇文泰本人作为天官大冢宰的天然人选，自然成为全国最高的行政长官，魏晋以来的三公或尚书令等，都不可能拥有这样的权力。精简机构与集行政权力于自己一人之手，这是宇文泰制度改革的实际成果。

改革政权机构还与官员的选拔程序密切相关。西晋以后，担任官职成了少数家族的特权，这些家族被称为"士族"。士族又分为不同的层次，那些职责轻闲、地位较高且待遇优厚的官职，由士族中的上层独占，被称为"清官"。低级士族人士只能做任务重、地位低、待遇差的"浊官"。军职，特别是低级的武官在这种选官制度下被视为最贱最"浊"的官职。宇文泰家乡所在的北镇兵士之所以在北魏末掀起声势浩大的反叛活动，一个主要的原因便是北魏孝文帝重定士族、官分清浊，使他们地位一落千丈。

在西魏时期的战争环境中，宇文泰必须要提高军人的地位，同时还要将各阶层的精英纳入官僚队伍，消除统治阶层人为分层所引起的下层的敌对情绪。通过模仿《周礼》而创立的各政治机构，其行政设置与魏晋以来迥然有别，官名也按《周礼》分为卿、大夫、士等几种，官员级别划分也由魏晋以来的九品改为《周礼》的九命，这样，原有的被普遍接受的官职清浊之别，在新的官制体系下便无从查考。根据《周礼》，"士"也属于贵族阶层，从而使官员上下层之间人为区别而又统一于一个阶层之中，消除了士族制度下官员上下层之间及文官武官之间的冲突，有利于促进政治的稳定。

宇文泰在委托苏绰制定的治国方略中宣称："自昔以来，州郡大吏，但取门资，多不择贤良……夫门资者，乃先世之爵禄，无妨子孙卑愚瞽。"反对士族因门第独占高级官职。又称："善官人者，必先省其官。官省，则善人易充，善人易充，则事无不理；官烦，则必杂不善之人，则政必有得失。"（《周书·苏绰传》）官僚机构少，则容易找到优秀的人来担任所有的职务，反之，则会挤进一些品行不正的人，政治便会混乱。这两个意见都在仿《周礼》而进行的政治改革中得到贯彻。

《周礼》是基于西周时代分封制而勾画的制度，西魏并没有进行分封，在地方上仍照旧实行魏晋以来的州、郡、县三级行政的办法。宇文泰利用《周礼》进行政治改革，只不过为现实政治服务，并非不顾社会现实盲目复古，由此亦可得到证明。

自从秦汉统一以后，中国历史上任何一个分裂时代相互对峙的政权，都无不将全国统一作为自己的目标，分裂时代有抱负的政治家也以统一全国作为自己留名青史的最高理想，因而各个政权相互间不断竞争。这种竞争不仅有政治、军事、经济的争逐，也包括在文化上相互夸耀，竭力表明自己为文明之邦，是华夏传统的正宗继承者，最有资格来实现全国的统一。魏晋南北朝时期也不例外。

具体到宇文泰的时代，东魏、西魏、梁三个政权在政治、军事上互争雄长的同时，文化上的竞争也异常激烈。在这三个政权中，梁继承了东晋以来持续发展的文化遗产，梁武帝萧衍又积极地进行以"衣冠礼乐"即中华传统文化为核心的文化建设，"中原士大夫望之以为正朔所在"，致使东魏执政者高欢因担心"士子悉奔萧衍"而不敢像宇文泰那样整顿吏治，改革政治。

相对于西魏来说，东魏的文化又发达得多。东魏的"士子"即知识分子们已能像南方的"士子"那样，谈论高深的哲学问题，写讲究音韵协调、文字华美的诗歌和文章，甚至不惜抄袭南方文人的诗文。关陇地区自从东汉末以来，一直是一个战争不断、各民族杂居的地区，文化建设几乎无从谈起。当宇文泰派军攻占江陵后，从江陵被俘至长安的庾信、王褒因诗文典雅、书法精美，在长安引起轰动，登门求教的人络绎不绝，这也从一个侧面反映了南方文化对关陇"士子"强大的吸引力。作为政治家，宇文泰不容许这种状况存在，他必须在文化上独树一帜，配合政治、军事，与东魏及梁两个政权抗衡。

关中是西周的发源地，《周礼》被认为是西周制度的记录，一直被儒家知识分子视为一切制度文化的源头。因而，宇文泰仿《周礼》制定西魏的政治制度，不仅有利于实现他改革政治的意图，也便于在文化上确立制高点，将梁及东魏在文化上的优势比下去。这一点在宇文泰改革文章风格的行动中表现得尤为明显。

自西晋以后，流行一种讲究音节和谐而内容浮华的文体，南朝中后期达到顶点，北魏迁都洛阳以后，北方人士也竞相模仿学习。宇文泰对此极为反感。他命苏绰仿照中国最原始的典籍《尚书》的文体写成文章，要求官方公文必须照这种文体撰写。这样，关陇文化人不必再去学习模仿梁朝境内流行的"浮华"的文体和文风。尽管这一做法并没有多少实效，也未见得真正得到推行，却表明了宇文泰要在文化上压倒梁朝及东魏的决心。

颁《六条诏书》，定治国方略

对于一个执掌政权的政治家来说，治国方略是其谋略的最高体现。治国方略稳妥、切合实际、可操作并且能为各级官员接受、执行，国家将走向繁荣昌盛。宇文泰指导制定的《六条诏书》便是这样的一个治国方略，它也是宇文泰政治谋略的集中反映。

从534年西魏建立后，宇文泰便不断探索将国家治理好的办法。541年，宇文泰颁行《十二条制》，"恐百官不勉于职事，又下令申明之"。544年，又将这《十二条制》及早先制定的"二十四条"称为"中兴永式"，加以审定合并为五卷，颁发全国。所有这些具体法令的纲领性文件为《六条诏书》。

《六条诏书》是由苏绰负责制定的。苏绰为武功（今陕西武功）人，"少好学，博览群书，尤善算术"，是一个学识渊博的知识分子。他最初在宇文泰手下担任小官职，宇文泰对他并不太了解。西魏初，宇文泰与朝廷公卿到长安郊外的昆明池去看捕鱼，沿路问起西周及秦汉留下的古迹，苏绰如数家珍。宇文泰大为高兴，"因问天地造化之始，历代兴亡之迹"，苏绰"应对如流"。宇文泰遂将公卿们抛在一边，与苏绰并马徐行而谈，到了昆明池，竟不看捕鱼，又往回走，一直谈到晚上。

宇文泰留苏绰在府中过夜，"问以治道"，自己"卧而听之"。苏绰"指陈帝王之道，兼述申（不害）、韩（非）之要"，宇文泰听得入迷，爬将起来，整衣端跪，"不觉膝之前席"，一直谈到晨曦已露，仍不知疲倦，有如刘备之遇诸葛亮。从此，宇文泰信重苏绰，任以显职，"参典机密"。苏绰因宇文泰"方欲革易时政，务弘强国富民之道"，为他制定出《为政之法六条》。

宇文泰为了强调这一文件的权威性，又以皇帝的名义颁行，故称为《六条诏书》。

宇文泰极其重视《六条诏书》，将它作为座右铭，要求中央官员必须学习背诵。地方长官如不能理解并执行《六条诏书》，便"不得居官"。《六条诏书》虽是苏绰具体制定的，但无疑是宇文泰认可的治国纲领。

《六条诏书》因共有六条而得名，它们是：先治心、敦教化、尽地利、擢贤良、恤狱讼、均赋役，涉及政治、经济、文化等各方面。其内容见于《周书·苏绰传》。这是一个使西魏以及后来的北周实现国强民富目标并为隋朝统一全国奠定基础的政治文件，我们兹摘要述其内容，加以分析，以展示宇文泰治理国家的雄才大略。

《六条诏书》将思想统一作为治理国家的关键。它指出：北魏以来二十多年，乃至东汉以来三百多年，战乱不断，社会风气败坏，都是因为没有统一的思想，百姓没有受到正确的教育。《六条诏书》要求所有官员必须端正自己的思想、行为，思想上要纯洁，杜绝一切不正当的念头发生，任何想法都应符合公正这一最高原则，这样行为才会正确，百姓才会服从其管理。所有官员包括皇帝，其行为均应以儒家倡导的行为规范为标准，孜孜不倦地亲自实践孝顺父母、友爱兄弟、忠于君主、讲求诚信、生活节俭等美德，给百姓做出表率，并以此为前提对百姓进行教育。这样，社会风气将好转，政治才会安定。《六条诏书》指出，官员以及君主对百姓来说，就好比射箭的准星、测量的标尺，准星不正，箭射不准，标尺不直，测量的结果便不准确，官员、君主的思想不纯洁、行为不正确，要使百姓思想行为合乎规范，只能是一句空话。

《六条诏书》将百姓的教化与民风的转变作为实现社会安定、国家富强的根本，将统治者率先纯洁思想、端正行为置于首位，这是其极富特色的地方。其强调的思想统一与教化的具体内容源于儒家学说，而使官员与普通百姓的思想行为保持一致，按统一的规范行事，可以说是对法家思想的继承。将统一思想、实施教化运用于具体的政治实践，是魏晋南北朝除西魏、北周以外任何一个政权都没有做过的事。

东汉以后，随着统一政权的崩溃，汉代居于独尊地位的儒家思想受到严重冲击。魏晋以后的知识界崇尚以自然虚无为核心的老庄思想，对日益盛行的佛学也极为热爱。思想自由虽不是坏事，但对一个致力于发展并力求统一全国的政权来说，思想统一却是必要的。《六条诏书》将儒家倡导的伦理道德作为规范社会各阶层思想行为的标准，使儒学重义被确立为权威思想。

在具体做法上，西魏、北周儒学教育蓬勃展开，中央及地方各州、县以及军队内都广设学校，讲授儒经，阐述儒家伦理道德的《孝经》尤受重视，官员们能随口背诵。宇文泰之子、北周皇帝宇文邕还按儒家的说法，到太学举行尊奉"三老"的礼仪，向被尊为三老的于谨跪拜，请求他给予教诲。宇文邕还掀起儒、释（佛）、道三教何者最尊的大讨论，并利用皇帝的权威规定："儒教为先，道教为次，佛教为后。"（《周书·武帝纪》）思想统一与儒教独尊地位的再度确立，是全国重新统一的前兆。

更值得注意的是，在关陇这个各民族杂处、民族关系一直处于紧张状态的地区，强调思想统一，用公正的原则，以及作为人本性的仁慈善良行为，规范所有人的思想，有助于消除各民族间的分歧，将关陇各族凝聚为一个统一的整体，使之形成一股充满活力的政治力量。

在经济方面，《六条诏书》要求尽力发展生产，使百姓的赋役负担尽量公平。各级地方长官每年初都要向百姓进行宣传，让每一个可以劳动的人参加劳动，不允许有人游手好闲，也不允许土地抛荒。地方官严禁任意征调百姓服徭役，以免误了农时，否则，便是肆意残害百姓的生命。百姓之间，有人力及无人力、有耕牛和无耕牛的人家要互通有无，协作生产。农忙之后及阴雨时节，地方官还必须督促百姓栽桑、种果树、育蔬菜瓜果、饲养鸡猪，"以备生生之资，以供养老之具"。《六条诏书》要求各地方长官在征收赋税时，要考虑各家庭的贫富状况，在保证国家规定的数量的前提下，富者多收，贫者少收，严禁"舍豪强而征贫弱""纵奸巧而困愚拙"。在征收赋税以前便应广泛宣传，明确各家应交数量，严禁临时摊派，强行征收，迫使百姓借高利贷。不按规定原则行事的地方官，尽管收得多，也将被视为朝廷的"罪人"。

在具体实施过程中，西魏、北周严格实行"均田"法令，对超占土地、私自将贫穷者变为依附人口的行为严厉打击。虽然在战争状态下赋税征收量偏高，但为了使百姓得以维持再生产能力，按收成情况将年成分为丰年、中年、下年，丰收年成足额交纳，中等年成减半交纳，下年（即歉收年成）只交定额的三分之一，绝收年成则免交，官员的俸禄也按年成变化相应地调整。这一切都促进了西魏、北周境内社会经济的发展。

在官员选拔上，《六条诏书》不仅严禁选拔时看门第，将"贤才"作为唯一的标准，而且特别强调在考察任命官员时，要将品行放在首要的地位。"将求材艺，必先择志行。其志行善者，则举之；其志行不善者，则去之。"《六条诏书》指出，选官当然要选有才干的人，但品行尤为重要，被选任的人如果既有才能，品行又端正，他便会用自己的才干恪尽职守；如果品行奸猾狡诈，他便会利用能力干坏事。所以与其选一个有才干而品行不正的人，倒不如选一个无才干但品行端正的人，后者虽干不成事，毕竟也不会对统治机体造成太大的伤害。

针对有的官员声称自己找不到"贤才"，《六条诏书》指出，选才应在实践中进行；玉石未经打磨与顽石没有什么分别，但一经打磨便真伪了然；良马与劣马并肩而立也难分别优劣，但一旦让它们驰骋，便优劣自现。贤才和庸才未经任用，没有多大不同，一经任用，考察其政绩，谁是贤才、谁是庸才便一清二楚。从乡里到州县以至朝廷，每一级都通过实际工作的考察，选拔品行端正而有才干的人，"贤才"自然可以找到。"凡求贤之路，起于居家，至于乡党，访其所以，观其所由，则人道明也，贤与不肖别矣。""若识此理，则贤可求，士可择。"

总之，《六条诏书》作为西魏、北周治国方略，明确具体而又切实可行。文字也写得极其简明，如同大白话，有利于文化不高的各族官员诵读。

通观西魏、北周，政治稳定，经济持续发展，官员大多能克己奉公，与同一时期的东魏、北齐及梁、陈政权大相径庭，这是西魏、北周由弱变强、奠定隋唐统一之基的重要原因。

宇文邕设计诛权臣

557 年十月，宇文泰病逝，年五十二岁。宇文泰因诸子年幼，临终将政事托付给自己的侄子、年龄比自己略小的宇文护。

宇文护没有宇文泰那样的声望，朝中重臣赵贵、独孤信等以前敬待宇文泰，现在在宇文护面前却以前辈自居，不服从领导，宇文泰业已构建的统治集团出现分裂的迹象。宇文护为强化自己的权威，压服桀骜不驯的朝中元老，逼西魏皇帝元廓退位，拥宇文泰之子宇文觉为皇帝，改国号为"周"，史称"北周"。这样，国家成了宇文氏的国家，宇文家族不再与赵贵、独孤信的家族同样属于西魏的臣属，处于皇族优越地位的宇文氏终于将其他家族变成了自己的臣仆。随后，宇文护诛杀谋反的赵贵、独孤信，提拔一大批拥护宇文氏的年轻军官担任柱国大将军、大将军，统领府兵，使北周政权稳定下来。史称宇文泰死后，"嗣子冲弱，强寇在近，人情不安"，宇文护"纲纪内外，抚循文武，于是众心乃定"。（《周书·晋荡公护传》）

北周虽然建立，但朝政、军队仍控制在宇文护之手，皇帝（当时按西周传统称"天王"）宇文觉和西魏时的各位皇帝一样，没有任何实权。宇文觉身边的一些近卫武官遂秘密联系，试图杀死宇文护，使十六岁的宇文觉真正拥有皇帝的权威。宇文护先下手为强，将"性刚果"、对自己心怀"深忌"的宇文觉软禁起来，诛杀参与密谋的禁军将领，随后又将宇文觉处死，改立宇文泰的长子宇文毓为北周"天王"。

宇文毓这时已二十四岁，宇文护自然不能在名义上继续执政。559 年，宇文护在宇文毓当上"天王"一年后，"上表归政"。宇文毓"始亲览万机"，但宇文护仍牢牢地控制着军队。宇文毓"幼而好学，博览群书，善属文，词彩温丽"（《周书·明帝纪》），颇具宏图远略。宇文护深为忌惮，又于560年十月令心腹在宇文毓的食物中下毒，将他杀害，另立宇文泰第四子宇文邕为皇帝。宇文邕即北周历史上有名的周武帝。

宇文邕与他的两个哥哥不一样，他不像宇文觉那样性格外露，也不像宇文毓那样急于要整顿朝政，以惹恼大权在握的宇文护，招来杀身之祸。宇文毓在位时，对宇文邕极其信重，经常让他参加大政的讨论，但宇文邕"性深沉有远识，非因顾问，终不辄言"，深藏不露，获得宇文护的好感。他当上皇帝后，便筹划铲除宇文护及其党羽，但"虑远谋深，以蒙养正"，采取欲取先予的策略，在以后十一年中尽量抬高宇文护的地位，解决其防范心理，并一举成功。

周武帝宇文邕将朝政、军队全部交给宇文护，中央各部门全都要遵从天官大冢宰宇文护的旨意行事，军队调动必须要有宇文护亲自签发的命令，"事无巨细，皆专断后闻"。宇文邕还听从宇文护党羽的意见，将宇文护视为北周的周公，让宇文护设立家庙，祭祀自己的父亲，而不必在太庙中附从于宇文泰。他还下令称宇文护"智周万物，道济天下，所以克成我帝业，安养我苍生"，不应与一般朝臣同等对待，朝廷及中央各部门的文件中，都不得有宇文护的名字出现，一概以"晋公"相称，"以彰殊礼"。宇文护到皇宫中，宇文邕从不以皇帝自居，总是以弟弟拜见兄长的礼节迎候他；宇文护拜见皇太后时，皇太后也总是让宇文护坐下与自己叙话，皇帝宇文邕则在旁边恭恭敬敬地侍立。

宇文邕欲取先予、"以蒙养正"的计策进展得十分成功，宇文护居然不再有任何防范。但要公开诛杀宇文护几乎不可能。宇文护掌握着军队，扈从甚多，其府第"屯兵禁卫"，防卫得比皇宫还要严密。宇文邕于是与自己的胞弟卫王宇文直暗中决定在皇宫中击杀宇文护，再昭示天下，宣告其罪行。

571年三月十八日，宇文护大大咧咧地进入皇宫，宇文邕待以兄长之礼后，又引他去见皇太后，并告诉他皇太后近来喝酒太多，自己劝阻无效，请宇文护将《尚书》中的一篇《酒诰》读给她听，也许有所帮助。宇文护见到皇太后，真的拿出宇文邕塞给他的《酒诰》读起来。《酒诰》还没读完，侍立于后的宇文邕拿起玉杖向他头部猛击，宇文护扑倒在地。宇文邕令随身宦官拿自己的佩刀将宇文护砍杀，那位宦官竟惶恐得举不起刀来。早已藏在门后的宇文直跑出来，将宇文护杀死。接着，宇文邕又连夜派亲信捕杀毫无警觉的宇文护的儿子及党羽，将他们一网打尽。次日，周武帝下诏宣示全国，大赦天下。

诛杀宇文护后，周武帝宇文邕一反碌碌无为的形象，整顿政治、军事，保证自己对各部门及军队的绝对权威。下令废除佛教，既肯定了儒教的独尊地位，又使百余万僧尼转为向国家承担赋役及兵役的编户齐民，北周的国力得到加强。576年，周武帝亲自率军向北齐发起攻击，于次年正月消灭北齐，统一北方，全国统一已指日可待。

韦孝宽献策灭北齐

　　西魏、北周由弱小走向强盛，与前述执政者宇文泰及其后继者成功地实施各项政治、军事以及文化谋略有关，也有赖于各位具体执行者相机行事，出谋献策，韦孝宽可以说是其中最杰出的人物。

　　韦孝宽是京兆杜陵（今陕西西安市西）人，西魏初便投到宇文泰麾下，数有战功，深受宇文泰信任。542 年，宇文泰任命他为晋州刺史，镇守玉壁城（今山西汾河与黄河交汇处），扼守东魏、北齐，进兵关中的战略要地。从此，韦孝宽在此活动了三十多年，施展了一系列计谋，成功地破坏了东魏、北齐多次针对关中的军事行动。史称："孝宽在边多载，屡抗强敌。所有经略，布置之初，人莫之解，见其成事，方乃惊服。"我们且据《周书·韦孝宽传》将其主要的"经略"做一叙述，并分析其成功的原因。

◇设方略固守玉壁

　　546 年，东魏执政者高欢集全国军队，试图进攻西魏，因韦孝宽镇守的玉壁城为进军途中的要塞，便首先对玉壁城发起攻击，"连营数十里，至于城下"。高欢命兵士在玉壁城南堆土成山，以便居高临下攻城。韦孝宽便命部下在正对土山的城墙上竖起高耸的木架，在上面俯射敌军。高欢见此计不成，又令兵士挖掘地道攻城，昼夜不停。韦孝宽命守军在城内挖掘深深的壕沟，拦截敌方的地道入口，每当东魏兵士挖至壕沟处，早已屯守于壕内的守军便一拥而上，将他们擒杀。韦孝宽又命兵士在壕沟外堆积柴草，准备风箱，敌军如躲在地道中，便点燃柴火，鼓风以熏烧敌军。

高欢又命部下造攻城车撞击城墙，"车之所及，莫不摧毁"。韦孝宽便命部下用布匹缝制厚厚的布障，当攻城车冲来时，将布障张开。布障悬于空中，不受力，攻城车便失去效力。高欢令部下在长竿上绑扎松枝，浸以油脂，点上火来烧布障。韦孝宽则命部下造锋利的长钩，当敌军的火竿伸来时，用长钩将其绑松枝的麻绳割断。高欢又命兵士在城外四周同时挖二十一条地道至城墙下，边扩大地道的面积，边用木柱支撑加固，最后同时放火烧木柱，失去支撑的城墙便坍塌下来。韦孝宽又在城墙塌陷处竖起木栅，使敌军无法攻入城中。

高欢攻城乏术，便遣人诱降，韦孝宽宣称："孝宽关西男子，必不为降将军也！"韦孝宽的侄儿韦迁因故滞留于东魏境内，高欢遂让人将韦迁绑至城下，利刀架头，称韦孝宽如不投降，便将其杀死。韦孝宽顾也不顾，"士卒莫不感动，人有死难之心"。两个月中，东魏十几万精锐部队竟未能攻下没有援兵的玉壁小城，自己受伤及战死的几乎一半，不得不退兵。高欢不久病死，据说即因为玉壁之败后愤恨所致。

✧巧用间谍，杀敌大将

间谍在政治、军事斗争中的作用，《孙子兵法》中早有阐述，认为是明君贤将"动而胜人"，取得成功的重要因素，因为用间是了解敌情的重要手段。《孙子兵法》中还称将领"非圣智不能用间，非仁义不能使间"。韦孝宽称得上是能用间、使间的"圣智""仁义"之将。

《周书·韦孝宽传》称："孝宽善于抚御，能得人心。所遣间谍入（北）齐者，皆为尽力。亦有（北）齐人得孝宽金货，遥通书疏。故齐动静，朝廷皆先知。"韦孝宽派入北齐境内的间谍，属于《孙子兵法·用间》中所说的"反报"的"生间"，即选择己方才智超群者进入敌境，结交敌方上层人物，打探敌方计划，然后回来密报；韦孝宽用"金货"买通北齐人获取情报，则属于《孙子兵法·用间》所说的"内间"。通过使用间谍，北齐的一举一动，西魏北周朝廷都能"先知"，这是西魏、北周在与东魏、北齐的政治、军事斗争中屡占上风的一大原因。

韦孝宽用间最成功的还是使北齐大将斛律光遇害的那次行动。

斛律光，字明月，是北齐最有名的军事将领，他多次率兵与韦孝宽作战，屡获成功，逐渐成长为北齐最高军事领导人。"自结发从戎，未尝失律"，他从未打过败仗，西魏、北周将领对他心怀畏惧。后来，北齐皇帝宠用小人和士开、祖珽操纵朝政，斛律光大为不满，对双眼失明的祖珽更是恨之入骨。祖珽等也试图将斛律光这个眼中钉除掉，但没有合适的机会。

敌方中枢政局出现的矛盾，韦孝宽自然通过间谍了然于胸，于是他借机推波助澜，促成敌方矛盾的激化。韦孝宽命自己的参谋曲岩作了两句谣言："百升飞上天，明月照长安。""高山不摧自崩，槲树不扶自竖。"抄录无数份，派间谍带到北齐都城邺城中散发。前一句谣言中"明月"是斛律光的字，而当时量器，一百升为一斛，"百升"隐含"斛"字，这是说斛律光与"长安"即北周有联系，将"上天"即当皇帝。后一句谣言中的"高山"暗指北齐皇室高氏，"槲树"又暗指斛律光，意思是说高氏的天下将灭亡，斛律氏将取而代之。韦孝宽派出的间谍工作极为卖力，邺城中的人争相传诵这两句谣言。

聪明透顶的祖珽从这两句谣言中发现了致斛律光于死地的法宝，并向皇帝高纬做了如上的解释，还自编一句："盲眼老公背上下大斧，饶舌老母不得语。""盲眼老公"所指自然是祖珽本人，而"饶舌老母"指的是高纬的奶妈、干预朝政的陆令萱。祖珽还向高纬指出斛律光种种"不法"行为，要皇帝认真对待这些谣言。犹豫不定的高纬最终下决心采纳祖珽的"妙计"，将斛律光诱至宫中，让大力士将他杀死，并族诛斛律氏，罪名是"谋反"。

斛律光被杀的主要原因当然还是北齐内部政治斗争的结果，如北齐内部和睦，皇帝对斛律光绝对信任，倚为柱石，韦孝宽不可能成功。抓住敌方阵营内的矛盾，为其敌对双方中的一方输送炮弹，无疑是韦孝宽高明之处。

周武帝听说斛律光被杀，大喜过望，在全国宣布大赦。他率军灭北齐而进入邺城后，下诏追赠斛律光为上柱国、崇国公，说："这人若还健在，我怎能来到邺城！"如果我们说韦孝宽用间杀斛律光是为北周消灭北齐扫清了障碍，当不为过。

◇献灭齐三策

571年，周武帝诛除权臣宇文护之后，开始积极筹划灭齐的行动。针对以前北周多次进攻北齐，"徒有劳费，功绩不立"的情况，韦孝宽"上疏陈三策"，对进攻北齐所应采取的战略战术提出了自己的意见。

韦孝宽指出，消灭敌国并不是轻而易举的事，越王勾践灭吴，还需十年生聚、十年教训、发展生产、训练士卒；周武王进攻商朝，还经过两次军事行动。现在要消灭北齐，也要等待有利的时机。在出兵前的等待时间内，如果总是处于战争动员状态，既会使敌方加强防备，缓和内部矛盾，从而增加进攻时的困难，也会使本国内的人民无法正常进行生产，反而削弱自己的力量。他认为应该重新与北齐和谈，订立盟约，与之进行贸易往来，既可以麻痹敌方，自己又可以获得经济上的好处，暗中则蓄养精锐，等到时机成熟时，再突然出击。这是他"长策驭远，坐自兼并"的策略。

韦孝宽的另一个策略为"扰敌"。他主张充分利用当时北周、北齐与江南的陈朝三方对峙的形势，与陈朝订立友好关系，支持陈朝在长江以北的淮河流域采取军事行动，牵制北齐，北周则在其控制的河南一带"广事屯田，预为储积"，作为战争准备。不用出动关中的中央军队，只需在河南一带招募骁勇者组建一支部队，趁北齐在东南边与陈朝鏖兵的时机，出奇兵破袭北齐边境。北齐若发大军来求战，便采取"坚壁清野"的对策，等其大军退走，又前往骚扰。"常以边外之军，引其腹心之众，我无宿舂之费，彼有奔命之劳"，要不了多久，疲于奔命的敌方大军便会失去战斗力，"然后乘间电扫，事等摧枯"。

针对以往北周进攻北齐总是大军出潼关向洛阳周围进击的战术，韦孝宽提出灭齐三策中的另一策：多路进攻、百道俱进，使敌防不胜防。他主张北周主力趁北齐与陈在淮河流域作战的时机，沿汾河河谷北进，攻占北齐军事重镇晋阳（今山西太原），江汉地区的地方部队则向北进攻洛阳，商洛一带的地方部队则沿黄河向东进击。各路军队都在进军途中招募敌境内的"劲勇之士"，不惜高官厚禄，让他们充当前锋，同时联络今山西中北部山地原不断受到北齐打击的少数民族部落，让他们起兵截断北齐从河北增援晋阳的道路。

　　周武帝接到韦孝宽的上书后，立即派人出使北齐，与之和谈，对陈朝于573年对北齐淮河流域发起的进攻采取支持的态度，同时整顿军备，发展经济，强化江汉一带地方部队的建置，使韦孝宽关于灭齐的战略构想大都得到实施。但当其于575年亲率六万大军在其他各路军队配合下进攻北齐时，并没有采纳韦孝宽多路进攻而以晋阳为主攻方向的意见，仍将洛阳一带作为主攻方向，结果无功而返。

　　576年十月，周武帝再次出兵时，认真考虑了韦孝宽的计策。他认为晋阳是高氏发迹之地，在那里与北齐军展开会战而胜之，"然后乘破竹之势，鼓行而东，足以穷其窟穴，混同文轨"；若以河南为首攻方向，"直抚其背，未扼其喉"。于是，周武帝率八万精兵直扑晋阳城下，"置阵东西二十余里"，与北齐守军及援军十几万人会战，"齐众大溃，军资甲仗，数百里间，委弃山积"，北齐主力全军覆没。次年正月，北周军队顺利攻入北齐首都邺城，北齐灭亡。这一切都是韦孝宽灭齐三策成功运用的结果。